충북대학교 인문사회 연구총서

입말과 글말

그리고

인간의 실존

저자. **윤석빈**

충북대학교 출판부

들어가는 말

오늘날 인터넷에서 악플 등 댓글로 인해 많은 사람들이 상처를 받고 심한 경우 죽음으로 몰고 가는 경우가 생기기도 한다. 이것은 인터넷의 부정적 측면을 나타내기도 하지만, 보다 근본적인 면에서 보자면 인터넷에서 사용된 수단이 글말이라는 점에서 언어 사용의 부정적인 측면을 나타낸 것이라 할 수 있다. 예로부터 글(文)은 무력(武)보다 강하다 하여 일찌감치 언어의 위력을 인식하였고, 역사에서 한 마디 말을 잘못하여 죽은 사람들도 있고, 이와는 반대로 "말 한마디로 천냥 빚을 갚는다"라고 하거나 고려 시대 서희는 거란족의 침입을 무력이 아닌 대화를 통해 물리치기도 하였다. 이처럼 언어는 우리를 죽이기도 하고 살리기도 하는 엄청난 힘을 지녔음에도 불구하고 오늘날 많은 사람들은 언어 사용에 그리 큰 주의를 기울이지 않는 실정이다.

언어의 또 다른 중요한 점 중의 한 가지는 언어가 시간과 공간을 엮어주는 역할을 한다는 사실이다. 오늘날 사람들은 편지나 인터넷, 전화 등 전자기기를 통해 서로 다른 공간에 있는 사람들과 자신들의 생각을 상호 교환한다. 여기서 주요 매개체는 언어다. 뿐만 아니라 우리는 언어를 통해 과거를 만나고 언어를 수단으로 미래를 대비한다. 글말이 있는 민족은 글말을 통해, 그리고 글말이 없는 민족들은 어른들의 입말을 통해 자신들의 뿌리와 역사를 간접적으로 경험하고 후손들에게 전해준다. 이처럼 언어는 역사 인식의 주요 수단이다. 뿐만 아니라 우리는 과거의 사람들이 사용했던 언어를 통해 그들의 사유방식과 생활 방식 등을 엿볼 수 있다. 따라서 우리가 만일 과거의 언어를 잊어버린다면 단순히 언어만 사라지는데 그치는 것이 아니라 과거 역사가 상실된다고 볼 수 있다. 과거와의 연결은 그 시대의 언어를 통해서인데, 과거에 사용하던 언어를 이해하지 못했을 때 우리는 그 당시 상황을 결코 이해할 수 없을 것이다. 인터넷 용어의 발달로 인해 인터넷 언어 사용자와 그렇지 않은 사람들 간의 괴리는 이미 발생하고 있다. 물론 언어가 끊임없이 새로 만들어지고 소멸하기도 하지만 그렇다고 해서 우리가 과거 역사까지 잃어버리는 오류를 범해서는 안 될 것이다.

우리는 언어를 매개로 역사에 다가갈 수 있다. 역사는 시간과 공간 속에서 흘러가고 있고 그리고 그 속에는 언어가 작동하고 있다. '나'는 역사 속으로 던져졌고 '우리' 속으로 던져졌다. 생명의 탄생과 종말의 근원에 대해 묻지 않는 이상, 내가 태어났을 때 이미 내 앞에는 누군가가 있었다는 것은 부인할 수 없는 사실이다. 하이데거가 말했듯이 인간이 역사에 던져진 존재라면, 역사는 시간과 공간 그리고 언어로 이루어진 것이기에 인간은 시간, 공간 그리고 언어 사이에 던져진 존재이기도 하다. 이때 언어는 나의 의지와 상관없이 내가 태어난 사회의 언어에 의해 이미 결정되어 있다. 애초에 나에게 선택권은 주어지지 않았고 나는 우연히 던져진 세계의 언어를 배우고 익히며 그를 통해 세계를 이해하고 해석할 뿐이다. 즉 인간은 자신이 속한 사회의 언어를 통해 자의식을 자각할 뿐 아니라 세계를 인식하고 이해하며 참여한다. 문제는 내가 자의식이 싹튼 후에 내 의지에 따라 언어를 선택하고 사용하는 것이 아니라 자의식의 자각 이전에 이미 언어가 주어지고, 나의 자의식은 내가 태어난 사회의 언어에 의해 형성된다는 사실이다. 물론 나의 자의식이 전적으로 언어에 예속되며 좌우되지는 않겠지만, 적어도 영향을 받는다는 사실은 틀림없고, 특히 무의식은 언어에 크나 큰 영향을 받는다. 언어는 나의 자의식뿐 아니라 정체성에까지 영향을 끼친다. 이런 맥락에서 언어가 인간의 사유 내지는 존재방식과 밀접한 관련이 있다고 할 수 있다. 인간은 자신이 사용하는 어휘의 한계 내에서만 생각할 수 있을 뿐이다. 언어에 의해 사유는 한계 지워진다. 어떤 언어를 사용하며, 어떤 언어 방식으로 세계를 인식하고, 어떤 언어관[1]을 가지고 타인과 대화를 하느냐에 따라 사람마다 세계관과

1) 여기서 언어관의 뜻은 계급에 따라, 시간과 장소에 따라 사람들이 말하는 방식이 달라지는 것을 의미한다. 공장에서 말하는 노동자들의 대화방식과 대학 수업에서 사용하는 대화방식은 다르다. 청소년들이 말하는 방식과 어른들이 사교장에서 말하는 방식 또한 다르다. 오늘날 가장 차이가 나는 방식은 바로 인터넷에서 사용하는 익명에 의한 방식일 것이다. 이러한 모든 것들을 말하는 사람의 언어관이라 칭하는 것이다.

실존방식이 달라질 수 있다. 언어관이 다르면 상대방에 대한 이해의 폭도 달라지고 서로 대화도 단절된다. 이처럼 언어가 인간의 삶에 끼치는 영향은 한두 마디로 정의내릴 수 있는 성질의 것이 아니다. 그럼에도 불구하고 기존의 서구 사상가들은 언어를 정확하게 입말과 글말로 구분하여 자신들의 사유를 전개하지 않고 언어 전체를 주제로 삼아 자신들의 사유를 전개했다.

나는 여기서 입말과 글말을 분명하게 구분하여 논의를 전개해 나가고자 한다. 입말과 글말은 분명 특성도 크게 다르고 인간의 사유와 삶에 끼치는 영향도 서로 다르다. 우리는 이것을 철저하게 파헤쳐 볼 것이다, 또 한 가지 우리가 주의해야 할 점은 기존의 언어를 연구하는 서구 사상가들은 그리스어나 서구어 중심으로 논의를 전개했다는 점이다. 각 언어마다 특징이 서로 다르고 그에 따라 각 언어권의 삶의 방식도 다르다. 크게는 한자문화권, 그리스 · 라틴 문화권 그리고 인도 산스크리트어 문화권으로 나누어 볼 수 있다. 하지만 우리는 훈민정음이 이들 어떤 언어와도 다르다는 점을 잊지 말아야 한다. 여기서 한자와 산스크리트어에 관해서는 언급을 하지 않고, 그리스어와 훈민정음을 중심으로 글말과 입말이 인간에게 미치는 영향에 대해 논의를 해 나갈 것이다.

왜 그리스어이며 훈민정음인가? 첫째 그리스 알파벳과 훈민정음은 음성 알파벳이라는 공통점을 가지고 있다. 이런 면에서 뜻글자인 한자와 비교된다. 둘째 그리스 알파벳은 현재 서구어의 근원이기도 한 글자며, 그리스 문화는 서구 문화의 모태이기도 하다. 언어와 사상, 그리고 문화가 밀접한 연관관계가 있다는 것을 밝히려는 이 연구가 서구 사상의 근원이자 모태인 그리스어를 연구 대상으로 삼는 것은 당연한 일이다. 또한 그리스어에 대한 연구 자료가 많다는 점 또한 이점이 된다. 그리스 철학이 그리스 언어와 관련이 있다면, 그리고 나아가 그리스 사람들의 세계관과 삶의 방식이 그들의 언어관과 연관이 있다면, 우리 또한 우리가 사는 삶의 방식 내지는 세계관이 한글과 밀접한 연관관계를 갖고 있다고 유추해 볼 수 있다. 비록 우리가 한자의 영향을 많이 받아 순수히 한글의 영향만으로 사유방식과 삶의 방식을 해석하기에는 무리가 있을 수 있으나, 그럼에도 불구하고 우리 삶에 한글의 영향은 근원적이고 일차적일 수밖에 없다. 그렇다면 한글의 근원인 훈민정음의 제자원리를 철저히 분석하여 우리의 존재방식을 연구하는 것이 결코 잘못된 방법이라고 할 수는 없을 것이다. 게다가 훈민정음은 그 어떤 글자에서 발견할 수 없는 가장 뛰어난 글자로서, 인간의 구강구조에 가장 적합한 소리글자이면서 자연의 소리를 담지하고 있는 글자이기하다. 그 뿐만 아니라 소리의 성질을 글자에 집어넣은, 다시 말해 입말의 성질이 글말에 표현되어 있는 유일한 글자다.

동양에 비해 서양인들은 일찍부터 형이상학적 사유를 발달시켰다. 그 근원으로 그리스인들을 들 수 있다. 어째서 그리스인들은 가시적 세계보다 비가시적 세계를 중시했는가? 모든 종족들은 눈에 보이지 않는 세계를 상상했고, 그 상상의 세계를 자신들의 현실세계에 융합시켜 함께 삶의 토대로 삼아왔다. 하지만 대부분의 민족들은 상상의 세계를 경외의 대상으로 삼아 믿음의 대상으로 남겨놓았을 뿐 감히 그것을 탐구해 보려하지 않았다. 하지만 그리스인들은 그 상상의 세계를 합리적이고 논리적인 방법으로 탐구하고 그 해답을 구하려고 하였다. 이러한 그들의 탐구 정신 또는 태도는 어디에 기인하는 것일까?

물론 이원론 세계관은 그들 고유의 것이 아니라 그들에 앞서 문명이 발달한 이집트로부터 온 사상이었고, 여기에 덧붙여 이집트의 이원론 사상을 전파한 해상 상인들의 현실적 삶의 방식 내지는 세계관이 합쳐져서 그리스인들의 고유 사상이 태동하였지만, 이집트인들이 영혼불멸을 피라미드와 미이라 등 소위 현실과학과 접목시켜 저쪽 세계에 접근하려 한 반면에, 그리스인들은 이론과 논리로서 현실생활이 아닌 사유의 지평을 넓히고자 하였다. 이집트인들이 직접 체험을 통해 사후 세계를 체험하려 한 반면에, 그리스인들은 이성을 통해 비가시적 세계를 밝히려 했다. 그리스인들의 인간의 위대성에 대한 믿음은 대단한 것이었다. 그들은 인간의 사유가 밝힐 수 없는 것은 아무것도 없다는 태도를 보여 왔다. 인간의 이성 능력에 대한 신뢰와 이성적 사유를 통해 무엇이든지 밝혀낼 수 있다는 마음가짐이 그들로 하여금 '실체', '본질'과 같은 형이상학적 개념들을 추구하게 만들었다. 이러한 그들의 태도에는 그들의 언어의 특징이 일조를 했다고 생각한다. 이러한 점을 이 책을 통해 살펴보고자 한다.

이 글은 2008년 9월부터 2011년 8월까지 3년 동안 한국학술진흥재단의 지원(KRF-2008-358-A00021)을 받아 충북대학교 인문학연구소에서 초빙객원교수로 재직당시 연구한 논문들을 중심으로 새롭게 쓴 글이다. 연구 당시 학술지에 발표된 논문들과 거기에 덧붙여서 보충된 글들을 모아 한 권의 책으로 낸 것이다. 그러다 보니 글 중간 중간에 반복되는 내용이나 글들이 있다. 하지만 그 글이 비록 반복될 지라도 반복된 글이 들어가 있는 내용의 맥락에 필요하다고 생각되어 누락시키지 않고 그대로 집어넣었다. 비록 이 책의 내용이 아직은 완전한 것이 아닐지라도 이 책이 비슷한 연구를 하는 후속 세대의 연구자들을 위한 하나의 디딤돌이 될 수 있다면 그것만으로도 이 책이 출판된 이유를 찾을 수 있겠다.

오늘날 한국에서 인문학 서적이 책으로 출간되기가 얼마나 힘든지 많은 우리는 이미 잘 알고 있다. 모든 것이 경제 논리에 의해 움직여지는 한국에서 더 이상 인문학 정신이 경제 논리에 의해 훼손되지 않기를 바라며, 이 책의 출간을 위해 힘써 주신 충북대학교 불어불문학과 고봉만교수님과 정치외교학과 정태일교수님께 감사를 드린다. 그리고 교정과 편집을 해준 충북대학교 출판부의 박주연에게도 감사를 드린다. 한 권의 책이 출간되기 위해서는 많은 사람들의 수고가 필요하다. 드러나지 않는 곳에서 묵묵히 그리고 열심히 일하시는 모든 분들에게 감사를 드린다.

1.
이성과 감성

언제부턴가 우리는 이성을 감성보다 우위에 두고 이성적 인간으로 살아갈 것을 은연중에 강요받고 자라났다. 적나라한 감성의 표출은 지양해야 될 행동이 되었고 냉철한 이성적 행위는 본받아야 하는 것으로 치부되었다. 물론 감성도 소위 명화 감상이나 고전음악 감상 등 예술을 통한 감성 표현은 칭찬을 받거나 심지어 배워야 하는 것으로 각인되었고, 이와는 반대로 소위 값싼 동정심 같은 감정 표현이나 자기중심적인 감정표현은 감추어야 하는 것으로 여겨지고 심지어 비난 받기까지 하였다. 하지만 모든 감성의 출발점이자 모태이기도 하며 동시에 인간 본질로부터 결코 떼어낼 수 없는 인간실존의 근원적 요소인 사랑을 부정하는 사람은 하나도 없을 것이다. 우리는 사랑을 이성이 아닌 감성의 요소라고 여긴다. 감성의 요소인 사랑이 이성보다 더 못하다거나 피해야 할 것으로 여기는 사람은 아마 한 사람도 없을 것이다. 그럼에도 불구하고 많은 사람들이 감성을 이성보다 못하다고 여긴 이유는 아마도 플라톤 철학이래로 정신을 이성으로 그리고 육체가 추구하는 것을 감성적인 것으로 보는 이원론적인 사고방식에 기인한 것이 아닌가 생각된다. 육체가 추구하는 것이 부정적인 것만은 아닌 것임에도 불구하고 우리는 이성과 감성, 그리고 정신과 육체라는 잘못된 도식에 익숙해져 있어 육체가 지향하는 바를 부정적인 것으로 여기곤 하였다. 오늘날 많은 사람들이 정신과 육체의 분리라는 이원론적 사유는 지양되어야 할 것으로 여기며, 육체가 아닌 신체라는 개념을 사용하는 등 더 이상 이원론적 사고는 수용되고 있지 않다. 하지만 아직도 대부분의 사람들은 이성과 감성의 분리는 당연한 것으로 여기고 있는 실정이다. 이와 같은 잘못된 생각은 인간의 사유를 이성과 감성이라는 이분법으로 정확하게 분리 가능하다고 생각하는데서 기인한다.

과연 우리의 사유 내용을 정확하게 이성적 측면과 감성적 측면 두 부분으로 나눌 수 있는가? 어떤 한 사유의 내용에 대해 우리는 정확하게 어디부터 이성적인 것이며 어디서부터 감성적인 것인가를 나누기는 대단히 어렵다. 수학과 같이 논리를 사용하는 학문 분야에서 우리는 감성이 배제된 채 오직 이성적 논리만이 사용되고 있음을 안다. 그러나 사실 엄밀하게 따지자면 수학과 순수 자연과학 외에 인문사회과학이나 의학, 공학을 완전한 이성의 분야라고 말하기에는 어딘가 석연치 않다. 예를 들어 한 예술 작품 속에서 우리는 감성과 이성 모두를 발견한다. 감성과 이성의 조합 없이는 완벽한 예술 작품이 나오기 힘들다. 음악을 작곡할 할 때 작곡가들은 작곡 규칙 테두리 내에서 곡을 만든다. 이것은 이성의 측면이다. 하지만 대부분의 음악은 듣는 사람으로 하여금 감성을 자아내게 하기 위한 것을 목적으로 삼는다. 그렇다면 규칙을 통해 만든 것은 이성의 측면이고, 창작이라는 측면에서 보자면 창작활동은 감성의 측면에 더 가깝다고 할 수 있다. 이처럼 인간의 사유 속에서 이성과 감성을 분리해서 추출하기는 쉽지 않다. 그 이유는 인간의 삶 자체가 이성과 감성의 조화 속에서 이루어지기 때문일 것이다. 그럼에도 불구하고 우리는 이성과 감성의 특성이 서로 다르다는 것을 인정하고, 이 둘의 특성을 어느 정도는 분리하여 말하곤 한다. 이 글에서도 이성과 감성을 나누고 또한 이를 언어와 연계하여 설명하고자 한다. 즉 이성과 글말 그리고 인간의 감각 중 시각과 연관을 시켜 이들을 한쪽 측면에 놓고, 이와 대비하여 다른 측면에는 감성과 입말 그리고 청각과 대화를 놓는다. 그리고 서구 사회가 이성중심, 시각 중심 사회였음을 밝히고 이것이 이성과 시각뿐 아니라 감성을 중시하고 청각과 대화도 중시하는 사회로 변해가야 한다는 것을 말하고자 한다. 다른 감각을 억누르고 오직 시각과 이성만 중시해 온 사회는 왜곡된 사유방식과 왜곡된 인간관을 발전시켰을 뿐이다.

물론 어느 한 인간을 놓고 감성적 인간이라든지 이성적 인간이라고 일방적으로 단정지울 수 없다. 아니 이성적 인간이라든지 감성적 인간이라는 용어 자체가 문제점을 지니고 있다. 왜냐하면 인간은 어느 한쪽만의 인간일 수 없기 때문이다. 단지 어떤 행위를 할 때 이성에 치우쳐서 일을 하나든지 아니면 감성에 치우쳐서 행위를 할 뿐이다. 물론 그때도 완전히 이성만 사용한다든지 감성만 사용하는 경우는 거의 없을 것이다. 물론 우리는 수학문제를 푸는 사람들로부터 감성적 사유를 기대하지 않듯이, 술 취한 사람이나 흥분하여 싸움을 하는 사람들에게서 이성적 행위를 기대하지는 않는다. 여기서 주목해야 할 현상은 이성이나 감성의 발로가 홀로 이루어지는 것이 아니라, 반드시 그 대상이 내 앞에 현존해야 한다는 사실이다. 대상이 사물일 수도 있고 사람일 수도 있으며, 때로는 단지 기억이나 생각일 수 있으나, 그 어떤 것이든 나로부터 이성과 감성이 발산되기 위해서는 그 대상이 필요하다는 것이다. 이런 의미에서도 감성과 이성을 그 어떤 것도 필요치 않은 본원적인 것이라고 보기는 어렵다. 이성과 감성적 행위는 상대성을 띠고 있다.

또한 이성적 인간과 감성적 인간 중 어떤 인간상을 더 좋은 인간이라고 말할 수도 없다. 모든 인간은 이성과 감성 양 측면을 모두 지니고 있다. 문제는 어느 한쪽의 우위가 다른 쪽에 비해 확연하게 드러날 수 있다는 점인데, 그것이 자기 자발적 의지가 원인이 되어서가 아니라 외부의 영향 때문이었다면, 그리고 그것이 어느 정도 왜곡된 생활세계와 사회 그리고 그 사회가 사용하는 언어 때문이었다면, 이것은 우리가 명철하게 직시하고 연구해 보아야 할 것이다. 즉 문제가 되는 것은 왜곡된 이성과 감성의 표출이다. 만일 이성과 감성의 형성이 외부로부터 인간에게 온 것이 아니라 본질적이고 원천적인 것이라고 주장하고 그것이 전적으로 옳은 것이라면, 여기서 내가 말하고자 하는 논의를 계속 진전시킨다는 것은 무의미한 일이다. 만일 그것이 맞는다면, 우리는 여기서 언급하려는 논의와는 전혀 다른 주제와 방법으로 논의를 진전시켜야 한다. 하지만 여기서 다루려고 하는 논의의 대전제는 인간의 이성과 감성이 내적 요소보다는 외부 환경의 영향을 더 많이 받는다는 사실이다. 적어도 외부 자극에 의해 나의 감성과 이성이 일깨워지고 성장한다는 사실은 부인할 수 없다. 아이가 세상에 태어나서 맨 처음 만나는 '너'에 의해 감성이 길러지고 그 위에 이성이 성장한다. 이런 의미에서 어린아이가 맨 처음 만나는 '너'는 그 아이의 실존방식에 지대한 영향을 끼친다고 할 수 있다. 나의 너에 의해 나의 감성은 올바로 형성되거나 왜곡되어 형성되기도 한다. 왜곡된 감성위에서는 왜곡된 이성이 형성될 경우가 크다. 왜곡된 이성이라는 것은 왜곡된 이성의 사용을 의미하고 왜곡된 이성으로 발생한 잘못된 행위를 의미한다. 왜곡된 이성의 사용은 잘못된 감성보다 더 큰 잘못을 가져올 수 있다. 예를 들어 1차, 2차 세계 대전이나 오늘날 다국적 기업들의 아마존 밀림 파괴 등 경제 일변도의 정책은 잘못된 이성의 결과라 할 수 있다.

어린아이는 어른보다 감성의 표출이 더 자유롭다. 자신의 감정을 자유롭게 표출하던 아이는 자신이 속한 사회에서 자라고 교육을 받으면서 점차 자신의 감성을 숨기는 데 익숙해진다. 왜냐하면 자신의 감성을 있는 그대로 표출하면 그 사회에서 배척받기 때문에 대부분의 사람들은 자신의 감성을 솔직하게 표출하는 데 때로 두려움을 느낄 수밖에 없다. 이처럼 감성을 숨기는 행위가 반복되어 결국 솔직한 감성은 자신도 모르게 무의식으로 스며든다. 물론 무의식과 감성을 동일시 할 수는 없지만 적어도 무의식의 대부분은 감성이 차지하고 있다. 무의식에 이성이 차지하고 있는 부분은 거의 없다. 이성은 의식 부분이기 때문이다.

헉슬리(A. Huxley)의 소설 『멋진 신세계』에서 주인공은 고통이 없고 쾌락만이 존재하는, 하지만 자기 생각과 자기 감성이 제거된 신세계에서 살기를 거부하면서 "나는 안락을 원하지 않는다. 나는 신을 원하고 시를 원하고 실질적인 위험, 자유, 그리고 덕을 원한다. 나는 죄를 원한다"[2)]고 외친다. 반면에 신세계의 지배자는 인간의 모든 불행은 쓸데없는 지식의 향상과 호기심으로부터 시작된다고 주장하면서 인간으로부터 책을 빼앗고 생각하는 것을 제거해 버렸다. 생각하는 행위야 말로 인간의 삶을 불행으로 이끄는 길이라고 주장한다. 이 두 사람의 주장을 통해 우리는 인간 실존에 있어서 가장 중요한 두 요소가 바로 자유로운 이성 (또는 지성)과 감성의 형성이라는 사실을 알 수 있다. 멋진 신세계의 지배자는 인간의 행복을 위해 자유로운 이성과 감성의 활동을 제거하고자 하였고, 주인공인 야만인은 자유로운 정신활동이 보장되지 않은 외부에서 주는 육체만의 행복 추구를 포기하였다. 물론 오늘날에도 에리히 프롬(E. Fromm)이 주장한 것처럼 자유가 두려워서 누군가에게 속박되어 명령받고 살기를 원하는 사람들도 존재한다. 그들은 자연 속의 자유를 만끽하는 새보다는 구속되었지만 안락한 생활을

---

2) Huxley, A., *Schöne neue Welt*, Fischer Taschenbuch Verlag, 1991, 208쪽.

추구하는 새장 속의 새처럼 살기를 원한다. 어쩌면 오늘날 물질 만능주의가 젊은이들을 새장 속의 새가 되기를 몰아가고 있지 않나 생각이 든다.

마지막으로 막스 셀러(M. Scheller)의 이론을 잠시 일별하자면, 셀러는 세계근거의 두 요소로 "충동(Drang)"과 "정신(Geist)"을 들고 있다.[3] 이것은 인간의 실존 원리에도 해당된다. 즉 인간 행위의 두 요소를 충동과 정신으로 보고, 여기서 충동은 감성의 원리로 그리고 정신은 이성의 원리로 해석한다면, 인간으로 하여금 행동하도록 하는 원천적인 근거는 충동이고, 즉 감성의 원리이고 충동으로 인해 강력한 에너지를 발산하여 움직이는 것을 컨트롤하는 것은 정신의 힘, 즉 이성의 원리라고 할 수 있다. 비로 충동이 맹목적이지만 행위의 출발점이고 충동이 없으면 행위 자체가 성립하지 않으며, 만약 이성이 없다면 충동적 행동은 어디로 굴러갈지 모르는 맹목적 힘일 뿐이다.[4] 따라서

---

3) Buber, M., *Das Problem des Menschen*, 135쪽 이하 참조.

4) 이에 대해 박기순은 그의 저서『인간과 감정』121쪽 이하에서 (박기순,『인간과 감정』, 충북대학교, 2012, 121~144쪽 참조), 18세기에 이르러 근대의 서구 사상가들은 "감정은 감정을 통해서만 제어될 수 있다는 스피노자의 주장에 기초"하여 정념을 이성이 아닌 다른 정념으로 제어해야 한다는 이론을 만들어 내기 시작했다고 한다. 즉 정념을 이성으로 억누른다는 것은 부작용만을 가져올 뿐 제어가 안되기 때문에, 감성을 이성이 아닌 다른 감성으로 제어해야한다는 사유들이 서구 근대인들 사이에서 나왔다는 것이다. (물론 여기서 모든 감성을 대상으로 해서 말하는 것이 아니라 여러 감성들 중 하나인 정념을 중심으로 말하고 있지만), 하지만 그들은 이성의 역할이 정념, 충동과 같은 부정적 의미의 감성을 억누르데 있는 것이 아니라 조절하는데 있다는 것을 생각하지 못한 것 같다. 감성은 억누른다고 해서 해결되는 것이 아니다. 이 점에 대해서는 서구 근대 사상가들도 같은 생각을 한 것 같다. 하지만 이성은 감성을 억누르지 않고 조절한다는 사실을 근대 사상가들은 간과하지 않았나 생각이 든다. 물론 감성은 완전히 조절될 수 없기 때문에, 감성은 때로 이성의 조절을 벗어나기도 한다. 하지만 인간의 그 어떤 성질도 완전히 조절되지 않는다는 사실을 받아들인다면, 이성으로부터 감성의 벗어남이 인간의 삶에 있어서 큰 문제는 아니라고 본다. 하지만 여기서 주목해야할 만한 사실은, 막스 셀러가 주장한 충동과 이성의 두 원리를, -정확히 말하면 정념과 이성의 두 원리- 박기순은 "이해관계"라는 개념을 통해 설명하고 있다는 점이다. "이해관계는 양자(이성과 정념)의 좋은 점을 다 가지고 있어서 이기적 정념이 이성에 의해 절제되고 격상되었으며 그 정념에 의해 이성이 지향할 바와 힘을 갖는 것으로 간주되었다"(같은 책, 135쪽). 박기순에 의하면 인간 행위의 동기는 이성이나 감성이 아니고, "이해관계"가 인간행위의 동기가 된다. 하지만 여기서 "이해"의 개념이 감정에 속한다고 하는 언급과 "이해관계"의 개념이 이성과 정념을 다 가지고 있는 조화로운 개념이라는 해석에 대해서는 좀 더 부연 설명이 필요하고, 이해관계를 이기심과 혼용하여 쓰고 있는데 과연 이해관계가 이기심의 또 다른 개념인지 이에 대한 친절한 설명이 없는 점이 아쉽다. 만약 이해관계가 이기심이라면, 인간의 행동 동기가 이기심이라는 해석이 나오는데, 이것은 그렇게 간단하게 말할 성질의 것은 아니라고 생각한다. 따라서 여기서는 더 이상 언급을 하지 않겠다. 어쨌든 이런 문제점에도 불구하고 박기순의 책은 오늘날 감성에 관한 책이 많지 않은 풍토에서 아주 귀중한 사료로서 가치 가 있다고 생각한다.

인간의 행위에는 이 두 가지 원리가 필연적으로 조화를 이루어야 한다. 감성의 요소인 충동이나 욕망은 인간 삶을 형성하는 근본 원리다. 인간 사회의 발전과 변화는 인간의 욕망에서 비롯된다.

인간의 실질적인 삶은 이성보다 감성에 그 바탕을 두고 있다. 생의 철학자(Lebensphilosophie)들이 주장하듯이 삶은 이성의 논리가 아닌 감성의 바탕 위에서 움직이는 것이다. 니체(F. Nietzsche) 역시 '아폴론적 원리'와 '디오니소스적 원리'를 말하고 이 중에서 인간의 삶에 역동적인 것은 '디오니소스적 원리'라고 하였듯이 그가 주장하는 "어린아이의 정신"은 바로 이성보다 감성이 우위인 인간상이 아닐까 생각한다. 또한 현상에 대한 잘못된 이해는 감성에서 비롯할지 모르겠지만, 부정할 수 없는 사실은 현상에 대한 의도적인 왜곡과 인간 중심 사유방식, 인간 중심 세계관은 감성적 사유보다는 이성적 사유에서 발생한다는 사실이다. 인간 삶의 희노애락은 이성이 아니라 감성임을 잊지 말아야 한다. 따라서 우리는 학교 교육에서 올바른 이성의 형성과 사용뿐 아니라 - 모든 학문은 이성의 사용과 발달을 주 목적으로 하고 있다 - 올바른 감성의 형성과 사용도 가르치고 배워야 한다.

1. 이성적 인간

일찍이 그리스인들은 아리스토텔레스가 주장한 것처럼 다른 동물과 구분 짓는 인간의 가장 중요한 척도로 '이성'을 들었다. 인간의 의식은 깨어 있는 한 후설(E. Husserl)이 말했듯이 항상 외부 세계를 지향하고 있다. 의식이 지향한 세계는 상으로서 우리에게 인식되고, 인식된 세계는 이성의 활동을 통해 논리적으로 이해되고 해석된다. 이성적 행위는 있는 그대로의 모습을 받아들이는 것에 머무르지 않고 그 이면에 숨겨져 있는 구조와 현상을 파악하고자 시도한다. 뿐만 아니라 감성을 조절하여 인간으로 하여금 감정에 좌우되어 충동적 행동을 하지 않도록 한다. 인간은 감성이 아닌 이성을 매개로 하여 세계를 논리적으로 이해하고 해석하여 해석한 세계를 이용하기 시작하였다. 오직 인간만이 자연세계에 순응하지 않고 변화시키고자 하였다.

인간은 사물의 배후에 놓여있는 세계를 탐구하기 시작했고, 그 존재 근거와 의미를 알고자 하였으며 그리고 그 답에 대하여 객관적이고 합리적인 논거를 마련하고자 하였다. 그리고 그 답을 이용하여 세계를 해석하고 지배하고자 하였고 어느 정도는 소기의 성과를 이루었다. 그 성과에 따라 이성의 능력에 대한 신뢰는 근대에 이르러 절정에 다다랐다. 근대 말까지 대다수 서구인들은 이성적 존재로서의 인간 본질에 대해서는 한 치의 의심도 품지 않았을 만큼 인간의 이성 능력은 절대적이었다. 이성적 사유를 수단으로 한 자연과학의 발달은 인간을 또 다른 의미의 신으로 격상시켰고, 급기야 헤겔(G.W.F. Hegel)에 이르러서는 이성적 존재로서의 인간이 절대자인 신의 자리까지 넘보게 되었다. 하지만 헤겔 이후 서구에서 다윈(C. Darwin), 프로이드(S. Freud), 니체(F.W. Nietzsche), 마르크스(K. Marx) 등 반형이상학적 사상가들이 나타나기 시작했고 또한 인간의 이성적 존재에 회의를 느낀 쇼펜하우어(A. Schopenhauer), 키르케고르(S.A, Kierkegaard) 등 실존주의자들과 생의 철학자들도 잇달아 등장하였다. 가장 결정적인 사건은 1차, 2차 세계대전이었다. 전쟁의 참혹함은 서구인들로 하여금 이성의 사용이 악을 산출하는 수단이 아닌가하는 의문에 사로잡히게 되었고, 과연 인간의 본질은 무엇인가 하는 진지한 성찰을 반성하기 시작하였다.

과연 이성의 의미는 무엇인가? 인간은 이성적 존재로서만 정의되는가? 인간은 감정의 동물이기도 하지 않는가? 이런 의문들이 오늘날 사람들에게 질문되어지고, 많은 사람들이 이러한 문제들에 대해 진지하게 물음을 던지고 답을 구하고자 하였다. 이성 개념에 대한 현대의 해석은 다양하나, 그 중 가장 원초적인 의미에서 이성 개념은 이성을 언어라고 보는 입장이다. 호르크하이머(M. Horkheimer)는, "인간은 이성적 존재"라는 말에서 '이성'의 개념은 원래 '언어'에서 비롯된 것이라고 하였다.[5] 이기상 역시 다음과 같이 말하면서 이성 개념은 원래 언어라는 단어에서 비롯된 것이라고 한다.

"우리 모두가 잘 아는 정의에 따르면, 인간은 '이성적 동물'이다. 이 정의는 'zoon logon echon'이라는 그리스어를 라틴어로 번역한 데서 비롯되었다.

5) 막스 호르크하이머, 『도구적 이성 비판』, 문예출판사, 2006, 21쪽.

그런데 그리스어의 원래 의미는 '언어의 능력이 있는 생명체'라는 뜻이다. 그러기에 '인간은 언어의 능력이 있는 동물이다'고 해야 맞다. 이성과 언어는 서로 통하는 점이 있다."[6)]

여기서 추론 가능한 논리는 인간은 언어를 매개로 사유한다는 점이다. 물론 인간이 언어 없이 사유가 불가능하다고 말할 수는 없지만, 분명한 것은 '이성적 존재'로서의 인간은 틀림없이 언어를 사용하는 인간이라는 사실이다. 물론 언어와 이성은 상호 변증법적인 관계라고 할 수 있다. 즉 언어를 사용하고 나서야 비로소 이성적 인간이라고 불릴 수 있었던 것이다. 언어를 사용하면서부터 인간은 외부 세계를 바라보고 단순히 외부세계에 대한 인식에만 머무르는 것이 아니라 외부세계의 이면에 놓여있는 근거를 묻기 시작했다. 다시 말해 인간은 언어 사용을 통해 형이상학적 사유와 추상적 사유[7)]를 하기 시작했고, 나아가 자기 자신을 사유의 대상으로 삼기 시작했고, 심지어 신도 사유의 대상으로 삼기 시작하였다. 언어를 사용하기 전에 인간에게 자연은 오직 경외심과 두려움의 대상이었지, 분석 사유의 대상이 아니었다. 사유의 대상은 두려움의 대상이 아닌 관찰의 대상이었고, 이때부터 자연의 일부분이었던 인간은 자연세계로부터 한 걸음 떨어져서 자연을 바라보기 시작하였다. '떨어져 있는' 현상은 객관화의 조건이며 대상화의 조건이다. 사물이 인간의 인식 대상이 된다는 것은 하이데거(M. Heidegger)에 의하면 '도구화'된다는 것을 말한다. 문제는 도구로서의 대상이 사물 그 자체가 아니라는 점이다. 어떤 한 사물이 대상이 되고 도구화되었다는 것은 인간의 세계로 그 사물이 편입되었고 인간의 관점으로 해석되었다는 것을 의미하며, 사물 그 자체의 본질은 의미를 상실하게 되었다는 것을 뜻한다. 인간은 '사물 그 자체'에 대해서 알 수 없을 뿐만 아니라, 오늘날 인간에게 '사물 그 자체'에 대한 탐구는 더 이상 의미가 없는 것이 되어 버렸다. 중요한 사실은 우리에게 현상과 사물이 '어떻게' 드러나고 해석되는가이다. 어떤 현상을 대상화하고 객관화하기 위해서는 그 현상과 우선적으로 떨어져 있어야 한다. 이와 비슷한

---

6) 이기상, 『다석과 함께 여는 우리말 철학』, 지식산업사, 2004, 48쪽.

7) 형이상학적 사유와 추상적 사유는 분명히 구분되어야 할 필요가 있다. 뒤에 데리다의 사상을 논할 때 자세히 언급하겠지만, 형이상학적 사유를 추상적 사유와 혼동해서는 안 된다.

논리를 우리는 마르틴 부버(M. Buber)의 사상에서 발견할 수 있다. 물론 부버는 '근원적 떨어져 있음'을 이성의 논리가 아닌 대화의 원리를 설명하기 위해 언급하였다. 하지만 '나-너'의 관계나 '나-그것'의 관계 모두 '근원적 떨어져 있음'은 관계 맺음의 필수 전제 조건이다. 자연을 대상화 한다는 것은 부버의 논리에 따르면 '나-그것'의 상태를 의미한다. 부버와 관련된 논의는 뒤에 좀 더 자세히 언급할 것이다.

인간은 자연 세계를 사유 대상으로 삼았을 뿐 아니라 자기 자신도 사유 대상으로 삼기 시작하였다. 인간이 자신을 사유의 대상으로 삼았다는 것은 인간의 자의식이 발달하였다는 것을 의미하며, 자각된 의식이 자기의 내면을 들여다보기 시작하였고 자신의 정체성을 찾기 시작하였다는 것을 의미한다. 신에 대한 대상화 역시 관념적 사유의 시작을 의미한다. 이처럼 나의 내면과 신에 대한 사유는 인간이 가시적인 현상에서 비가시적 현상으로 사유의 지평을 넓히기 시작했다는 사실을 의미한다. 이성을 통한 사유는 비가시적 현상에 대한 통찰을 의미한다. 즉 인간은 눈에 보이는 현상보다 그 이면에 숨겨져 있는 본질에 주목하기 시작했고, 바깥에 드러나 있는 것 이상의 어떤 것이 이 세계를 움직인다고 생각하였다. 막연히 경외심을 가지고 자연을 대하였던 태도에서 일정 정도 거리를 두고 자연을 관찰하기 시작하였고, 그 결과 인간은, 자연에는 어떤 법칙과 원리가 내재하고 있다고 주장하였고 그 법칙과 원리를 찾고자 하였다.

이처럼 대부분의 사상가들이 이성과 언어를 떼어놓고 생각하지 않았을 만큼 이성은 언어와 밀접하게 연관되어 있다. 언어가 감성보다는 이성의 사용에 더 적합한 것은 사실이다. 이성적으로 사유한다는 것은 합리적이고 논리적으로 생각한다는 것을 의미한다. 하지만 우리는 언어가 이성뿐 아니라 감성에도 매우 지대한 영향을 끼친다는 사실을 잊지 말아야 한다. 아기가 태어나서 엄마와 주위 사람들의 말을 듣고 내적으로 가장 먼저 형성되는 것은, 그리고 자아를 자각하기도 전에 먼저 내적으로 발달하는 것은 감성이다. 비속어나 거친 언어를 사용하는 부모나 환경에서 자란 아이는 대체로 정확한 뜻도 모르면서 어른의 말을 그대로 따라하는 것이 일반적이다. 그 아이의 감성 상태는 그리 평온하지 않을 것이고, 나중에 이성이 발달하더라도 왜곡된 이성이 형성될 가능성이 매우 크다. 반면에 온화한 가정에서 자란 아이들의 감성 상태는 과격하지 않을 것이며 언어 사용도 순화되어 있을 것이다. 물론 또래 친구들을 만나면서 점차 가정보다는 친구들의 언어 형태를 따라하는 것이 일반적이긴 하지만 본성의 변화는 그리 심하지 않을 것이다. 따라서 초기 감성이 형성되기까지는 '나의 너'의 언어 형식과 주위 환경의 언어 형식이 중요하다고 할 수 있다.

언어가 감성 형성에 중요한 영향력을 행사하지만 이와는 반대로 감성을 표현하는 데에는 언어가 한계를 가진다. 따라서 감성이 중요한 예술분야에서는 언어가 아닌 다른 수단을 매개로 해서 더 많이 자신들이 표현하고자 하는 것을 보여주고자 하며, 시나 소설과 같은 문학작품들 속에서도 언어의 사용은 인문과학, 자연과학 등 학문에서 사용하는 언어의 용법과 그 궤도를 달리한다. 과학에서는 논리적이고 합리적인 언어를 사용한다면, 문학에서는 은유나 직유 같이 논리적이지 않고 비유적이고 암시적인 언어를 사용한다고 할 수 있다. 따라서 예술 분야에서는 창작자나 작품을 감상하는 사람은 둘 다 자기 관점에서 동일한 작품을 감상하며, 서로 상이한 해석이 나올 수 있는 반면에, 과학 등 이성적 학문에서는 동일한 대상을 표현한 글에 상이한 해석이 용납되지 않고 동일한 해석만이 요구된다. 다시 말해서 이성적 언어나 이성적 인간은 논리성과 동일성을 지향하고, 감성적 언어와 감성적 인간은 창의성과 차이성을 지향한다고 할 수 있다.

언어를 사용하는 사람을 전부 이성적 인간이라고 말할 수 있는가? 여기서 우리의 대답은 아마도 '아니요'일 것이다. 말을 할 줄 안다고 모두 이성적이지는 않다. 아리스토텔레스가 말한 "이성적 인간" 역시 모든 사람을 일컫는 것은 아닌 것이다. 말을 할 줄 알더라도 어린아이나 정박아들을 보고 이성적이라고 말하지 않듯이 이성적 인간의 주요 조건은 아마도 말을 할 줄 알더라도 자신이 하고자 하는 말을 논리적이고 합리적으로 표현해야하며, 자기 관점을 가지고 언어를 매개로 하여 세계를 바라보고 해석할 줄 안다는 것이 포함되겠다. 또한 대화를 할 때 이성적으로 말을 한다는 것은 상대방이 이해할 수 있도록 논리적으로 자기 생각을 밖으로 표현한다는 것을 말하며, 가장 중요한 조건 중의 하나가 바로 글말이 없는 사람보다는 글말을 쓰고 아는 사람일 것이다. 이외에도 행동 사항 등을 보고 '정신적으로 미성숙하다'는 등 여러 가지로 이성적 인간의 진위 여부를 판단할 수 있을 것이다. 여기서 내가 말하고자 하는 것은 언어를 이성과 연관시킬 때 글말과 입말을 정확하게 구분해야 할 것이며, 이에 따라 입말의 특성을 감성과 그리고 글말의 특성을 이성과 연관시켜 논의를 해야 한다는 것이다.

나중에(이 책 6장과 7장) 자세히 기술하겠지만 글말은 논리성과 합리성을 띠고 있으며, 입말은 직접적이고 즉흥적인 성격을 띠고 있어서 이성보다는 감성의 영향을 더 많이 받는다. 이성적 인간의 가장 첫 번째 조건이 글말이라는 것은 이성의 발달이 입말보다는 글말에 더 큰 영향을 받는다는 것을 말한다. 어린아이들은 글을 배우고 나서 점차 논리적이고 합리적으로 사유하기 시작하며, 자신의 생각을 다른 사람에게 논리적으로 표현하기 시작한다. 즉 자기 위주로 말을 하는 것이 아니라, 다른 사람이 이해할 수 있도록 말을 하기 시작하며 상대방의 입장을 이해하기 시작한다. 하지만 프로이드나 오늘날 구조주의자들이 비판하였듯이, 이성적으로 말하고 행동한다는 것은 자기의 진짜 생각을 숨기거나 억누르기 시작했다는 것을 의미하며, 자신의 욕망보다는 자신이 속한 사회가 요구하는 규범이나 법, 윤리 등에 따라 살기 시작했다는 것을 의미하기도 한다. 이성적 인간을 감성적 인간과 대비시키는 가장 큰 이유는 아마도 이성적 인간이 자신의 내적 욕망을 억누르기 때문이 아닌가 생각한다.

2. 감성적 인간

앞에서 언급한 것처럼 이성을 로고스(logos) 개념으로부터 온 것이라 한다면 감성은 일반적으로 파토스(pathos)를 그 어원으로 삼는다. pathos는 paschein으로부터 파생된 단어로 paschein의 뜻은 '~을 받아들이다'를 의미한다. 따라서 pathos는 '받아들인 상태'를 말하며, 이것은 인간이 외부로부터 수동적으로 영향을 받는 상태를 말한다고 볼 수 있다. 즉 pathos로부터 비롯된 감성은 인간이 자율적으로 자신의 심리상태를 조절하는 것이 아닌 외부의 영향을 받아 수동적으로 이끌려가는 상태를 말한다. 결국 감성적 인간은 자기 스스로의 결정과 의지에 의해 판단하고 행동하기보다는 외부 환경에 더 큰 영향을 받아 그것에 의해 판단하고 움직인다고 할 수 있다. 이런 면 때문에 고대 그리스 철학자들은 감성이 진리를 추구하는데 방해가 되는 요소로 보았던 것이다.[8] 하지만 감성을 그렇게 단순하게 외부에 의존적인 요소로만 보아서는 안 될 것이다.

우선 인간은 외부의 영향을 받고 성장한다. 이성적 요소가 외부에서 들어오는 자료들을 내부에서 재검토하고 반성하며 나아가 스스로 판단하여 그 결과를 바깥으로 표출하는 반면에 감성적 요소는 외부에서 들어오는 자료들에 의존하고 좌우되어 자료의 성격에 따라 움직인다고 볼 수 있다. 따라서 감성 형성에는 외부의 환경 요소가 매우 중요하다. 이런 이유로 인하여 우리는 감성보다 이성을 더 선호하게 되며 감성은 극단적으로 무시해야 할 요소로 치부하게 된다.

하지만 우리가 간과하지 말아야 할 중요한 사실 중의 하나는 외부에서 들어오는 자료의 성격이다. 결코 어떤 경우에도 인간은 완벽한 자료를 대면하고 수용한 적이 없을 뿐만 아니라, 인간이 마주치는 외부 환경은 모두 모호하고 애매한 상태로 다가올 뿐이다. 심지어 언어 표현에 있어서 조차도 인간은 정확하고 논리적인 표현을 듣고 이해하는 것이 아니다. 우리는 대화할 때 언제나 애매모호하고 비논리적인 대화를 한다.[9] 그래서 많은 철학자들이

---

8) 박기순에 의하면, "아리스토텔레스에게 감정은 그 자체로 나쁜 것, 혹은 비난받아야 할 것이 아니었다. 따라서 그에게 중요한 것은 그것의 활용이었다. ... 반면에 스토아 사상가들은 감정 자체를 부정적인 것으로 간주한다. 윤리학에 대한 의학적 관점 속에서 그들은 감정을 일종의 병리적 상태로 이해한다" (박기순, 『인간과 감정』, 4쪽). 박기순에 의하면 서구에서는 고대와는 달리 근대에 이르러 감정이 새롭게 설정되기 시작하였고, "감정이 철학적 성찰의 대상이 되었다"고 주장하며, 데카르트, 스피노자, 흄은 감정이론에 대한 독립적인 저작들을 썼을 정도로, 근대는 "감정 이론의 시대"라는 것이다 (같은 책, 서론, 3쪽).

9) 이런 이유는 언어 자체가 애매하고 모호한 성격을 가지고 있기 때문이다. 언어는 결코 명확하게 외부 세계를 반영하지도 않을뿐더러 우리에게 그 어떤 방식으로도 명확하게 외부 현상에 대해 알려주지도 않는다. 하지만 인간은 불명확하고 모호한 언어를 통해 세계를 이해하고 해석할 수 있는 능력이 있다. 이런 능력을 이성이라고 부르기도 하고, 자라면서 습득했다고 주장하기도 하지만, 부인할 수 없는 사실은 불명확한 언어를 해석하고 이해할 수 있는 능력이 인간에게 있다는 사실이다. 물론 세계에 대한 이해가 반드시 언어만을 매개로 해서 이루어지는 것은 아니지만 적어도 언어가 중추적인 역할을 담당하고 있음을 부인하기 어렵다.

언어의 모호성을 지적하곤 했다. 예를 들어 데카르트(R. Descartes)는 언어들이 "부정적 의미들"을 제공한다고 하였고, 로크(J. Locke)에 의하면 언어는 "우리 눈앞에 있는 안개"로서 우리에게 세계에 관한 어떤 것도 보장해 주지 않는다고 하였으며, 콩디악(E.B.de Condillac)은 언어가 "불충분하게 규정된 이념"들을 전달해 준다고 하였다.[10] 그럼에도 불구하고 우리는 서로 이해를 하고 상호 의사소통을 원활하게 하며 살아간다. 인간은 불완전한 요소를 내부에서 완전하게 재정립하는 능력을 가지고 있다. 아마도 불완전한 요소를 논리적으로 재정립하는 능력은 이성의 능력일 것이다. 하지만 불완전한 요소를 가지고 기존의 것과는 아주 다른, 전혀 새로운 것을 만들어 내는 능력은 이성보다는 감성의 능력에 더 가깝다. 즉 이성은 뒤죽박죽된 자료들을 논리적으로 정리 정돈하는 능력은 있지만 반면에 그것을 가지고 창의적으로 아주 색다른 것을 만들어 내는 능력은 부족하다. 이에 반하여 감성은 비록 정리 정돈하는 능력은 없어도 불완전한 요소를 가지고 새로운 것을 창출해 내는 능력이 뛰어나다. 이성에 의해 산출되는 결과는 일반적으로 정상적인 이성을 가진 사람이라면 대동소이한 결과를 보이는 반면에, 감성에 의해 산출되는 결과는 비록 비슷한 상태의 감성을 가진 사람일지라도 사람마다 상이한 결과를 드러내 보인다. 심지어 외부 자료들이 어느 정도 판명된다면 그에 따른 이성에 의해 산출되는 결과를 어느 정도 예측할 수 있지만, 감성에 의해 산출되는 결과는 예측하기 힘들다. 일반적으로 논리성을 이성적 요소로 보고 창조성을 감성적 요소로 보는 이유가 여기에 있다.

일반적으로 감성이 억눌린 사회나 환경 속에서 자란 사람들에게서는 창조적 활동을 찾아보기 힘들다. 창조성은 끊임없이 무엇인가를 하려고 하는 욕망과 관련이 있다. 내적 욕망에 의해 무언가를 시도하려는 사람들은 항상 외부의 벽에 부닥치곤 한다. 외부의 벽은 단순히 그 욕망이 분출되지 못하게 막는 것에 그치는 것이 아니라 보다 적극적으로 욕망을 억누르려고 한다. 구태여 프로이드 학파의 이론을 들지 않아도 어렸을 때 억압을 받으며 자란 사람들의 욕망은 깊이 억눌려져 있고 자기 속마음을 잘 표현하려 하지 않으며

10) 위르겐 트라반트 지음, 안정오/김남기 옮김, 『훔볼트의 상상력과 언어』, 인간사랑, 1998, 35쪽.

심하면 자폐증환자와 같이 외부 세계와 단절하려는 경향이 있다. 갓 태어난 아기는 자기 외부의 환경과 대상을 향해 끊임없이 시선을 보내며, 지향된 대상에 대해 알고자 하는 욕망으로 가득 차 있다. 이 욕망은 자기 마음대로 행동하려는 의지와 관련이 있다. 하지만 일반적으로 아기의 주위 환경은 아기가 마음대로 행동하게 내버려두지 않는다. 아기의 욕망은 가로 막히고 좌절하게 되며 주위 환경이 요구하는 이성적 논리에 따르도록 조절된다. 때로는 강압적으로 때로는 다른 욕망을 자극하여 아기가 가지고 있는 고유한 욕망이 사회가 요구하는 질서와 일치하도록 조절된다. 이런 의미에서 학교에서는 결코 창조성이 길러질 수 없다. 학교는 개인이 사회에 적응하도록 교육시키는 기관이지 각 개인의 창조성과 능력을 발달시키는 기관이 결코 아니다. 학교교육은 인간의 내부에 웅크리고 있는 개별적 욕망을 누르고 사회에서 요구하는 인간상이 되도록 만드는 곳이다. 문제는 인간의 욕망은 결코 사라지지 않는다는 사실이다. 개별적 욕망은 각 개인의 내부 깊숙이 숨겨져 있을 뿐이고, 이 욕망은 다른 것에 의해 충족되지 못할 경우 언제든 분출할 가능성이 있다. 하지만 대부분의 사람들은 사회제도나 학교교육에 의해 차츰 자신의 욕망을 감추고 사회가 요구하는 인간으로 변모해 간다. 즉 감성보다는 이성에 따른 행위를 하며, 자신이 하고 싶은 행위보다는 사회 시스템이 요구하는 행위에 더 충실히 따르게 된다.[11] 때로 질서 유지에 반기를 들며 반항하는 행위를 보이기도 하지만 거대한 사회시스템은 결코 이것을 용납하지 않는다. 이것을 푸코(M. Foucault)는 정신병원의 역사를 통해 드러내 보이고자 하였다. 푸코에 의하면 사회부적응자로 낙인찍혀 정신병원에 갇힌 사람들은 사회 시스템에 의해 희생된 사람들일 뿐이라는 것이다. 사회 지배층이 자신들의 지배 이데올로기에 순응하지 않는 사람들을 제거하기 위해 시작한 시스템이 정신병원의 시초라는 것이다. 이렇게 볼 때 사회부적응자란 이성이 아닌 감성 상태가 발달한 사람들로, 부정적으로 보자면 반사회적인

11) 그리스 철학에서는 인간이 이성을 사용하여 열정을 억제하는 것을 apatheia라고 하였다. 또한 기독교 사상에서 pathos는 "개인이 자기 자신을 상대로 발휘하는 의지를 말하는데", "apatheia는 이런 의지가 없는 상태"를 말한다. (노엄 촘스키, 미셸 푸코 지음, 이종인 옮김, 『촘스키와 푸코, 인간의 본성을 말하다』, 시대의 창, 2011, 234쪽 참조.)

행위를 하는 사람들이며, 긍정적으로 보자면 예술가라 할 수 있다.[12] 이미 고대 스토아 학파에서는 이성에 반하는 감성적 행위를 병의 근원이라고 하였다. 어쨌든 이들은 소위 정상적인 사람들과는 다른 행위를 하는 사람들인 것이다. 정상적인 행위란 자신의 개별적 욕망을 감추고 사회 시스템이 요구하는 이성적 행위를 하는 것을 말하며, 감성적 행위는 욕망과 관계가 깊으며 창조적 행위와도 밀접한 관계가 있다.

욕망과 관련된 감성의 발달에서 가장 중요한 요소는 '너'와의 관계일 것이다. 아기는 갓 태어나서 자기의 '너'로부터 가장 먼저 감성의 영향을 받는다. 인간은 이성이 아닌 감성의 영향을 먼저 받는다. 이성은 감성의 바탕 위에서 형성되는 것이다. 비록 아기가 너의 영향을 받아 감성이 형성된다고 할지라도 전적으로 너의 감성이 나의 감성으로 형성되는 것은 아니다. 말 그대로 너는 단지 나의 감성에 영향을 줄 뿐, 개별적 감성은 자기 내부에서 형성된다. 만약 전적으로 너에 의해 나의 감성이 결정된다면 동일한 감성이 많아야 하는데 실제는 그렇지 않은 이유는 이성의 결과는 같을 수 있어도 감성의 결과는 같을 수 없기 때문이다. 각기 느끼는 감정이 다르고 표현하는 감정이 다르다. 단지 비슷하게 여기며 같다고 생각할 뿐이다. 어차피 감성은 모든 것이 애매하고 모호하기 때문에 큰 테두리 안에서 서로 같다고 여기는 것이다.

---

12) 오늘날 종종 사람들은 인간을 컴퓨터와 비교하여 말하기도 한다. 사람들의 주된 관심사는 인간과 컴퓨터 중 어느 것이 더 뛰어난가, 내지는 인간과 컴퓨터의 차이가 무엇인가 등일 것이다. 사람들은 인간과 컴퓨터 중 어느 것이 더 뛰어난가에 대해 주로 인간의 이성적 측면을 가지고 비교하려고 하는데 이는 잘못된 생각이다. 인간과 컴퓨터의 차이는 이성이 아닌 감성에서 찾아야 한다. 이성은 논리를 바탕으로 하기에 컴퓨터의 작동 원리와 비슷하지만, 감성 원리는 그렇지 않다. 즉 이성의 논리는 입력과 출력 사이가 논리를 바탕으로 이루어진다. 반면에 감성은 입력과 출력이 비논리적이며 불규칙할 뿐 아니라 예측 불가능하다. 이성의 논리는 입력과 출력이 다수의 사람들 사이에서 대동소이하나, 감성에 이르러서는 각양각색이다. 각 개인의 차이는 이성이 아닌 감성에서 드러난다. 물론 이성의 능력 차가 존재하기는 하나, 소위 인간성의 차이는 감성에서 비롯된다. 이런 의미에서 획일성과 반복성을 요구하는 컴퓨터는 결코 인간과 같을 수 없으며, 예측 가능한 컴퓨터는 예측 불가능한 감성적 인간일 수 없다. 창조성은 이런 예측 불가능성과 다름 속에서 발생하기에 이성보다는 감성에 가깝다 할 것이다. 창조적 사유와 정신 분열은 같은 동일한 지평에 놓여 있다.

나의 욕망과 감성을 일깨우는 것은 너의 입말이다.[13] 너와의 끊임없는 대화를 통해 나의 감성과 욕망은 자라고 성장한다. 이성뿐 아니라 감성 역시 언어와 밀접한 관련이 있음을 부인할 수 없다. 감성이 창조성을 띠고 있는 반면에 감성은 외부 환경에 쉽게 조작될 수 있다는 것이 단점으로 다가온다. 즉 감성은 외부 환경에 의해 조작되기 쉽기 때문에 특히 언어에 의해 조작되기 쉽기 때문에 인간은 쉽게 이데올로기의 노예가 되기도 한다. 또한 인간은 사실세계가 아닌 훔볼트(W. v. Humboldt)식으로 말하자면 언어에 의해 만들어진 중간세계를 통해 사실세계와 관계하기 때문에 이 중간세계를 어떻게 상정하고 형성하는가에 따라 인간이 이해하고 해석하는 세계가 크게 달라질 수 있다. 따라서 언어로 이루어진 중간 세계의 특성을 살펴보는 일은 매우 중요하다. 더군다나 이성과 감각사이에서 그리고 이 둘을 엮어서 사유를 형성하는 것이 바로 언어라고 주장한 사람도 훔볼트다.[14] 즉 훔볼트에 의하면 사고의 생성은 감각과 이성의 혼합으로 이루어진다.

---

13) 하지만 트라반트가 헤르더를 해석하면서 청각에 대해 언급한 것을 보면, "청취는 중간 감각이다. 태아의 첫 번째 감성은 접촉이며, 이로써 촉각은 감성의 원천이 된다고 한다. 듣기는 두 번째, 보기는 세 번째 감각인지이다"(위르겐 트라반트, 『훔볼트의 상상력과 언어』, 247쪽). 여기서 감성의 첫째 조건을 촉각으로 보았다. 이에 대해 나도 동의한다. 아기가 태어나서 맨 처음 엄마 품에 안겨 피부접촉을 함으로써 감성을 온 몸으로 체득한다. 하지만 우리가 간과하지 말아야 할 사실은 엄마가 아기를 안을 때 단지 안는 것에 그치는 것이 아니라는 사실이다. 엄마는 끊임없이 아기에게 말을 건넨다. 따라서 아기의 피부접촉은 듣는 행위 함께 이루어진다. 즉 접촉과 듣는 행위는 동시적이다. 따라서 듣는 행위도 감성의 주요 조건이라 할 수 있다. 물론 시각도 감성의 조건이기는 하지만 촉각과 청각이 가장 주요한 감성 조건이라 하겠다.

14) 위르겐 트라반트, 『훔볼트의 상상력과 언어』, 57쪽 이하 참조.

2.

중간세계로서의 언어

언어를 단순히 의사소통 수단으로만 여겼던 기존의 전통적인 관점과 다르게 언어를 인식의 도구로 보려는 사상가들이 나타나기 시작하였는데 그 중 대표적인 사람들로 헤르더(J. G. Herder)와 훔볼트(W. v. Humboldt)를 들 수 있다.[15] 이들은 언어를 철학의 중심 주제로 삼았던 철학자들로서 둘 다 기존의 시각중심 언어관에서 청각중심 언어관을 주장하였는데[16], 헤르더가 듣는 행위, 즉 청각의 중요성만 강조한 반면[17], 훔볼트는 듣는 행위뿐 아니라 듣고 응답하는 대화도 강조하였다. 또한 헤르더에게 언어는 인간의 자의식으로 인해 생기는 것이며 이성과 언어는 동일한 개념으로써 인간 본질의 구성요소를 이룬다.[18] 이에 비해 훔볼트에게 언어는 인간의 "사유를 형성하는 기관"[19]으로써, 내적 정신활동의 표현으로 간주된다. 역설적으로 말하자면 훔볼트에게 언어가 없으면 인간의 사유는 불가능하다고 할 수 있을 만큼

15) "실제의 인간 언어는 일차적으로 인지 영역, 의미론적 영역 덕택에 이루어지는 것이지 의사소통의 영역 덕택은 아니라는 사실을 강조하는 것은 18세기에 새로운 언어 견해가 발달하는 데 있어서 중요하였다. 언어가 의사소통에 쓰인다는 것은 전통적인 견해이다. 아리스토텔레스에서 로크에 이르기까지 인식은 언어 없이 진척되고 언어는 이미 형성된 연상들을 고정시키고 다른 이에게 전달하는 데만 쓰인다" (위르겐 트라반트 지음, 『훔볼트의 상상력과 언어』, 250쪽).

16) 이에 대해 트라반트는 훔볼트가 음성중심 사상가라는 것은 확실하지만, 훔볼트가 시각적 관점으로부터 나온 "세계상"이라는 개념을 언급한 것을 들어 훔볼트가 그렇게 전적으로 음성 중심적인 사상가만은 아니라고 해석하기도 한다 (위르겐 트라반트, 『훔볼트의 상상력과 언어』, 278쪽 참조). 또한 트라반트는 다음과 같이 말한다. "만일 훔볼트가 문자를 언어로써 제한시키고 그래서 문자가 비로소 언어 의의의 작업을 수행한다면...이미 19세기 초에 새로운 음성주의는 극복된 것이다"(같은 책, 293쪽).

17) 트라반트는 헤르더의 언어관을 '청각중심주의'라고 말한다.(위르겐 트라반트, 『훔볼트의 상상력과 언어』, 253쪽 참조.)

18) 이성준, 『훔볼트의 언어철학』, 고려대학교출판부, 1999, 22~31쪽 참조.

19) 같은 책, 119쪽에서 재인용.

언어와 사유는 불가분의 관계다.

언어의 원천으로서 듣는 행위를 중시한 헤르더에 의하면 인간의 귀는 "언어의 최초의 스승"으로써 영혼이 "소리 나는 낱말을 갖게 되는" 통로다.[20] 헤르더에게 언어는 단순히 의사소통 수단에 머무르는 것이 아니라 인간의 "영혼 현상"인 것이다.[21] 물론 헤르더도 대화를 언급하기는 했지만 대화는 어디까지나 듣는 행위를 기반으로 해서만 의미가 있을 뿐이다. 헤르더의 대화론을 마르틴 부버의 대화론과 비교해 보면, 마르틴 부버에게 있어 대화는 말하는 사람과 듣는 사람 모두에게 중요하여 대화가 말하는 사람과 듣는 사람의 실존 방식의 근원적 요소인데 반하여, 헤르더의 대화론에서는 말하는 것보다 듣는 행위가 우선일 뿐만 아니라 인간의 실존방식과는 관계가 없고 단지 인식관계에만 머무를 뿐이다.

헤르더가 강조하는 듣는 행위는 하이데거가 듣는 행위를 '이해'로 해석하는[22] 것과 유사한 면이 있다. 즉 하이데거에 의하면 말하기 위해서는 먼저 들을 줄 알아야 하고, 올바로 듣는다는 것은 말하는 사람의 의도를 정확하게 이해했다는 사실을 의미한다. 이런 맥락에서 선이해가 말하는 것의 전제가 되는 것이다. 트라반트(J. Trabant)에 의하면 헤르더의 청각 중심 사유는 시각중심 사유가 지배하는 기존의 서구철학에서 듣기를 중시하는 대화론으로 넘어가는 발판이라고 한다.[23] 듣는 행위는 결국 화자를 전제로 할 수밖에 없는 것이고 따라서 듣는 행위에서 대화론은 필연적인 것이다. 비록 헤르더가 언어의 출발을 청각으로 보았지만, 헤르더에게 듣는 다는 것은 타자가 말하는 것을 듣는 것이 아니라 우선적으로 세계가 내는 소리를 듣는 것을 의미한다.[24] 즉 헤르더에 의하면, 인간은 자연이 내는 소리를 귀를 통해 듣고 그리고 영혼이 그 소리를 포착하며, 이를 통해 인간은 자연스럽게 언어를 창조할 수 있다는

20) 요한 고트프리트 폰 헤르더 지음, 조경식 옮김, 『언어의 기원에 대하여』, 한길사, 2003, 70~71쪽 참조.

21) 이성준, 『훔볼트의 언어철학』, 7쪽.

22) Heidegger, M., *Sein und Zeit*, 163~4쪽 참조. 물론 하이데거 주장하는 '들음'의 행위는 인간이 인식 작용으로 사물을 규정하지 말고 사물이 우리에게 드러내고 말하는 것을 들어야 한다는 것을 말한다. 그래야 인간은 존재가 말하는 것을 들을 수 있다는 것이다.

23) 위르겐 트라반트, 『훔볼트의 상상력과 언어』, 244쪽 참조.

24) 같은 책, 249쪽 참조.

것이다. 헤르더는 "수만 가지 소리를 내는 자연 전체가 언어를 가르치는 스승이요, 예술의 신인 뮤즈다"라고 했는가 하면, 또한 "인간 스스로가 언어를 창조했다! 살아 있는 자연의 소리로부터! 주재하는 오성의 특징으로! 이것이 내가 증명하려는 것이다"[25]라고 하면서, 인간의 모든 감각 중 오직 청각만이 "언어의 감각"[26]이라고 주장하였다.

이처럼 인간의 듣는 행위를 중시한 헤르더의 사상을 우리는 하이데거의 현상학과 비교해 볼 수 있다. 거칠게 말하자면, 후설(E. Husserl)의 현상학이 지향성을 기반으로 하는 주체의 의식이 사물을 대상으로 구성하는 현상학인데 반하여, 하이데거에게 있어서 현상학은 사물이 있는 그대로 그렇게 우리 앞에 드러나도록 내맡겨 두는 것을 의미한다. 이것을 하이데거는 "내버려둠"(Gelassenheit)이라고 하는데, 이것은 사물이 있는 그대로 우리에게 말하고 드러나도록 우리는 기다리고 또 그것이 말하는 바를 들어야 한다는 것을 뜻한다. 이런 의미에서 헤르더의 듣는 행위와 하이데거의 "내버려 둠"의 현상학은 유사한 측면이 있다고 할 수 있다. 하지만 세계의 소리가 엄밀하게 말해 인간의 언어가 될 수는 없다. 인간의 언어와 세계가 내는 소리는 다르다. 따라서 헤르더가 언어의 출발을 청각으로 본 것은 옳지만, 그것은 언어를 형성하기 위한 필요조건일 뿐 충분조건은 아닌 것이다. 이러한 헤르더의 문제점들이 훔볼트에 와서 어느 정도 보완되고 언어에 대한 관점이 좀 더 명료하게 진일보 하였다.

트라반트에 의하면 "언어는 헤르더에 와서 세계를 듣는 것이 되고 훔볼트에 와서는 듣고 응답하는 사고의 대화적인 생산에 대한 사랑이 승화된 형태로 확장"[27]되었다. 훔볼트도 헤르더처럼 듣는 것을 중시하여, 언어기호는 우선적으로 시각적 기호가 아닌 청각적 기호이어야 함을 강조했다. 왜냐하면 귀로 들어오는 기호가 시각적 기호보다 더 사유 형성에 적합하다는 것이 훔볼트의 주장이기 때문이다.[28] 하지만 훔볼트는 청각 위주의 언어관에서

25) 요한 고트프리트 폰 헤르더, 『언어의 기원에 대하여』, 72쪽.

26) 같은 책, 87~93쪽 참조.

27) 위르겐 트라반트, 『훔볼트의 상상력과 언어』, 255쪽.

28) 이성준, 『훔볼트의 언어철학』, 116쪽 참조.

머무르지 않고 한 걸음 더 나아가 언어를 듣고 응답하는 대화로 보았다. 흥미로운 사실은 훔볼트가 대화를 사랑의 한 형태로 보았다는 점인데, 부버를 비롯한 대화론자들에게도 대화의 본질은 사랑으로서 말하는 사람과 듣는 사람의 사이에서 발생하는 것이다. 이런 점에서 헤르더보다는 훔볼트의 사상이 진일보 했다고 볼 수 있다. 하지만 훔볼트가 대화를 강조한 이유는 부버의 입장과는 다르다. 가장 중요한 차이점은 부버나 대화론자들이 대화를 인간의 실존 방식과 연관시켜 논의하고 있는 반면에 훔볼트는 대화를 인식문제에 국한시키고 있다는 점이다.

훔볼트에게 언어는 세계를 반영하는 매개체다. 하지만 한 주체가 언어를 통해 세계를 이해했을 때, 그것이 과연 객관성을 담보하고 있는가가 문제다. 따라서 훔볼트는 인간이 언어로 세계를 보고 이해한다고 했을 때 거기에는 이미 필연적으로 타자를 전제하고 있다는 것이다. 이성준에 의하면 각 개인이 주관적 활동을 통해 세계를 표상했을 때 그 표상이 주관을 넘어 객관성을 확보하기 위해서는 개념화 작용이 이루어져야 한다. 즉 "자아에 의해 말해진 낱말이 너에 의해 응답되고 다른 사람의 낱말로서 자아의 귀로 돌아오게 될 때 비로소 낱말과 결합된 표상이 실제적인 객관성을 얻게 되는데, 이로 인해 주관성이 상실되지는 않는다. 표상을 되돌려주는 너를 거쳐서 표상은 언어에 의해 개념으로 되는 것이다".[29] 다시 말해서 인간은 개념화를 통해 세계에 대한 이해와 해석을 확보하는데, 이것이 각 개별자들의 주관에 그치는 것이 아니라 다른 사람들에게도 통용되고 이해되는 객관성이 담보되어야 하므로 개념화 작용 속에는 이미 타자가 전제되어 있다는 것이다. 더욱이 타자는 내가 언어를 통해 세계를 이해하고 세계상을 형성하는데 필요한 요소일 뿐 아니라 내가 자아를 인식하는 매개체이기도 하다. 나는 너와의 대화를 통해 나의 자아를 인식한다. 훔볼트에게 타자와의 대화는 세계의 개념화와 자아 성찰의 계기가 된다.

"사고에는 이미 본질적으로 공동체적 존재로 가려는 경향이 뒤따른다. 그리고 인간은 모든 육체적, 감성적 관계들을 도외시하고 그의 소박한 사고를

29) 같은 책, 109쪽.

위해서도 나에 상응하는 너를 갈망한다."[30)]

훔볼트가 정확하게 보았듯이 인간의 자아성찰에 타자, 특히 "너"의 실존과 '너'와의 대화는 필연적인 것이다. 타자의 실존과 '너'와의 대화가 없다면 인간은 자기 인식과 자아성찰을 하지 못할 것이다. 이것은 부버 및 대화론자들의 견해와 일치한다. 부버는 너와의 대화가 나의 자아성찰 뿐 아니라 나의 실존방식과도 밀접한 관계가 있음을 주장한다. 이에 반하여 훔볼트에게 대화는 어디까지나 실존의 문제가 아닌 자아성찰과 세계에 대한 인식 등 인식의 문제에 머물러 있을 뿐이다. 또 다른 차이점은 대화의 본질에는 이성뿐 아니라 감성의 요소도 내재해 있는 것으로 본 부버 및 대화론자들과는 달리 훔볼트는 대화를 이성의 원리로만 보고 있다는 점이다. 훔볼트도 언어의 감성적 측면을 무시하지는 않는다. 하지만 언어의 감성적 형식은 인간의 사유가 이성적 형식에 의해 개념화되고 객관화되기 이전에 귀가 자연의 소리를 듣고 나서 개념이 아닌 표상으로서 자연을 생각할 때 작용한다. 즉 자연에 대한 표상 작용은 귀가 듣는 소리의 감성 형식에 의거한다. 소리와 음성은 감성 형식이고 사유작용, 개념화 그리고 객관화 작용은 이성의 형식이다. 다시 말해서 경험은 감성에 의존하고 개념작용은 이성에 의존한다. 문제는 대화를 감성이 아닌 이성의 형식으로 보았다는 점인데, 이것은 대화를 실존방식의 원리로 보지 않고 자아성찰과 세계인식에 대한 원리로 보았기 때문이다. 결국 훔볼트에게 사유를 구성하는 핵심적이고 근원적인 요소는 이성이고, 언어가 관여하는 사유는 이성에 기반을 둔 사유라고 할 수 있다.

트라반트에 의하면 "훔볼트는 언어를 - 비록 매우 조심스럽기는 하지만 - 자연적 본능과 비교하고 그것을 이성의 지적 본능이라고 부르고 있다(Ⅳ:15)".[31)] 또한 훔볼트는 '순수이성행위'는 타인을 고려할 뿐 아니라, "타인과의 말하기에서 이성행위가 완성된다"고 보았다.[32)] 말하기를 듣기, 그리고 이해와 연계시킨 것도 언어를 이성의 관점으로 해석했기 때문이다. 그래서 트라반트는 훔볼트가 "사고 · 감성의 가장 순수한 새싹이 언어에 의해

30) 같은 책, 104~1055쪽에서 재인용.

31) 위르겐 트라반트, 『훔볼트의 상상력과 언어』, 154쪽.

32) 같은 책, 148쪽.

만들어진다는 것을" 인식하지 못했다고 보고 있다.[33] 사실 언어를 이성의 측면으로 보는 관점은 훔볼트뿐 아니라 대부분 서구 철학자들이 언어에 관해 공통적으로 가지고 있는 생각이라 볼 수 있다. 낭만주의자들을 제외하곤 서구 사상가들이 언어와 감성을 연계하여 논의를 한 것은 매우 드물다고 할 수 있다.[34] 사실 언어는 본질상 감성보다는 이성적 측면과 사고의 원리와 밀접하게 연관되어 있는 것은 사실이다. 하지만 우리가 간과하지 말아야 할 사실은 언어가 감성을 형성시키는데 매우 중요할 뿐 아니라, 언어는 이성보다는 감성 형성에 더 먼저 영향을 끼친다는 것이다. 또한 대부분의 낭만주의자들은 언어를 예술의 원천으로 보았을 뿐 아니라, 언어표현을 주로 하는 시와 같은 문학은 논리성보다는 감수성을 요구한다.[35]

이런 문제들을 차치하고 우리가 여기서 훔볼트의 사상 중 주의 깊게 보고자 하는 것은 훔볼트가 기존의 서양 전통 사상에 반하여 언어가 실재세계인 '사물 그 자체'를 반영하지 않는다는 것을 주장하였다는 점이다. 언어가 실재세계를 지시하지 않는다는 사실을 최초로 언급한 사람은 와쇼(Waswo)에 따르면 발라(Lorenzo Valla)라고 한다.[36] 그는 '의미'를 실재 사물과 동일시하지 않았으며 따라서 언어는 더 이상 "실재가 아니라 인간에 의해 만들어진 실재"를 구성한다. 따라서 언어는 세상을 실재세계와는 달리 새롭게 창조한다.[37] 여기서 우리가 중요하게 주목해야 할 점은 발라가 "낱말의 자연성과 모사성"을 강조한 점이다.

"음성이 자연으로부터 주어진 것이라고 해도, 낱말과 의미는 만든 사람에 의해 주어진 것이다. 이것으로부터 귀는 음성을, 정신은 의미를, 귀와 정신은 낱말 전체를 듣는다."[38]

낱말이 자연으로부터 온 소리와 인간이 준 의미의 결합이라고 본 이론은 훔볼트뿐 아니라 오늘날 서구 사상가들에게서는 발견하기 힘든 내용이다.

---

33) 같은 책, 155쪽.

34) 낭만주의자들의 언어관에 대해서는 이성준의 『훔볼트의 언어철학』 32~66쪽에 잘 언급되어 있다.

35) 이성준, 『훔볼트의 언어철학』, 46~66쪽 참조.

36) 위르겐 트라반트, 『훔볼트의 상상력과 언어』, 25쪽 참조.

37) 같은 책, 25쪽 참조.

38) 같은 책, 27쪽 참조.

왜냐하면 그리스어, 라틴어로부터 발전된 서양언어는 전반적으로 자연과는 전혀 상관이 없는 무의미한 기호에 지나지 않기 때문이다. 따라서 훔볼트와 오늘날 서양 언어학자 및 언어철학자들은 대부분 언어와 자연세계와의 무관계성을 주장한다. 하지만 훈민정음의 제자원리야말로 언어의 자연성과 인위성을 모두 함축하고 있는 유일한 언어체계라고 할 수 있다. 즉 훈민정음에는 자연어와 인위어가 모두 포함되어 있다. 훈민정음은 소리를 가장 원음에 가깝게 글자로 표현해 낸 세계 유일의 언어로서, 자연의 소리를 글자에 담아냈을 뿐만 아니라 모든 언어가 그렇듯이 인간이 만든 인위적 의미에도 관여한다. 훈민정음의 제자원리에 대한 논의는 뒤에 자세히 기술할 것이므로 여기서는 더 이상 언급하지 않겠다.

발라의 기호론에 대한 논의는 뒤로하고 여기서는 훔볼트의 사상을 좀 더 살펴보고자 한다. 훔볼트가 생각하는 언어의 본질은 결코 단순히 의사소통 행위만을 의미하는 것은 아니었다. 그에게 중요한 사실은 언어가 "정신의 복제이며 말하는 이의 세계관의 복제"라는 것이다.[39] 훔볼트는 인간과 자연 현상계 사이에 언어로 이루어진 중간 세계가 있어, 우리는 세계 자체, 즉 사물 그 자체와 관계를 맺는 것이 아니라 언어에 의해 반영된 세계와 관계를 맺는다고 주장하였다. 언어는 실재 세계를 반영하고[40] 인간은 사물 자체의 세계가 아닌 언어로 반영된 세계 속에서 사물과 현상을 이해하고 해석한다는 것이다. 왜냐하면 인간은 사물 그 자체에 대한 인식을 하지 못하기 때문이다. 문제는 언어로 반영된 세계가 실재 세계 자체가 아니라는 점이다. 실재 세계와 언어에 의해 반영된 세계는 다를 수밖에 없다. 따라서 훔볼트는 다음과 같이 언어가 실재 세계를 정확하게 반영하는 것은 아니라고 하였다.

"'언어'는 그래서 더 이상 '실재가 아니라 인간에 의해 만들어진 실재'를

39) 이성준, 『훔볼트의 언어철학』, 95쪽.

40) 오늘날 소쉬르 이하 구조주의자들의 언어관에 따르면 언어는 결코 실재 세계를 반영하지 못한다. 언어와 실재세계는 아무런 상관관계가 없다. 언어는 단지 무의미한 기호일 뿐이며, 언어가 세계에 이름을 붙인 것은 단지 우연일 따름이라고 주장하고 있다. 비록 소쉬르의 주장처럼 언어가 바깥 세계를 반영하지 못한다고 할지라도, 우리가 언어를 매개로 세계를 이해하고 해석한다는 점은 부인할 수 없다. 훔볼트 역시 언어가 실재세계를 정확하게 드러낸다고 보지는 않았다. 여기서 '반영한다'는 의미는 '물 자체'가 아닌 인간의 관점으로 해석된다는 의미라고 할 수 있다. 이런 의미에서 훔볼트의 중간세계 이론은 매우 중요하다고 하겠다.

구성한다. 그러므로 언어는 세상을 다시 창조한 것인데, 즉 슬기롭게 발명된 발명품이다."[41)]

비록 언어가 실재 세계를 정확하게 반영하지는 않는다고 해도, 우리가 세계를 이해하는 방식은 언어가 가장 유용한 수단일 수밖에 없는데, 그 이유는 이성적 사유 내지는 정신의 활동이 언어를 매개로해서만 이루어지기 때문이다. 언어가 사유를 규정하는지 아니면 사유에 의해 언어가 만들어지는지는 학자들마다 해석이 분분하지만, 우리가 부정할 수 없는 사실은 언어와 사유가 밀접한 관계를 맺고 있으며, 인간은 오직 언어로 생각하고 언어를 매개로 이해를 하며 타자와 상호 대화를 한다는 것이다. 우리는 자신의 생각을 언어를 통해 타자에게 표현한다. 그리고 타자의 생각을 언어를 통해 받아들인다. 그래서 크리스틴 케닐리(Christine Kenneally)는 언어가 "다른 사람들의 사고와 감정을 해석하는 최고의 도구"라고 주장한다.[42)] 물론 언어가 감정을 해석하는 최고의 수단이라는 케닐리의 해석을 전적으로 수용하기는 어렵지만 적어도 언어가 중요한 역할을 한다는 것만큼은 틀림없는 사실이다. 또한 인간은 세계의 현상과 사물을 이해하는데도 언어의 힘을 빌린다. 비록 세계에 존재하지 않는 것일지라도 모든 것은 언어를 매개로 한다. 분명 사유와 언어는 떼려야 뗄 수 없는 관계인데, 훔볼트는 언어에 의해 인간의 사유가 영향을 받는다는 입장을 취한다[43)] 훔볼트는

41) 위르겐 트라반트, 『훔볼트의 상상력과 언어』, 25쪽.

42) 크리스틴 케닐리 지음, 전소영 옮김, 『언어의 진화』, 알마, 2007, 98쪽.

43) 위르겐 트라반트, 『훔볼트의 상상력과 언어』, 51쪽 참조. 후에 다시 언급하겠지만 이와 유사한 입장을 취한 철학자로 데리다를 들 수 있다. 데리다는 그의 저서 *Speech and Phenomena*에서 의식의 요소가 언어의 요소가 같다고 주장하였다. (Derria, Jacques, Translated, with an Introduction, by David B. Allison, Preface by Newton Garver, *Speech and Phenomena*, Northwestern Univ. Press Evanston, 1973, 15쪽 참조.) 물론 엄밀한 의미에서 보자면, 사유와 의식이 같은 개념이라고 볼 수 없고, 또한 데리다의 의식은 세계를 구성하고, 훔볼트의 중간세계는 구성하는 것이 아니라 단순히 반영한다는 점에서도 다르다고 할 수 있다. 하지만 데리다는 입말 중심의 형이상학적 전통을 비판하고, 트라반트에 의하면 훔볼트가 언어에서 음성의 중요성을 강조하기는 했지만 엄밀하게 보자면 음성중심주의자가 아니라고 한다(위르겐 트라반트, 『훔볼트의 상상력과 언어』, 254쪽, 278쪽 참조). 그리고 언어와 세계의 관계를 통해 언어와 의식, 언어와 사유 관계를 이끌어 냈다는 점에서 훔볼트와 데리다의 주장을 유사하다고 볼 수 있겠다.

중간세계의 개념을 설명하면서[44] 언어와 사유의 관계를 해명하는데, 인간은 사물 그 자체의 세계를 인식할 수 없기에 언어로 반영된 세계만을 이해하고 해석하며, 언어로 된 세계가 인간과 사물 그 자체 사이에 있는 중간세계라는 것이다. 중간세계 속의 나무와 실재 세계에 있는 나무는 분명 다르지만, 중간 세계 속의 나무를 통해 인간의 추상적 사유가 발달한다. 왜냐하면 자연세계에 서 있는 나무는 끊임없는 변화 선상에 놓여 있어 항상 같은 모습으로 있을 수가 없고 매번 다른 모습을 띠고 있어서 동일성을 규정하기가 어려운 반면, 언어에 의해 개념화 되어 중간세계에 있는 나무는 불변하고 그에 따라 동일성을 확보할 수 있고 동일성을 대상으로 분석과 해석이 가능하기 때문이다. 또한 인간은 나무 그 자체가 무엇인지 몰라도 인간이 그것을 나무로 인식하고 나무로 규정하는데 무리가 없다면 그것은 인간을 위해 나무로 존재하게 되는 것이다. 인간과 관계가 있는 것은 나무 자체가 아니라 인간에 의해 의미가 부여되어 인간 세상으로 들어온 나무일뿐이다. 한 사물이 이름을 얻는 순간 그것은 중간세계로 편입되어 인간의 관점 속에 서 있는 대상이 된다.

문제는 후설이 비판하듯이 중간세계로서의 존재가 단순한 상으로서만 머무른다면, 우리로 하여금 진정한 사물의 본질에 다가서지 못하게 한다는 문제가 있다. 의식 활동에 의해서만 규정된 중간세계라면, 중간세계의 존재자들은 모두 의식하는 주체의 사유 작용 안에서만 그 의미를 지니며, 모든 대상들은 오직 의식 작용 안에서만 존재할 뿐이다. 의식 작용과 독립하여 있는 사물 그 자체의 존재는 의미가 없다는 것이 후설이 비판하는 점이다. 다시 말해 우리의 인식근거는 중간세계에 놓여있는 상들의 세계가 아니라 사유 작용과 무관하게 자체적으로 독립하여 존재하는 실재 세계여야 한다는 것이 후설의 주장이다. 하지만 후설의 현상학에서 지향성을 통해 인식한 사물 역시 '물 자체'가 아닌 초월적 자아에 의해 구성된 사물이며, 우리는 '물 자체'가 아닌 사물의 의미를 획득한다는 점에서 후설의 현상학도 훔볼트의 중간세계의 이론에서 크게 벗어난 것 같지는 않다. 비록 중간 세계를 통해 획득한 사물의

44) 이성준에 의하면, "훔볼트의 작품들에서는 '언어적 중간세계'라는 개념이 직접 나타나지는 않는다. 그렇지만 이 개념에 대한 다양한 단서들이 존재하고 있다는 것에 대해서는 논란의 여지가 없다". 이성준, 『훔볼트의 언어철학』, 242쪽.

의미가 실재 세계의 사물과 거리가 있다는 점에서 비판을 받지만, 어차피 우리는 물 자체에 대한 인식이 불가능하다는 점에서, 그리고 후설의 현상학에서 초월적 자아를 통해 구성된 사물의 의미 역시 언어를 매개로 한다는 점에서 후설의 비판처럼 훔볼트의 중간세계가 허상인 것만은 아닌 것이다.

또한 비록 후설이 비판하였듯이 훔볼트의 중간세계가 허상에 불과할지라도 우리가 언어를 매개로 사물 세계를 인식한다는 훔볼트의 주장이 모두가 오류라고 볼 수는 없다. 언어를 매개로 세계를 인식하고 해석한다면, 언어와 사유의 관계는 밀접한 관계에 놓여 있다고 할 수 있다.[45] 훔볼트가 주장하였듯이 언어에 의해 사유가 규정되는지 아니면 그 반대 인지는 좀 더 연구가 필요하겠지만, 우리가 언어를 매개로 사물 세계를 인식하고 있는 것은 사실이며, 언어와 사유의 관계는 서로 영향을 주고받는 관계임에 틀림없다. 하지만 훔볼트는 이에 그치지 않고 좀 더 논쟁의 여지가 있는 주장을 하였는데, 그것은 언어가 사유에 영향을 주고, 우리는 언어로 이루어진 세계를 보고 살아감으로, "언어의 상이성은 기호와 음성의 상이성이 아니라 세계관 자체의 상이성"[46]이라고 주장한 점이다. 즉 훔볼트에 의하면, "여러 개의 언어들은 사물에 대한 그만큼 많은 명칭들이 아니다. 그것은 동일한 사물에 대한 상이한 견해들이다".[47] 뿐만 아니라 그는 "언어가 묘사하는 세계와 언어를 창조하는 인간은 일단 언어 속에서 하나가 된다"[48]고 말하고 있는데, 이것은 우리가 사실세계가 아닌 언어의 세계 속에서 세계를 만난다는 것을 의미한다. 즉 인간의 사실 세계에 대한 이해는 전적으로 언어에 의존하고 있음을 보여준다. 그래서 훔볼트는 중간세계를 "세계관"이라고 명명했던 것이다.[49]

이것은 얼핏 개인의 언어인 빠롤(parole)보다 사회 언어인 랑그(langue)를

45) "'언어와 사고를 분리하는 일은 어렵습니다.'라고 루피얀은 인정한다. '그러나 바로 그렇기 때문에 이 둘을 별개의 존재가 아닌 하나의 체계로 보는 시각을 가져야 합니다.'" (크리스틴 케닐리, 『언어의 진화』, 168쪽.)

46) 위르겐 트라반트, 『훔볼트의 상상력과 언어』, 37쪽에서 재인용.

47) 이성준, 『훔볼트의 언어철학』, 127쪽에서 재인용.

48) 위르겐 트라반트, 『훔볼트의 상상력과 언어』, 67쪽에서 재인용.

49) 이성준, 『훔볼트의 언어철학』, 132쪽.

중요시여기는 구조주의자들의 언어관과 일맥상통하는 것처럼 보인다.[50] 하지만 우리의 사유가 전적으로 우리가 사용하는 언어에 의해 지배된다고 보는 것은 논리적으로 무리가 있다. 우리가 언어를 통해 세계를 바라보고 해석한다는 것은 분명하지만, 그렇다고 동일한 언어를 사용하는 사람이 동일한 세계관을 가지고, 다른 언어를 가진 사람들은 서로 다른 세계관을 가진다고 단정적으로 말하기는 힘든 것이다. 하지만 다음 장에서 설명하겠지만, 인간의 사유가 언어에 의해 어느 정도는 영향을 받는다는 것, 즉 자신이 속한 사회의 언어관에 큰 영향을 받는다는 것은 틀림없는 사실이다. 왜냐하면 우리는 이미 특정 언어가 사용되고 있는 사회에서 나고 자랐으며, 즉 그 사회의 언어 관습과 세계관에 영향을 받으며 자랐고, 가장 중요한 사실은 우리가 사실세계 자체가 아닌 언어에 의해 새롭게 만들어진 중간세계를 통해 세계를 배우기 때문이다. 훔볼트가 주장한 것처럼 "언어를 배운다는 것이 그 언어가 지니는 세계관을 획득하는 것과 동일시"[51] 될 수는 없겠지만, '배운다'는 것은 적어도 언어를 통해 그 언어가 사용되는 사회가 요구하는 관점과 해석을 받아들이도록 요구된다는 것을 의미한다. 특히 어린아이가 학교에서 '배운다'는 것은 어느 정도 강제성도 띠고 있다. 획일화된 관점을 갖도록 끊임없이 시험과 점수에 의해 강요된다. 만일 그 사회가 요구하는 문법과 규칙을 수용하지 않았을 경우에는 그 사회에서 '그(녀)는 틀렸다'라는 말로 배척당한다. 그래서 많은 학생들이 자신의 의사와는 상관없이 다른 사상들을 배우고 익힌다. 때로 인간은 진실한 자신의 생각을 숨기고 거짓된 사유를 드러내며 행동하기도 한다. 인간은 어릴 때부터 자신의 생각을 숨기는데 매우 익숙해져 있다. 왜냐하면 다른 생각과 행동은 곧 '틀린' 것으로 간주되고 배척받기 때문에 자신이 속한 사회나 집단으로부터 소외되지 않도록

50) 훔볼트의 개념인 에네르게이아(Energeia)가 빠롤(parole)로 해석되기도 했지만, 신훔볼트주의자인 바이스게르버(L. Weisgerber)는 이에 반대하여, 훔볼트의 언어를 전체로서의 언어행위로 주장했다(이성준, 『훔볼트의 언어철학』, 87~88 참조). 그리고 뒤에 다시 언급하겠지만 구조주의자들 역시 우리의 사유가 언어에 의해 지배받는다고 주장하고 있다. 이런 점에서 이성준은 구조주의자들의 언어학이 훔볼트의 이론에 근거했다고 주장한다(같은 책, 170쪽). 하지만 궁극적으로 구조주의자들은 언어를 무의미한 기호로 보며 사실 세계와 언어 사이에는 아무런 연관관계가 없다고 주장하는 점에서 훔볼트의 견해와는 분명한 차이를 보인다.

51) 이성준, 『훔볼트의 언어철학』, 128쪽.

다수와 다른 자기 생각을 드러내기 보다는 숨기고자 하기 때문이다.[52] 이런 의미에서 푸코(M. Foucault)는 지배자들이 끊임없이 자신들의 세계관을 주입시키고 이를 수용하지 않는 사람들을 격리시킨 것이 정신병원의 역사라고 하였던 것이다. 인간의 초기 사유 과정은 자신이 속한 사회의 언어에 영향을 받을 수밖에 없다. 동일한 언어 습득이 동일한 세계관과 동일한 가치관을 필연적으로 수반하는 것은 아니지만, 적어도 어린아이의 성장과정에서 큰 영향력을 행사하는 것만큼은 틀림없는 사실이다. 그래서 많은 지배자들은 언어를 도구 삼아 자신들의 지배이데올로기를 정당화하고 강화했던 것이다. 무서운 점은 이런 행위가 우리의 의식이 아닌 무의식 층위에서 이루어진다는 사실이다. 어렸을 때부터 무의식에 주입된 언어 교육이 자신들도 모르게 익숙해져 있는데 문제점이 있다.

훔볼트의 세계관 개념은 이성준에 의하면 "이데올로기적 세계관"이나 또는 "코페르니쿠스나 아인쉬타인의 세계구상과 관련지어 사용되는 과학적 세계관"과 구분해야 한다. 훔볼트의 언어적 세계관은 "인간이 세계를 단지 그의 의식 속에서만 소유하고 있듯이 인간은 자기의 경험을 단지 그의 언어 내에서만 소유하고 있다"는 의미로 받아들여져야 한다는 것이다.[53] 이 말은 세계를 볼 때 언어를 통해 본다는 것을 의미하고, 또 그 어떤 다른 매개체가 아닌 바로 언어로만 보기 때문에 언어적 세계관이라는 것이다. 하지만 우리가 언어를 배울 때 이미 기존의 사회 관습과 그리고 그 언어권이 가지고 있는 세계관에 영향을 받는 것은 부인할 수 없는 사실이고, 또한 이데올로기가 본질상 언어를 원리로 한다는 점에서 비록 훔볼트가 주장하는 언어의 세계관이 이데올로기적 세계관과 다르다고 할지라도 언어적 세계관은 이데올로기와 밀접한 관계를 가질 수밖에 없다고 생각한다. 그래서 이성준도 훔볼트의 "'언어적 세계관'을

52) 오늘날 인터넷에서 익명의 댓글 문화가 부정적으로 발전하는 것도 다른 생각을 배척하는 현상들 때문이라고 할 수 있다. 인터넷을 통해 자신의 생각을 마음껏 펼칠 수 있다는 사실이 정신적으로 미성숙한 청소년들로 하여금 그리고 스트레스 등 이러저러한 정신적인 문제를 가지고 있는 일단의 성년들이 익명이라는 것 그리고 다수에게 자신의 의견을 아무 제약 없이 마음껏 발현할 수 있다는 사실은 매우 매력적인 일이 아닐 수 없다. 강요하는 것이 많고 억압 받는 사회일수록 부정적으로 인터넷 문화는 발달할 것이다.

53) 이성준, 『훔볼트의 언어철학』, 134쪽.

소유하고 있다는 것은 또한 '과학적 세계상' 및 '관념적 세계관'이 발전할 수 있는 조건이 된다"[54]고 하였다. 하지만 바이스게르버(L. Weisgerber)에 의하면 훔볼트에게 있어 이데올로기적 세계관과 연관이 있는 개념은 '언어적 세계관'이 아니라 "내적 언어 형식" 개념이라고 한다.

"언어적 세계관은 성과 즉 언어적 성분의 (문법적) 확증으로서 본 언어의 정신적 영역이고, 내적 언어 형식은 현실, 즉 언어공동체를 통한 세계의 언어적 동화관정으로 본 언어의 정신적 영역이다..."[55]

여기서 "언어공동체" 개념은 "민족정신의 표현을 위한 수단"[56]으로써 그 사회의 세계관과 이데올로기가 내포되어 있는 개념으로 해석할 수 있다. 언어는 단기간에 형성된 것이 아니라 오랫동안 동일한 언어를 사용하는 민족의 역사가 언어 속에는 담겨져 있다. 또한 훔볼트에게 '민족'이란, "일정한 언어를 통해 그 특징이 부여되고 있는 인류의 정신적 형식에 해당하며, 이상적인 전체성과 관련하여 개별화 되어 있는 하나의 개체"[57]다. 따라서 한 민족은 동일한 언어를 사용하며 동일한 세계관을 갖고 있는 사람들의 집단이라고 할 수 있다. 물론 민족이 언어에 의해서만 구분된다고 주장하는 것은 무리가 따르지만, 적어도 한 민족이 동일한 내적 언어형식과 그에 따라 동일한 세계관을 가지게 될 가능성은 그렇지 않은 경우보다 큰 것은 사실이다.

언어적 세계관은 우리가 감각기관을 통해 경험한 자연세계를 언어로 개념화하는 것, 즉 언어의 "형식"으로 만드는 것을 의미하며 이에 따라 이성이 분석할 수 있고 해석할 수 있게 만든다는 것을 의미한다. 표면적으로는 동일성이 드러나 있지 않고 차이성과 다양성 그리고 변화만이 존재하는 자연세계를 인간이 이해하기 위해서는 정신이 그것을 언어로 형식화시켜 고정화시키지 않으면 안 된다. 사유 속에는 변화 속에 있는 소나무가 아닌 고정 불변의 소나무가 있어야 하며 또한 다양한 소나무들의 개별성뿐 아니라 그 다양한 소나무들의 총체인 보편성도 각인되어 있어야 한다. 개별적인

54) 같은 책, 186쪽.

55) 같은 책, 148쪽에서 재인용.

56) 같은 책, 150쪽.

57) 같은 책, 203쪽.

것은 자연에 존재하지만 자연에 존재하는 개별자로부터 개별성과 보편성을 획득하기 위해서는 그것을 언어로 개념화해야 한다. 그리고 우리는 자연세계의 실제 소나무를 분석하고 해석하는 것이 아니라 언어로 형식화된 소나무를 해석하는 것이다. 세계에는 똑같은 소나무가 존재하지 않는다. 하지만 언어에 의해 개념으로 만들어진 형식화된 소나무는 사유 속에 동일성으로서 존재하고 우리는 그것을 분석하고 해석하여 소나무에 대한 이해를 한다. 언어에 의해 우리의 사유에 주어져 있는 것은 형식으로만 존재할 뿐이다. 형식화 되지 않은 것은 사유될 수 없다. 이것이 언어의 형식화를 의미하는데, 주의해야 할 점은 언어의 형식화가 전적으로 추상화 작용을 의미하는 것은 아니라는 것이다.

문제는 경험을 통해 자연의 소리를 듣고 각인한 사물현상을 어떤 언어로 어떻게 형식화하여 정신이 사유하고 분석할 수 있도록 만드는가에 따라 각 민족의 언어 상이성이 나타난다고 하겠다. 예를 들어 한국에서 강아지 소리는 "멍멍"인 반면 독일에서는 "바우바우"(Wauwau)인 것처럼 경험을 통해 다양하게 들어온 소리를 각 민족들은 자신들의 관점에 따라 소리를 글말로 획일화시킨다. 결국 소리를 어떻게 잡아냈느냐에 따라 언어로 세계를 파악하는 경향이 달라질 수 있고, 그리고 그 경향에 따라 그 민족의 민족성이 달라질 수 있다. 따라서 훔볼트가 강조한 것처럼 각각의 언어에는 그 언어를 사용하는 민족의 세계관이 깃들어 있다고 할 수 있다. 문제는 자연이 다양한 것처럼 소리도 다양성과 차이성을 주로 보여주는 반면에, 시각적 관점에 기반을 두고 있는 글말은 이처럼 동일성과 획일성을 요구한다는 점이고, 바로 여기에 이데올로기가 스며들 여지가 있다는 점이다.

3.

언어와 이데올로기

조지 오웰(G. Orwell) 의 소설 『1984』을 보면 "신어(新語)Neusprache의 원리"라고 해서 빅브라더스의 나라 오세아니아의 언어통제 수단이 나온다. 즉 이 나라에서는 지배자들이 끊임없이 새로운 글자를 만들어 내거나 기존에 있던 글자를 없애기도 하고, 또는 글자를 조작해서 인간의 사유와 행동을 지배하고자 한다.

"어쨌든 어렸을 때부터 신어(Neusprache)로 '범죄중지(Verbrechenstop)', '흑백(Schwarzweiβ)', '이중사고(Zwiedenken)'와 같은 말들을 익히게 하는 세심한 교육으로 사람들로 하여금 무슨 문제든 깊이 생각할 의욕도, 능력도 없게 만들어 버린다."[58)]

"신어의 목적은 영국사회주의(Engsoz, 대형의 나라)의 신봉자들에게 적합한 사고습성과 세계관의 표현수단을 제공해 주기 위해서일 뿐 아니라 영국사회주의와는 다른 사상의 구성이 불가능하도록 하는 것이다. 신어가 사용되면 ... 영국사회주의의 원칙과는 다른 사상은, 사상이 언어에 의존하여 구성되는 한 문자 그대로 불가능하다."[59)]

이것은 언어를 통해 인간의 사고를 조정하는 방식을 보여주는 하나의 실례다. 여기서 오웰은 언어를 이용한 지배자 계급의 통치술과 그리고 언어를 통한 지배 이데올로기의 정당화를 보여주고자 한다. 또 다른 예로 일제강점기에 일본인들이 우리글과 말을 없애고 자기나라 말과 글을 쓰도록 강요하였던 것을 들 수 있다. 심지어 이름까지도 일본 이름으로 개명하도록 강제하였던 사실에서, 우리의 정신을 개조하고자 하였던 그들의 의도를 엿볼

58) Orwell, G., *1984*, ein Ullstein Buch, Frankfurt, Berlin, 21. Aufl. 1990, 195쪽.
59) 같은 책, 274쪽.

수 있다. 자기 나라 말과 글이 없다면 어찌 자기 관점으로 세계를 주시할 수 있으며 주체성을 가질 수 있단 말인가? 그리고 일본은 한국에 대해 "침략"이라는 용어 대신에 "진출"이라는 단어를 쓰도록 자신들의 교과서를 고쳐 놓았다. 이것을 배우는 일본 학생들은 나중에 자신들의 조상의 잘못을 인정하지 않고 오히려 도움을 주었다고 잘못 생각할 것이다. 이런 예들은 언어가 인간의 사유구조와 밀접한 관계가 있음을 보여줌과 동시에 나아가 언어가 가지고 있는 이데올로기적 특성을 보여주고 언어와 이데올로기가 가지고 있는 권력관계의 양상을 보여준다. 역사를 살펴보면 동서양을 막론하고 지배계급은 항상 언어를 통해 자신들의 권력을 공고히 함과 동시에 나아가 피지배계급에게 자신들의 가치관과 세계관을 주입하려고 하였다. 그래서 네브라하(Antonio de Nebrija) 같은 사람은 "언어는 언제나 권력의 동반자이다"라고 하였다.[60] 이런 현상은 오늘날에도 별로 달라지지 않았다. 수많은 국가에서 지배계급은 온갖 메스미디어를 이용하여 자신들의 입장을 유리하게 만들고 이를 대중들에게 끊임없이 주입시키고 있는 실정이다. 심지어 자본주의 사회에서는 기업들도 자신들의 이익을 위해 이데올로기를 통해 소비자의 욕망을 새롭게 만들어 내기도 한다. 즉 새로운 이데올로기를 창출하여 이전에는 없던 욕망이 생겨나 상품을 사게 만드는 것이다.

이처럼 이데올로기는 인류 역사에서 국가 발생 이후 국가와 함께 필연적으로 존립해 왔다. 하지만 나는 여기서 이데올로기의 문제를 주요 주제로서 다루려고 하는 것이 아니고[61] 언어와 관련된 부분만을 간략하게 언급하고자 한다. 물론 언어와 이데올로기와의 관계 역시 한 두 마디로 해명할 수 있는 간단한 문제가 아니지만, 이데올로기 문제는 언어와 뗄 수 없는 관계이기에 간략하게나마 이 부분을 언급하지 않을 수 없다. 먼저 이데올로기의 개념을 살펴보면, 이데올로기라는 용어는 프랑스 혁명 직후인 1789년 앙트완 데스 튜트 드 트라시(Antoine Destutt de Tracy)가 계몽주의

---

60) 위르겐 트라반트, 『훔볼트의 상상력과 언어』, 28쪽에서 재인용.

61) 이연숙에 의하면 테리 이글턴(Terry Eagleton)의 저서 『이데올로기란 무엇인가』에 이데올로기에 대한 정의가 16개나 나와 있을 정도로 이데올로기 개념의 범위는 너무 넓고 다양하여 이데올로기 개념을 한마디로 정의하기는 어렵다고 한다. (이연숙, 「언어와 근대천황제 이데올로기」, 67쪽 참조, 고길섶 · 서민정 · 이연숙 · 이효석 · 최일 · 허재영, 『민족의 언어와 이데올로기』, 도서출판박이정, 2010)

이념을 확산하기 위해 만든 개념이다. 그는 『관념학의 원리』(*Eléments d'Idéologie*, 1801~1815)에서 "다른 모든 과학의 지평이 되는 새로운 과학들의 과학, 즉 '이데올로기' idea-logy를 제시했다".[62] 그는 관념들의 개념을 내적 · 육체적 감각에 근거하여 밝히는 것이 아니라, 자연에 기초하여 관념의 기원을 합리적으로 밝히는 것을 이데올로기라 부른 것이다. 이처럼 초기 이데올로기 개념의 기원은 자연을 과학적으로 해석하려는 관점으로부터 시작되었으며 따라서 이데올로기 개념은 긍정적인 측면을 가지고 있었다. 하지만 오늘날 이데올로기 개념은 다양한 의미를 함축하고 있을 뿐만 아니라 긍정적인 측면보다는 부정적으로 간주되고 있는 경우가 많다. 우선 이데올로기 개념을 구승회의 글을 인용하여 살펴보면 다음과 같이 설명할 수 있다.

"이데올로기는 인식론적으로 보면 '허위의식'(맑스, 루카치), 왜곡된 의사소통(하버마스), 사회 전체의 물질적 구조에서 불가피하게 파생되는 허위적이고 기만적인 신념, '상품의 물신성'(맑스)으로 정의될 수 있다. 상품의 물신성은 이데올로기가 세계에 표현되는 방식이다. 정치학적으로 이데올로기는 '지배계급이 피지배계급에 부과하는 세계관이며, 사회적으로 중요한 집단이나 계급의 조건과 삶을 상징하는 신념이고, 상반된 이해관계의 갈등에서 지배적인 사회집단의 이익을 정당화하는 비합리적 욕망의 체계'로 이해될 수 있다. 또한 사회 · 문화적으로 이데올로기는 '한 사회의 생산양식과 생활양식을 매개하는 문화적 경험의 내용'이기도 하다. 문화의 내용은 한 사회의 가치, 사상, 신념 체계로 구성되기 때문이다. 언어면에서 보면 이데올로기란 '이성에 의한 논증적 방법으로 진리를 요구하는 것이 아니라, 설득적, 수사적 언어로 된 실용적 지식'을 말한다."[63]

이처럼 이데올로기 개념은 다양하게 해석될 수 있다. 하지만 이 글의 전체 주제와 적확하게 들어맞는 이데올로기 개념을 위의 것에서 찾아보기는 어렵다. 단지 위의 인용을 추론하여 우리는 이데올로기가 개인의 의식과 관련된 사회의 산물이라는 것을 이끌어 낼 수 있으며, 특히 권력관계와 밀접하게 연관되어 있음을 추론해 볼 수 있다. 또한 개인의 의식과 사회와의

62) 데이비드 맥렐런 지음, 구승회 옮김, 『이데올로기』, 이후, 2002, 21쪽.

63) 같은 책, 13쪽 옮긴이의 글.

관계를 맺어주는 매개체는 언어일 수밖에 없는데, 결국 이데올로기는 사회가 언어를 수단으로 해서 개인에게 주입시키는 일정한 세계관 내지는 가치관이라 할 수 있다. 이런 의미에서 "미하엘 바흐친(M. Bakhtin)은 그의 저서 『마르크스주의와 언어철학』에서 '기호 없이 이데올로기는 존재하지 않는다'라고 하면서 언어 그 자체를 '이데올로기'로 간주했다."[64] 바흐친의 주장처럼 언어가 이데올로기라는 것은 의심할 여지가 없다. 하지만 기호 중심의 언어만을 이데올로기라고 했다는 것은 이데올로기를 입말이 아닌 글말 중심으로 파악했다는 점에서 문제가 된다. 또 다른 문제점은 어떤 특정한 가치가 배제된 순수 기호에는 아직 가치가 배제되어 있고 사회적 산물로서의 의미가 덧붙여 있지 않기 때문에, 단순히 자연의 특정 대상을 지시하는 순수 기호나 a, b, c 등 철자와 같은 무의미한 기호는 결코 이데올로기가 될 수 없다는 점이다. 기호에 사회적 가치나 의미가 덧붙여져야 이데올로기가 될 수 있는 가능성을 가진다. 여기서 의미란 그 기호를 사용하는 인간의 삶과 역사가 담겨 있는 사회 전체의 주관적 해석을 말한다. 또한 주관적 해석에는 사회 성원들 간의 암묵적 승인이 허락되어 있다. 따라서 순수 기호가 아닌 언어만이 이데올로기가 될 수 있다. 물론 후설(E. Husserl)처럼 언어적 표현을 지니고 있는 '기호(Zeichen)'와 단순한 '징후적 표시(Anzeichen)'을 구분했을 때처럼[65], 이럴 경우에는 기호가 의미를 담지하고 있어 이데올로기가 될 수는 있다. 문제는 기호를 언어적 표현을 담고 있는 것으로 보는가 아니면 단순한 징후로 보는가에 있다. 즉 단순한 표시인가 아니면 표현인가가 문제가 된다. 또한 언어적 표현을 담고 있는 기호든 아니면 단순한 표시이던 간에 이들이 의미를 지니고 이데올로기가 되기 위해서는 상호 기호들 사이에 구조적으로 의미 있는 결합이 되어야만 가능하다. 개별적 알파벳 철자가 혼자서는 결코 의미를 담을 수 없고 언어가 될 수 없듯이, 기호 역시 개별적인 것으로는 의미 담지체가 될 수 없다. 뒤에서 다시 논의 하겠지만 음성 알파벳은 무의미한 기호에 지나지 않는다. 따라서 중요한 것은 그들 상호간의 내적 구조다. 알파벳 기호들 간의 구조가 언어가 되는 것이다. 글말로서의 언어가 기호일

64) 이연숙, 「언어와 근대천황제 이데올로기」, 70쪽에서 재인용.

65) Husserl, E., *Logische Untersuchungen*, Bd. II, 1쪽, (Tübingen, 1913), 23쪽 이하 참조.

수는 있어도, 모든 기호가 언어일 수는 없는 것이다.[66] 또한 기호 없이는 이데올로기가 성립되지 않지만 그렇다고 기호만으로 이데올로기가 성립되는 것은 아니다. 이데올로기는 기호들을 구조적으로 결합시키는 방법에 따라 형성되는 것이라 할 수 있다. 그래서 이데올로기의 문제를 기호가 아닌 구조의 문제로 보는 이유가 여기에 있다. 사회구조의 산물로서의 이데올로기는 글말뿐 아니라 입말과도 밀접한 관계가 있다. 사회의 모든 영역에 스며들어 있는 이데올로기가 언어를 통해 바깥으로 드러난다. 즉 언어에 의해 이데올로기가 실현화 된다고 할 수 있다. 때로 불분명한 이데올로기가 언어에 의해 사회에 정착되는 경우도 있다.

이와 관련해서 이데올로기가 "언어의 문제가 아니라 담론(discourse)의 문제"라고 주장하는 이글턴(T. Eagleton)의 관점은 주목할 만하다.[67] 이연숙에 의하면 "담론이란 어떤 문맥에서 어떤 대상을 언급할 때 발생하는 특정한 이야기 방식"으로 철저히 "사회적 산물"이다. 또한 담론은 말하는 사람으로 하여금 "일정한 가치판단이나 세계관을 갖게 한다".[68] 이를 통해 말하는 사람은 "이데올로기적 주체가 되어간다"는 것이다. 이런 의미에서 이글턴의 주장처럼 이데올로기가 담론의 문제라는 것이 이연숙의 주장인데, 이러한 주장은 일면 수긍할 만하기도 하지만 다른 한편 이데올로기를 오로지 담론의 문제로만 본다는 점에서 이 역시 문제점을 안고 있다. 왜냐하면 담론 역시 언어를 매개로 하는 것일 수밖에 없는데, 기호이던 담론이던 간에 문제는 근본적으로 이데올로기는 언어의 문제이기 때문이다. 다시 말해 언어는 이데올로기의 문제를 근원적으로 잉태하고 있다고 할 수 있다. 또한 담론 역시 일종의 대화 형식인데, 대화 형식에는 상대방을 사물화시키는 관계와 상대방을 인격화시키는 관계가 있다. 전자가 이데올로기를 형성하는 대화 형식으로 이것은 부버에 의하면 '나-그것' 대화형식이다. 또한 같은 맥락으로 하이데거에 의하면 이것은 "누구에게 향하는 말"이 아닌 "무엇에 관한 말"로서 상대방을 사물화시키는 대화 형식이다. 반면에 '나-너'의 대화 형식과 '누구를

66) 기호와 언어의 관계는 이 책 6장에서 다루고 있다
67) 이연숙, 「언어와 근대천황제 이데올로기」, 70쪽에서 재인용.
68) 같은 책, 70쪽.

향한 말'은 인격적 대화 관계를 나타내며 여기서는 대화 상대가 사물화되지 않는다. 이처럼 대화 형식이 사물화 관계와 인격적 관계가 있듯이 담론 역시 이데올로기를 생성하는 담론이 있을 것이고, 이와는 반대로 이데올로기가 아닌 사실에 관한 의미나 진리를 밝히는 담론이 있을 수 있을 것이다. 단지 담론이 사회의 산물이고 이데올로기 또한 사회적 산물이라는 점에서 그리고 양자 모두 언어를 매개로 한다는 점에서 이데올로기가 담론과 밀접한 관계가 있음을 부인할 수 없다.

사회적 산물로서의 언어가 개인에게 끼치는 영향으로는 소쉬르(F. de Saussure) 이후 구조주의자들의 입장을 들 수 있다. 이들의 주장에 의하면 인간의 주체성은 그가 속해 있는 사회적 언어인 '랑그(langue)'에 의해 형성되었다.[69] 다시 말해 사회적 언어에 의해 인간의 주체성과 사유가 형성되었다는 것이 이들의 주장인데, 극단적으로 말하자면 인간의 사유와 존재방식이 언어에 의해 조절되고 종속된다는 것이다. 이들이 이렇게 주장하는 이유는 인간이 성장하면서 언어를 배울 때 단지 언어 규칙만을 배우는 것이 아니라, 그 언어가 속한 사회 체계와 사회의 질서 및 가치관도 함께 배우기 때문이다. 사회가 요구하는 가치와 질서를 거부했을 경우 때로는 사회에서 배척당하기도 한다.[70] 여기서는 언어의 내재적 구조에 그 언어가 속한 사회의 가치관 내지 관습이 녹아들어 있음을 전제로 하고 있다. 물론 이들의 주장처럼 개인의 주체성과 사유가 오직 그가 속한 사회의 언어 질서에 의해 종속된다고 볼 수는 없지만[71], 적어도 그가 속한 사회의 언어 관습과

69) 이에 대해 이연숙은 소쉬르의 '랑그'는 추상적인 문법 규칙의 집합이기 때문에 "랑그가 그 모습 그대로 '이데올로기적'으로 되는 경우는 드물다"고 하였다. 이 때문에 그녀는 담론을 주장하는 것이다. (이연숙, 「언어와 근대천황제 이데올로기」, 70쪽.)

70) 이런 의미에서 푸코는 정신병원의 역사를 설명했다. 즉 정신병원은 우리가 우리와 다른 사람들의 입장이나 행동을 용납하지 않는 사람들을 고립시키기 위해 만든 대표적인 기관이라는 것이 푸코의 주장인데, 그 진위여부에 상관없이 우리는 우리 주변에서 우리와 다른 사람의 행동을 잘 용납하지 않는 경우가 많은 것은 사실이다. '다르다'는 것이 '틀린 것'이 아님에도 불구하고 우리는 은연중에 '다르다'를 틀린 것으로 간주하고 배척하는 태도를 길러왔다. 이데올로기는 다른 입장이나 관점을 허용하지 않는 전형적인 의식 체계라 할 수 있다.

71) 개인과 사회는 어느 한 쪽만의 일방적인 관계가 아니라, 상호 변증법적인 관계에 있다고 할 것이다. 따라서 개인이 성장할 때는 사회의 영향을 받지만, 성인이 되어서는 사회에 영향력을 행사할 수도 있다. 역사적으로 사회 형태가 끊임없이 변화를 하는 까닭은 인간들이 일방적으로 사회에 의해 양육된 것이 아니라 비판적으로 사회를 변화시켰기 때문이다.

질서에 영향을 받는다는 것은 부인할 수 없는 사실이다. 언어는 단순히 인식 수단이나 대화 수단에 머무는 것이 아니라 어느 정도는 나의 주체성과 사유방식, 존재방식에도 영향을 끼친다.

결국 언어는 사회의 이데올로기 형성에 큰 영향력을 발휘하는데, 그 이유는 앞에서도 말했듯이 인간이 사실세계를 언어를 통해 인식하고 이해하고 해석하기 때문이고, 인간관계 역시 언어를 매개로 이루어지기 때문이다. 즉 자연세계와 인간 사이에는 언어로 이루어진 중간 세계가 있어 인간은 중간세계를 매개로 자기 자신의 외부와 관계맺음을 하기 때문이다. 여기에 이데올로기가 개입할 여지가 있는 것이다. 만일 우리가 사실 세계를 언어를 통한 간접적인 방법이 아니라 직접 만남을 통해 이해한다면, 이데올로기가 개입할 여지가 적을 것이다, 다시 말해 사실세계에는 이데올로기가 있을 수 없다. 이데올로기는 인간의 의식세계에서만 발생하고, 인간의 의식은 언어에 의해 영향을 받기 때문에 이데올로기는 언어세계인 중간세계에서만 발생한다. 결국 인간은 언어를 통해 자기 외부 세계의 모든 것을 받아들이며 또한 세상에 태어나서 언어를 수단으로 배우고 자라났기에, 인간의 의식으로부터 이데올로기의 개입은 피할 수 없다. 이데올로기는 인간 삶에 필연적으로 뒤따라 나오는 것이라 할 수 있다.

또한 언어는 사실 세계를 정확하게 반영하는 것이 아니라 다분히 모호하고 불분명하게 우리에게 비춰진다. 언어는 사실세계를 정확하게 1대1로 대응시켜 우리에게 가르칠 수 없다. 우리는 언어를 매개로 사실세계를 명확하게 드러낼 수 없다. 대화 역시 논리적이고 정확하게 자신의 생각을 전달하는 것이 아니라 애매모호하게 전달되는 것이 일반적이다. 말하는 사람의 내용은 다분히 비논리적이고 불명확하고 듣는 사람 또한 정확하게 이해하고 듣는 경우는 거의 없다. 그럼에도 불구하고 듣는 사람은 상대방의 견해를 이해하고 그에 대해 대꾸를 한다. 이러한 이유는 언어가 가지고 있는 애매모호함을 인간이 내적으로 명료하게 만드는 능력을 가지고 있기 때문이라고 촘스키(N. Chomsky)는 주장하였다. 즉 이런 점 때문에 구조주의자들과는 달리 촘스키는 인간의 언어 능력을 선천적이며 본유적인 것으로 보았고, 또한 모든 인간의 언어 능력과 사유형성에 사회의 영향력은 그리 크지 않다고 본 것이다. 즉 아프리카인, 아시아인, 유럽인 모두 동일한 언어능력과 사유 능력을 가지고 있다는 것이 촘스키의 주장인데, 이러한 그의 주장은 일면 긍정할 수 있는 부분도 있지만, 이와는 반대로 또한 납득하기 어려운 부분도 있다. 이와는 반대로 그렇다고 모든 인간이 사회에 의해 절대적으로 영향을 받는다는 구조주의자들의 주장 역시 선뜻 아무런 의심의 여지없이 수용하기도 어렵다. 단지 여기서 말할 수 있는 것은 아무리 인간의 언어 능력이 본유적이라고 할지라도 한 인간의 사유방식과 존재방식에 그가 속한 사회의 영향력은 매우 크다는 사실이다.

인간으로부터 언어를 제거할 수 없듯이, 언어가 있는 한 인간 사회 속으로부터 이데올로기가 사라지지는 않을 것이다. 그리고 계급 사회가 존재하는 한 이데올로기는 끊임없이 새로이 창출될 것이고 지배자 계급이든 피지배자 계급이든 간에 모두 이데올로기를 이용하고 이데올로기에 이용될 것이다. 문제는 우리가 어떻게 좀 더 나은 방향으로 이데올로기를 사용하는가이다. 담론이든, 이데올로기든 근원적인 문제는 언어의 사용 방법에 있다. 올바르고 정확한 언어의 사용은 사실 세계에 대한 보다 올바른 접근을 도와줄 것이고, 사실 세계에 대한 올바른 이해가 현상에 대한 정확한 이해를 가져올 것이며, 상호 신뢰에 기초한 진실한 대화만이 나와 너를 이데올로기로부터 헤어날 수 있게 해줄 것이다[72]. 사실세계에 대한 허상과 지배자의 논리에 의거한 역사의식, 매스미디어에 의한 왜곡된 욕망의 생성 등은 모두 잘못된 언어 사용에 의해 발생한 것이다. 언어 속에 은폐되어 있는 이데올로기나, 메스미디어와 이데올로기의 관계를 간파할 수 있는 능력과 언어에 의한 사상 개조 등을 방지할 수 있는 것은 나와 너의 진실한 대화 형태 속에서만 가능하다. 즉 동일한 사회 속에서 성장할지라도 누구는 그 사회가 요구하는 이데올로기에 종속되어 무비판적으로 성장하는 반면, 누구는 자신이 속한 사회를 비판하고 반성하면서 성장하기도 한다. 이런 것은 개인의 주체성이 사회에 의해 형성된다고 주장하는 구조주의자들의 이론으로는 설명할

72) 이와 비슷한 것으로, 올바른 대화를 통해 이데올로기로부터 해방될 수 있다고 주장한 하버마스의 입장을 들 수 있다. 하버마스는 우리가 자유로운 '의사소통 행위'를 통해 지배자의 은폐된 이데올로기로부터 해방될 수 있다고 보았다.

수 없는 사실이다. 동일한 사회에서 동일한 언어를 가지고 동일한 교육을 받음에도 불구하고 이처럼 차이가 나는 이유는 무엇일까? 그 차이는 인간이 처음에 태어나서 시작하는 초기 대화형식인 '나-너 대화'에 원인이 있다고 상정해 볼 수 있다. 물론 각 개인에 내재하고 있는 기질 내지는 성향도 무시 못할 작용을 하겠지만, 외부에서 가장 큰 영향력은 바로 나와 너의 대화일 것이다. 위에서 말한 담론이 이데올로기를 생성한다면 그것은 나와 너의 대화 형식이 잘못되었기 때문이다. 올바른 담론은 나-그것이 아닌 나-너의 대화 형식이 되어야 할 것이다. 잘못된 이데올로기를 파괴할 수 있는 수단은 나와 너의 진실한 대화뿐이다. 데카르트가 주장한 것처럼 '의식에 의해 존재가 규정'되거나 아니면 마르크스가 주장한 것처럼 '존재에 의해 의식이 규정'되는 것이 아니라, 나의 너에 의해, 너와의 대화에 의해 내 존재와 의식이 규정된다고 말해야 할 것이다. 데카르트나 마르크스에게 인간은 함께하는 존재가 아닌 오직 홀로 존재일 뿐이다. 이들에게 대화는 결핍되어 있고 언어는 부차적인 것이다. 하지만 인간 존재는 오직 타자와 대화를 하며 함께 살 경우에만 인간일 수 있다. 나의 대화상대인 너는 나와 다르다는 점을 자각했을 때 나는 이데올로기로부터 벗어날 수 있다. 너가 나와 같은 생각을 가지고 있다면 나는 자기반성과 비판을 하지 못할 것이다. 그러나 나와 다른 너를 보며, 나와 다른 생각과 관점을 가지고 있는 너를 만나서 대화를 나누었을 때 나는 반성 속에서 나를 돌이켜 볼 것이며 그 반성을 통해 잘못된 이데올로기로부터 해방될 수 있을 것이다. 이처럼 다른 너와 다른 사람들은 나의 실존에 매우 중요하다. 이데올로기를 벗어날 수 있는 방법은 서로 다른 '나'들과의 대화에 있다.

4.

언어와 사유의 관계

앞에서 본 것처럼 언어를 통해 인간은 세계 현상을 해석하고 상호 인간관계를 형성한다. 언어는 인간의 개별자적인 특성을 표현하기도 하지만 그보다는 인간사회 전체의 성격을 반영하는 성질이 더 강하다. 한 개인이 언어를 습득하는 방식은 그 개인이 속하는 사회의 규칙을 따르는 것이다. 따라서 언어를 습득한다는 것은 자신이 속한 사회성을 함께 받아들인다는 것을 의미한다. 즉 언어는 사회의 물질적 토대보다는 정신적 상부구조에 더 밀접한 관계를 갖기에, 사회의 상부구조는 언어에 의해 습득되는 것이라고 할 수 있다. 이렇게 볼 때 한 인간의 사회화 과정은 언어에 의해 형성되고, 그 사람의 인격 형성도 역시 자신이 속한 언어에 영향을 받는다고 할 수 있다.

문제는 언어가 선천적인 것인가 아니면 후천적으로 습득되는 것인가이다. 다시 말해서 개인이 외부와 상관없이 저절로 언어를 터득할 수 있는 능력이 선천적으로 주어져 있는가, 아니면 태어났을 때 백지상태로 외부의 자극을 받아야만 언어를 습득할 수 있는가가 문제가 된다. 이것을 우리는 입말언어와 글말언어에 따라 달리 논의해야 한다.[73] 우선 입말은 선천적으로 인간에게 체득되어 있다고 할 수 있다. 하지만 이 선천성은 굉장히 오랜 세월을 거쳐 인류가 조금씩 내부에 축적하고 그리고 그것이 후대 세대로 전래되면서 자연스럽게 내부에 형성되는 방식이라고 할 수 있다. 이런 맥락 속에서 스티븐 핀커는(S. Pinker), 다윈과 촘스키의 예를 들면서 언어가 인간만의 "고유한

---

73) 우리는 여기서 언어를 명확하게 구분할 필요가 있다. 즉 입말와 글말은 다르다. 하이데거에 의하면 언어의 본질은 글말이 아니라 음성언어에 있다. "Das existenzial-ontologische Fundament der Sprache ist die Rede." Heidegger, M., *Sein und Zeit*, 12. Aufl. (Tübingen: Max Niemeyer Verlag, 1972), 160쪽.

본능"이라고 주장하였다.[74] 즉 인간은 언어를 잘못 가르쳐도 자연스럽게 습득한다는 것이다. 또한 그는 언어에 의해 사유가 영향을 받는 것은 사실이 아니라고 주장한다. 만일 스티븐 핀커가 주장하듯이 사유 형성에 언어가 영향을 끼치지 않는다면, 영어권이나 한국어권의 사람들의 사유방식은 차이가 없어야 하고, 스티븐 핀커는 바로 이것을 주장한다.[75] 하지만 서로 다른 문화권의 사람들이 동일한 사물과 현상에 대해 서로 다른 관점과 사유 방식을 가지고 있다는 사실을 우리는 어떻게 해석해야 할 것인가? 즉 자연 세계는 동일한 하나의 사물을 각 언어마다 다르게 표현하고, 더욱이 자연의 각종 소리를 각 언어권은 자기들 나름의 언어로 표현하고 있다. 그런데 글말로 표현된 자연의 소리를 다시 입말로 소리 내어 표현했을 때 그 소리는 서로 상이하다.

이런 문제점에 대해 부버는, 입말문화의 인간들이 사물과 현상을 바라보고 대하는 태도는 본질적으로 차이가 없으며, 인간 실존의 방식은 입말언어의 인간들에게서 보다 인격적인 모습을 찾아 볼 수 있다고 주장한다.[76] 따라서 부버의 관점으로 보면 입말문화 사람들의 사유방식의 차이는 거의 없다고 할 것이다. 월터 J. 옹이나 마샬 맥루한 같은 사람들도 이에 동의한다.

하지만 월터 J. 옹이나 마샬 맥루한은, 입말언어와는 달리 글자는 인간이 인위적으로 만든 것으로서 음성언어보다 인간의 의식을 사회에 고정화시키고 규격화시킨다고 주장하고 있다. 글말을 배운다는 것은 글말의 규칙을 배워야만 하고, 그 규칙은 자신이 속한 사회의 규칙을 의미하기에 규칙을 배운다는 것은 사회성을 배운다는 의미이다. 따라서 서로 다른 글말은 다른 사회성을 함유하고 있고, 글말에 따른 사유 방식의 변화는 다른 사회 구조에 따라 서로 다른 사유를 한다고 볼 수 있다.

이렇게 볼 때 언어는 입말의 자연성과 글말의 인위성으로 나뉘어 볼 수 있다. 선천적인 언어의 습득과 그에 따르는 사유방식과 인위적으로 조성된 글말을

---

74) 스티븐 핀커 지음, 김한영, 문미선, 신효식 옮김, 『언어 본능』, 도서출판그린비, 2003, 22쪽 이하 참조,
75) 같은 책, 77-118쪽 참조.
76) Buber, M. *Das Dialogische Prinzip, Darmstadt*, 1984, 참조. 이렇게 볼 때 인간의 본질은 근본적으로 다르지 않으나, 현재 인간의 인종적 차별성은 서구 알파벳 문자성에 기인한다고 할 수 있다.

배울 때 형성되는 인간의 사유 구조는 분명히 다르다고 할 수 있다.

1. 입말문화 인간의 사유방식

어린아이의 언어 습득 능력이 선천적이건 후천적이건 간에 중요한 점은 어린아이가 태어나서 자신의 환경에 영향을 받는다는 사실이다. 비록 언어 행위가 인간의 선천적인 본능에 의한 것일지라도 혼자서는 결코 그 능력을 불러일으킬 수가 없고, 반드시 잠재되어 있는 본능적 성향을 일깨우는 나의 "너"가 있어야 하기 때문에, 외부 현상을 바라보는 사유방식의 구조는 "나의 너"[77]로부터 영향을 받는다고 할 수 있다. 즉 처음에 나는 너의 음성을 통해 외부 현상을 바라보고 수용한다. 외부 현상을 바라본다는 사실이 그 현상에 대한 사유의 시작을 의미한다면, 결국 나의 사유는 너의 음성으로부터 시작한다고 할 수 있다.[78] 따라서 월터 J. 옹은, "유아에게는 사고에 대한 독자적인 잠재성이 있지만 그것을 현실화시키기 위해서는 남들과의 구두 · 청각적 접촉이 필요하다"고 하였다.[79]

이처럼 한 인간이 처음 대하는 것은 음성언어이고 음성언어에 의해 자신의 외부 상황에 관해 체험을 한다. 그렇다면 음성의 소리라는 물리적 성격과 그로 인한 청각화와 글자의 시각화가 인간 실존의 방식[80]과 사유방식에 어떻게

77) 부버에 의하면 나의 너는 현상계에서 "어머니"이고, 궁극적으로는 "신"을 의미한다. Buber, M. 같은 책, 참조.

78) 이런 의미에서 하이데거도 들을 수 있는 사람만이 이해할 수 있다고 하고, 청각의 중요성을 강조 했다. Heidegger, M., Sein und Zeit, 163쪽 참조. 조지 밀러는, 현대 음성학이 듣는 것과 말하는 것을 하나의 체계로 보는 견해와 서로 다른 두 대의 체계로 보는 견해가 있다고 설명하면서도, 중요한 사실은 듣는 것과 말하는 것은 밀접한 관련이 있다는 사실이라고 하였다. 조지 밀러, 『언어의 과학』, 민음사, 2002, 106-109쪽 참조.

79) 월터 J. 옹, 『언어의 현존』, 탐구당, 1991, 133쪽. 부버의 경우 나의 "너"로 대표되는 어머니의 음성이 단순히 언어 본능을 일깨우는 역할 만을 담당하지는 않는다. 너의 음성은 근본적으로 나의 실존을 일깨운다고 할 수 있다. 또한 너는 단순히 음성언어를 통해서만 언어를 가르치고 실존을 일깨우는 것이 아니라, 너의 음성 내외에 깃든 사랑을 통해 어린아이의 언어 본능을 일깨우고 실존 의식을 일깨운다.

80) 이에 대한 논의는 (윤석빈, 「희랍문자의 변천과정과 더불어 본 구술언어와 문자언어가 인간실존에 미치는 영향에 대하여」, 『동서철학연구』, 제28호, 한국동서철학회, 2003년, 127-149쪽)을 참조하라.

영향을 끼치는가? 우선 말할 수 있는 것은 순수 소리의 세계란 사유를 통한 추상, 분류, 비교를 허용하지 않는 나와 일체화된 장이라는 사실이다. 이렇게 볼 때 사유는 소리로서의 말에 처음 형성되는 것이지 글로 쓴 텍스트에 의존하는 것이 아니라고 할 수 있다. 인간의 사유는 처음에 말을 배우는 것과 동시에 자연스럽게 형성되는 것이다.

일반적으로 글말을 배우지 않고 입말만을 사용하는 인간은 사물과 현상을 객관적이고 논리적으로 파악하고 이해하는 능력이 부족하다. 또한 자기 자신을 객관화시키려는 경향이 거의 없다. 대체적으로 이들은 사물과 현상을 생각만으로 풀어내기보다는 행위와 연관시켜 파악하려한다. 즉 입말문화의 인간들은 현실세계와 밀접하게 연관된 사유방식을 지닌다. 이들은 결코 사물과 현상을 추상화하지 않고 있는 그대로의 사실만을 직시한다. 또한 한 사물이나 현상을 독립적으로 따로 떼어내서 생각하기보다는 주변의 상황이나 사물과의 연관 속에서 생각한다. 이들에게 사물의 모습은 끊임없이 변하는 것이고 고정 불변의 것은 존재하지 않는다. 소리의 성질은 머물러 있지 않고 순간적이다. 따라서 사물의 본질과 같은 추상적 사고나 비가시적 현상에는 익숙하지 않고 생각할 수도 없다. 이들에게 "신"과 같은 개념을 설명하기도 어려울 뿐만 아니라 이들이 그와 같은 개념들을 이해하기도 어렵다. 이들은 구체적 사물 없이 생각할 수 없다.

월터 J.옹에 의하면, 입말문화 속의 인간들은 "결코 추상적으로 원, 사각형 등으로 기하학적 도형을 식별하지 않았다. 이들에게 원은 접시, 물통, 달 등으로 불리워지고, 사각형은 거울, 문, 집 등으로 불리워졌다". "그들이 다루는 것은 결코 추상적인 원이라든가 사각형이 아니며 오히려 구체적인 물건이었다."[81)]

결국 입말언어 인간들의 사유방식은 현실에 밀착되어 있다는 것을 알 수 있다. 이들의 사유방식은 항상 상황 의존적이기에 자신만의 독자적인 사유세계를 구축하거나, 자신의 독자적인 사유방식으로 외부 세계를 해석하거나 조정하고 통제하려는 생각을 하지 못한다. 이들에게 자신과 타자

81) 월터 J. 옹, 『구술문화와 문자문화』, 문예출판사, 2000, 81-82쪽.

그리고 그들이 속한 환경은 일체가 되어 하나의 덩어리로서 사유 대상이 되는 것이지, 이것들이 각기 따로 떼어져서 사유대상이 되지는 않는다. 이들은 자연을 거역하거나 지배하려하지 않고 자연에 순응적이다.

이들에게 "나"만의 세계는 존재하지 않으며, 따라서 독립적인 "나"를 생각하지 않는다. 이들은 항상 "우리"라는 테두리 속에서만 사유를 한다. "나"에 대한 의식은 희박할 뿐만 아니라, 독립된 "자아", 주위의 세계로부터 고립된 자아에 대한 인식도 거의 하지 않는다. 따라서 이들에게 자신과 대립된 세계에 대한 의식도, 자아실현을 위한 세계의 장에 대한 의식도 없다. 입말문화의 사람들에게 "지금", "여기"가 중요하다. 이들의 사유는 결코 시간과 공간을 글말을 사용하는 사람들처럼 자유롭게 넘나들지 못한다. 이들의 의식은 현재의 현상으로만 향해 있다.

입말이 우리 사유 형성에 끼치는 중요한 사실 하나가 바로 동일성보다는 차이성을 가르친다는 사실이다. 우선 자연의 소리는 동일하지 않을 뿐만 아니라, 하나의 소리도 각 개인은 서로 다르게 듣는다. 하나의 사물이 동일한 소리를 내는 법은 없고, 항상 다른 소리를 낸다. 따라서 우리 귀는 다르게 들어야 한다. 그러나 우리도 모르게 우리는 다른 소리를 같은 소리를 듣는 훈련을 하고, 그것을 체득하고 습관화 한다. 이것이 글을 배울 때 동일화 작용으로 나타나는 것이다. 즉 소리는 차이성을 그리고 글은 동일성을 나타낸다. 따라서 사유 방식도 입말을 배울 때는 차이성이 그리고 글말을 배울 때는 동일성이 형성되어야 하지만, 실제는 그렇지 못하다. 그 이유는 사회가 이미 소리에서 차이성을 제거하고 동일성을 강제하기 때문이다. 뿐만 아니라 입말과 글말 모두 나의 너로부터 언어를 배우기 때문에 차이성 보다는 동일성을 자연스럽게 체득하도록 되어 있다. 이러한 동일화 작용은 학교 교육이 정점이 되어 교육을 받은 후 대부분의 사람들은 동일성을 추구하게 된다. 앞에서 언급한 언어의 개념화 작용이 또 다른 형식의 동일화 작용을 의미한다.

나중에 다시 말하겠지만 입말의 중요한 점 중의 한 가지는 입말이 세계 현상과 사물의 차이성을 알도록 할 뿐만 아니라 감성의 형성에도 지대한 영향을 끼친다는 사실이다. 감성 형성은 글말보다는 입말과 더 밀접하게 관련되어 있고, 또한 입말과 감성 형성은 존재방식과도 밀접하게 연관되어 있다. 하지만 여기서 사유방식에만 한정시켜 말하자면, 이성은 동일성을 추구하지만 감성은 차이성을 기반으로 하고 있다는 사실이다. 사람의 감정은 결코 동일하지 않다. 감정을 같도록 만드는 것은 인위적인 것이다. 때로 우리는 자신도 모르게 외부에 의해 조작된 감성으로 흥분하거나 동정심을 가지거나 슬퍼하고 기뻐하기도 한다. 물론 우리에게 자연스러운 감성도 남아 있지만 사실 우리의 감성 중 대부분은 인위적으로 조성된 것들뿐이다. 특히 나와 너가 함께 속한 가족 내지는 가정의 역할이 인위적 감성 형성에 가장 큰 영향을 끼친다. 나아가 사회 전체가 인위적 감성 형성에 동참한다. 지배자들은 이러한 감정을 이용하기도 한다. 독일의 히틀러가 독일 국민들의 감성을 조작하고 이용하여 전쟁을 일으켰다는 사실은 우리가 이미 잘 알고 있는 사실이다. 오늘날 감성을 이용한 마케팅이 유행하고 있는 것도 잘 알고 있듯이 도처에 감성을 이용한 사례들이 많다. 하지만 이러한 감성들은 이미 말했듯이 자연스러운 것이 아니라 다분히 인위적인 것으로 우리는 냉정하게 자신의 감성을 고찰해서 과연 그것이 정말 자신의 자연스러운 감성인지 반성해 보아야 한다. 소리 · 청각 · 입말과 감성은 차이성을 기반으로 하고 시각 · 글말 그리고 이성은 동일성을 추구 한다.

2. 글말에 의한 사유방식의 변화

글말문화의 인간들은 이전의 입말문화의 사람들에 비해 삶의 양식과 세계 현상을 바라보는 관점에서 현저한 변화를 가져왔다. 외부 현상을 바라보고 해석하는 관점이 변하게 된 근본적인 이유는 글말의 특성 때문이다. 월터 J. 옹에 의하면, 쓰기는 인간의 의식을 재구조화 한다. "쓰기는 어떠한 발명보다도 더욱 강하게 인간의 의식을 변형시켜 왔다."[82] 글자로 변환된 말은 직접적이 아니라 2차적 사유방식이다. 즉 인간의 모든 현재 감정이 배제된 상태를

82) Buber, M. *Das Dialogische Prinzip*, 123쪽.

의미한다. 입말문화의 인간들은 사물과 현상과의 직접적인 연관 관계 속에서 사유를 진행하는데 반하여, 즉 사유하는 주체와 사유된 객체와의 관계가 엄격하게 분리되어 있지 않은 상태로 사유를 진행하는데 반하여, 쓰기는 주체로 하여금 사유된 객체로부터 거리를 두게 한다. 쓰기에서 현전성과 현재성 그리고 현존성이 사라진다.

쓰기는 인간으로 하여금 외부 현상에 대한 인식에 있어 청각 중심에서 시각 중심으로의 변화를 가져왔고, 쓰기의 시각주의화는[83] 인간의 사고를 변화시켰다. 이런 의미에서 월터 J. 옹의 다음과 같은 주장은 설득력을 지닌다. "쓰기는 말하기에 단순히 첨가된 것이 아니다. 왜냐하면 쓰기는, 말하기를 입말-청각의 세계에서 새로운 감각의 세계, 즉 시각의 세계로 이동시킴으로써, 말하기와 사고를 함께 변화시키기 때문이다."[84]

쓰기는 시간적이고 상황의존적인 말하기를 시각적 코드로 변화시켜 공간에 재현해내는 기술이다. 인간의 사유방식은 말하기에서 쓰기로 넘어갈 때 변화하고 재조직된다. 인간은 쓰기 읽기 기술을 배우면서 자신의 생각을 반성하는 능력을 기르고, 주어, 동사로 이어지는 문법의 규칙을 배우면서 사고를 논리화한다. 문법 규칙을 배운다는 것은 사회화 과정을 배우는 것을 의미한다.

이런 의미에서 쓰기는 외부의 강제성을 띠고 있다고 할 수 있다. 쓰기의 기술을 배우고 익힌다는 사실은 쓰기의 문법과 규칙을 배운다는 것이고

---

83) 주체가 객체로부터 떨어져서 "본다"는 행위는 엄밀하게 말해서 입말문화의 사람들이 사물을 "보는"것과 글말문화의 사람들이 "보는" 행위와는 구분되어야 한다. 부버는 "무엇에 관하여 본다(übersehen)"와 "대상으로 향하여 본다(ansehen)"는 것으로 구분하였는데(Buber, M., 같은 책), 전자가 주체와 객체를 분리시키는데 반하여 후자는 주체와 객체의 관계가 아닌 "만남"의 관계라는 것이다. "향하여 보는" 행위는 청각과 밀접하게 연관되어 있는 반면에, "관하여 보는" 행위는 청각을 배제한 시각화인 것이다. 부버에게 "만남"은 주체와 주체의 관계, 즉 인격적인 관계를 의미하는데, 인간인 주체가 사물인 객체를 인식할 때도 주-객의 관계가 아닌 "만남"의 형식을 띠어야, 사물을 인간 마음대로 해석하는 것이 아니라, 사실을 "사실 그대로" 인식할 수 있다는 것이다. 그리고 만남의 근본 토대는 "사랑"이다. 이렇게 볼 때 글말, 쓰기는 부버에 의하면 "사랑"이 결핍되어 있다고 할 수 있다. Buber, M., 같은 책, 15쪽 이하. 이 견해에 대한 지지를 나타내는 참고 도서로는 다음과 같은 책들이 있다. Pieper, J., *Über die Liebe*, (München, 1972), Lotz, J.B., *Ich-Du-Wir*, *Fragen um den Menschen*, (Frankfurt a. M., 1968).

84) 월터 J. 옹, 『구술문화와 문자문화』, 133쪽.

쓰기의 규칙은 어느 정도 그 사회의 규범에 영향을 받아 만들어진 것이다. 또한 어린아이는 쓰기를 한 순간에 쉽게 배우는 것이 아니라 끊임없이 반복과 연습을 통해야만 한다. 이런 반복 학습을 통해 어린아이는 쓰기를 숙달하는데, 이는 쓰기가 자신에게 내면화되었다는 의미이다.[85] 반복 학습을 통한 쓰기의 내면화는 쓰기 속에 숨겨져 있는 사회 규범이 무의식 속으로 스며들었다는 것을 의미한다.

또한 쓰기를 통한 읽기에 익숙한 사람들은, 즉 텍스트에 익숙한 사람들은 상황으로부터 독립된 사유를 진행시키는데 익숙해 있다. 쓰기를 통한 읽기는 자연스러운 인간의 소리를 일정 정도 인위적으로 변형시켰다. 예를 들어 각 나라의 자음이나 모음의 음가는 정확히 일치하지 않는다. 한글의 'ㅍ'의 음가는 영어의 'f'나 'p'와 정확히 일치하지 않는다. 이처럼 입에서 나오는 소리를 글자로 전환하기 위해서는 의식적인 구획 짓기가 선행되어야하고, 이에 따라 우리 의식은 자연스러운 발상의 사유방식에서 인위적인 구획 짓기와 같은 사유 방식을 하게 되었다.

따라서 월터 J. 옹은 다음과 같이 주장한다. "기억을 도와주는 정형구 속이 아니라 씌어진 텍스트 속에 지식을 저장하는 새로운 길이 열렸던 것이다. 이와 같이 해서 정신은 해방되고 자유로워지고 더욱 독창적이며 추상적인 사고를 겨냥하는 것이 가능하게 되었다."[86] 결국 쓰기 과정은 인간으로 하여금 현상으로부터 떨어져서 추상적 사유를 가능하게 하였다. 글쓰기는 구체적인 상황으로부터 독립된 추상적인 사유를 가능하게 한다.

또한 쓰기는 일련의 논리적 연속성을 지니고 있다. 쓰기에 의해 사물과 현상을 바라보기 시작하면 자연히 현상세계를 인과관계, 즉 연속적 추론의 방식으로 인식하게 된다. 글말의 세계는 자연 현상의 우연성과 모순성을 필연적이고 규칙적인 성질을 지닌 것으로 해석하게 한다. 자연의 역동성을

85) 이런 의미에서 인간의 이데올로기화는 글말의 출현과 더불어 시작되었다고 할 수 있다. 사실 글말이야말로 가장 강력한 이데올로기의 수단이라 할 수 있다. 월터 J. 옹 역시 이와 비슷한 언급을 하였다. "쓰기는 독점적이고 제국주의적 활동이기 때문에 ... 다른 것을 자신 속에 동화 흡수해 버리는 경향이 있다." 같은 책, 23쪽.

86) 같은 책, 42쪽.

중립화 시켜서 세계의 모습을 기계론적으로 파악하게 하고, 이러한 기계론적 세계관의 질서는 글말로 인한 그리스의 형식논리학에서 비롯되었다. 나중에 다시 언급하겠지만 그리스어는 자연세계를 반영한 언어가 아니라, 자연세계와 전혀 상관없는 기호에 불과하고, 그들은 자신들의 언어로 세계를 바라보고 자신들의 언어세계에 자연세계를 끼워 맞춰 세계를 해석하는 방법을 택하였다. 그 결과 세계는 언어규칙에 따른 기계론적 세계관으로 파악되었던 것이다. 글말은 자연의 세계를 자연 그대로 인식하게 하는 것으로부터 벗어나 인위적으로 파악하게 할 뿐만 아니라, 글말은 자연의 총체적인 운동성을 정확히 드러내지 못하고, 고정된 시각과 관점만을 제공할 뿐이다.

글말은 동일성과 반복성을 야기한다. 글말은 10년 전이나 20년 후에도 변함없이 같은 모습을 하고 있다. 나의 부모가 읽은 책을 지금 내가 읽고 다시 같은 내용을 나의 자식들이 읽는다. 그렇다면 글말을 통한 우리의 의식은 과거, 현재, 미래에 동일한 방식으로 세계를 바라볼 수밖에 없다. 현재는 변하지만 글말을 통한 현상은 과거, 미래, 현재가 변화가 없다. 같은 글말을 쓰는 사람들이 동일한 의식 구조를 형성하는 것도 이와 같은 글말의 특성 때문이라 할 수 있다.

그렇다고 일반적으로 글말의 특성이 위의 성격을 모두 동일하게 반영하거나 글말을 쓰는 모든 문화가 위의 성격을 동일하게 지니고 있는 것은 아니다. 사실 한글을 쓰는 우리나, 표의문자를 쓰는 중국인들에게 위의 특성을 그대로 적용시키기에는 무리가 따른다. 이는 단지 일반적으로 서구의 관점에서 보았을 때 설득력을 가질 뿐이다. 이제 서구의 알파벳, 즉 그리스 알파벳이 서구인들의 사유방식을 어떻게 변화시켜왔는지 살펴보도록 하겠다.

3. 그리스 알파벳 글자에 의한 사유방식의 변화

서구 그리스인들의 사변적이고 인간중심적 사고방식은 그들 글자의 특수성에 기인한다. 즉 음성 알파벳 글자의 발명이 그들의 사고를 인간중심적으로 만들었다. 다시 말해서 알파벳 표음문자의 특성은 사물을 추상화하고, 인간중심주의 사고방식을 가져왔고 이에 따라 그들은 사물의 본질을 사물 곁에서 이해하려 하기 보다는 인간중심으로 사물을 해석하는 경향을 띠었다. 인간중심주의 사고방식 (특히 "나" 중심주의), 언어적 진술에 의한 논리적 필연성, 추상적 형이상학 등은 글말의 발명과 연관이 있다. 이러한 그리스어의 특성을 월터 J. 옹의 관점에 따라 간략하게 정리하자면 다음과 같이 말할 수 있다.

① 그리스의 추상적이고 이론적인 사유는 그리스 알파벳의 표음성과 관련성이 있다.[87)]

대체로 글자는 사물의 모습을 본 떠 만든 상형문자에 기원을 두고 있지만 그리스의 알파벳은 그 기원과의 연관성을 거의 찾을 수 없는 추상적인 부호의 체계로 구성되어 있다. 물론 한자와 같은 표의문자에서도 원래 지칭하고 있는 사물과의 연관관계를 벗어난 의미를 갖는 경우가 있기는 하다.

하지만 알파벳은 표음문자로서 코드화된 추상적 기호로 구성되어 있다. 이런 글자로 소리를 활자화할 경우에는 입말문화에서의 소리가 지니는 사태와 사건 연관성과는 무관한 독립적인 기호체계가 형성된다. 예컨대 희랍에서 개발된 글자의 체계는 그 외적인 형태에서부터 외부세계의 사물과의 연관성, 그것을 그려내고 있다고 여겨지는 소리와는 전적으로 구분되는 기호체계라고 할 수 있다. 이런 글자를 읽고 쓰는데 익숙해지면 구체적인 사물이나 사태와는 무관한 글말에 바탕을 둔 세계가 구축되리라는 것은 쉽게 짐작할 수 있다. 이런 언어를 사용하는 사람들에게는 현실과 유리된 추상적 세계를 상정하는 것이 다른 언어를 사용하는 사람들보다 더 자연스러웠을 것이다.

입말문화의 인간들은 "차가움", "뜨거움"과 같은 추상명사를 이해하지 못한다. 그들은 주변 상황과 연관되어서 "차거운 물"이나 "뜨거운 불"이라 해야 이해 가능하고 물이나 불을 제외한 채 추상명사 단독으로 언어를 사용하는데 익숙해 있지 않다. 결국 추상명사의 사용은 음성 알파벳의 출현 이후부터라고

---

87) 월터 J. 옹은, "희랍어의 알파벳은 소리를 한층 추상적으로 분석하고 그것을 순수히 공간적인 구성요소로 분해했다"라고 주장한다. 같은 책, 140. 여기서 ①번부터 ⑦번까지의 글은 월터 J. 옹의 책, 『구술문화와 문자문화』에 있는 내용을 정리하여 쓴 것이다.

할 수 있다.[88] 그리스 철학자들은 음성알파벳의 사용으로 구체적인 사물로부터 사물의 속성을 유추하여 속성이 독립적으로 존재하는 것처럼 사유를 하기 시작했다. 또한 추상명사의 사용은 형이상학적 사유의 전개를 가져왔는데, 그리스인들의 형이상학 발달은 결국 음성알파벳에 기인한다고 볼 수 있다. 이것이 플라톤 철학에 와서 극대화 하는데,[89] 월터 J. 옹에 의하면, "플라톤 인식의 전체는....구술적인 생활세계에 대한 계획적인 거절이었다"[90]고 하고, 에리히 해브로크는 『플라톤 서설』에서, "플라톤 사상은 그 당시 새로이 대치된 옛 구두 · 청각적 세계의 사상에 이의를 제기하는 아주 철저히 알파벳화된 문화가 해방시킨 사상이다"라고 주장하였다.[91]

② 그리스인들의 분석적이고 논리적인 사유방식은 그리스 글자의 분석적 특징에 기인한다.

위에서 언급한 것처럼 쓰기는 입말언어와는 달리 표현하고자 하는 것으로부터 일정 정도거리를 유지한다. 음성적인 발화가 인식된 것을 엄밀하게 분석적으로 표현하지 못하는데 반하여 쓰기는 모든 관계된 상황을 제거하고 오직 표현하고자 하는 사물만을 언급하기에 분석을 날카롭게 한다. 또한 입말은 잘못된 것을 언급했어도 이를 되돌리기 힘들며, 호머(Homer) 시대의 시인들이 군중들 앞에서 서사시를 읊을 때, 순간적으로 잘못된 실수나 모순된 언급을 했을 때 이들은 말을 얼버무리며 넘어가기도 했다. 이에 반해 쓰기는 사전에 모순된 언급이나 잘못된 표현을 "반성적 선택 작업"을 통해 제거할 수 있다.[92]

---

88) "커크호브(Kerckhove)의 시사에 의하면, 음성학적으로 완전한 알파벳은 그 밖의 어떠한 쓰기 체계보다도 뇌의 좌반구의 활동을 활발하게 함으로써 신경생리학적 견지에서 볼 때 추상적 · 분석적 사고를 기른다고 한다." 참조, 같은 책, 141쪽.

89) 그리스 철학의 전개를 살펴보면, 이들의 사유방식이 사물과 현상에 대한 구체적인 관점을 벗어나 추상적인 개념으로 사물과 현상을 바라보려는 사유방식으로 변화하는데, 이는 결국 입말 중심의 사유방식이 글말 사유방식으로 전환하는 과정과 일치한다.

90) 같은 책 126쪽.

91) 재 인용, 월터 J. 옹, 『언어의 현존』, 39쪽.

92) 월터 J. 옹은 이러한 반성적 선택 작업으로써 사고와 언어에 새로운 변별적인 힘이 부연된다고 한다. 월터 J. 옹, 『구술문화와 문자문화』, 160쪽.

모든 쓰기 중에서 그리스 알파벳 글자는 특히 분석적이고 공간적이다. 그리스 "알파벳은 음절문자보다 더 작은 단위, 곧 한층 분석적이면서도 조작가능한 단위로까지 환원"한다. 예를 들어 '바(ba)'라는 음은 하나의 기호가 아니라 'ㅂ(b)'과 'ㅏ(a)'라는 두 개의 기호로 분석된다.[93] 이런 방식으로 주어진 음성을 최소 단위로 분할하여 그것을 재구성해내는 글자를 지닌 종족이 주어진 사태를 전체적으로나 종합적으로 파악하기 보다는 보다 단순한 부분으로 캐고 들어가는 분석적 사유에 능하게 될 것이다. 이런 분석의 결과로서 원래 소리를 재구성하고자 할 때 요구되는 재조직의 능력이 개념과 개념을 연결하고 다시 문장과 문장을 연결하는 논리적 사유를 발전시킬 수 있다는 것도 충분히 가능한 일이다.

"하블로크는 ... 『서양 문자성의 기원(Origins of Western Literacy)』(1976)에서, 희랍인 사이에서 분석적 사고가 우세하게 된 원인을 그들이 알파벳으로 모음자를 도입한 데서 찾고 있다. ... 희랍인은 모음자를 도입함으로써 음성이라고 하는 붙잡기 어려운 세계를 추상적이고도 분석적인 그리고 시각에 호소하는 모습으로 코드화하는 새로운 단계에 도달하였다."[94]

기계론적 논리에 빠져있는 그리스 알파벳 글자는 인간으로 하여금 사물의 세계를 필연성의 세계로 인식하게끔 하였다. 입말만을 사용하는 인간에게 논리적 필연성은 그리 중요하지 않다. 그들에게 중요한 것은 주변 상황이다. 주변 상황과 모든 것이 배제된 채 오직 글자만을 가지고 현상을 이해하려는 태도는 글말의 정밀한 논리성을 요구하게 되었고, 논리적 글자에 따라 사물과 현상을 인식하려는 경향은 사실과는 유리된 채 인간만의 합리적 사고 속에서 현상이 해석되는 경향이 발생하는 것이다.

따라서 월터 J. 옹은 다음과 같이 주장한다. "희랍인이 변하기 쉬운 소리의 세계를 추상적으로 분석하여 그것을 시각적인 등가물로 환치할 수 있는 작업을 이룩했다는 데에서, 그들이 그 후 그 이상으로 분석적인 탐구를 진전시켜 갈 수 있었다는 것이 이미 예고되었고 동시에 그럴 수 있는 수단이 제공되었다."[95]

93) 같은 책, 141쪽.

94) 같은 책, 48쪽.

95) 같은 책, 141쪽.

③ 그리스 글자의 단일 체계는 세계를 하나의 원리로 파악하려고 하는 사유를 발생시켰다.

그리스 글자는 단일 체계이다. 대부분의 글말 체계는 둘 이상의 원리가 섞여있는 혼합체계이다.[96] 고대 이집트의 상형문자의 체계도 그 기호 중 일부는 상형문자, 일부는 표의문자, 일부는 수수께끼 그림으로 구성된 혼합체계로서 그것들이 조합되어 복합적이고 풍부한 체계를 이루고 있다. 그러나 그리스어의 알파벳은 표음문자로서의 '스크립트'이다. 곧 단순한 그림이나 사물을 표시하는 것이 아니라, 발설된 말(utterance)의 표시(mark)이다.[97] 즉 그것은 소리를 소리 나는 대로 옮겨놓은 일종의 코드이지, 의미 체계는 아닌 것이다. 이렇게 단순한 스크립트에 불과한 알파벳은 혼합체계가 아니라 단일 체계이기 때문에 여타의 혼합 체계처럼 그것을 지배하는 기본 원리를 여럿 상정할 필요는 없을 것이다. 단일 체계의 글말은 인간으로 하여금 복잡하게 얽혀 있고 끊임없이 변화하는 현상 세계를 하나의 원리로 파악하려는 성향을 주었다고 할 수 있다. 또한 무의미한 기호로 현상 세계를 파악하려면 분명 복잡성을 단순성으로 바꾸어 놓을 수밖에 없다. 희랍인들은 그리스 알파벳을 사용함으로서 현상세계를 바라보는 태도가 바뀌었고, 따라서 만물을 하나의 원리로 엮으려는 철학적 사유가 나타났을 것이다.

④ 주 · 객의 분리는 그리스 글말의 시각화에 기인한다.

플라톤은 인간이 진리를 추구하기 위해서는 감각적 경험에 매인 의식 상태로부터 벗어나야 한다고 했다. 그런데 입말문화의 인간들, 특히 호머와 같은 음유시인들은 부정확하고 감정적인 언어로 일반 청중들을 현혹시켜 그들로 하여금 자신을 잃어버리는 일종의 최면상태로 빠지게 한다는 것이다.[98] 즉 플라톤은 입말 언어는 오직 감정에 휩싸이게 할 뿐이라고 말하면서, 말하는 사람이나 듣는 사람도 모두 비합리적 판단을 하게 된다고 하였다. 이들의

96) 같은 책, 138쪽 참조.

97) 같은 책 132쪽 참조.

98) 월터 J. 옹에 의하면, "호머 시대의 희랍과 플라톤 이후의 철학이 ... 깊은 대립 관계에"있었고(같은 책, 42쪽), 이는 "문자성이 구술성과 처음으로 정면으로 부딪쳤던 시기"(같은 책, 43쪽)이다.

의식상태에서, 무의식적인 몰입의 상태에서 자신을 객관적으로 인식하고 반성하는 행위는 불가능하다는 것이다. 결국 이러한 감각적 경험에 매인 의식상태에서 벗어나기 위해 의식이 깨어나는 상태로 돌아가야 하는데, 이는 자기 자신의 반성에서만 가능하고 반성은 자신을 분리하는 과정에서만 가능할 뿐이다. 이렇게 분리되고 독립적인 자아 설정이 가능한 이유는 플라톤이 입말보다는 글말에 익숙해 졌기 때문이라고 월터 J. 옹은 주장한다.[99]

독립적인 자아설정은 또한 주체-객체의 분리를 가져왔다. 그리스인들의 주체-객체 분리는 입말 언어(호머의 시, 서사시 등에서 나타난) 시대에는 엄격하게 나타나 있지 않지만 쓰기가 의식에 내면화 되고 난 후 주-객 분리가 가능해 졌다. 즉 구두·청각적 시대에는 주·객의 분리가 뚜렷하게 드러나지 않았고, 사실 그들에게 주·객의 분리는 자연스러운 현상이 아니었다. 반면에 글말의 시각화는 인간을 주변의 현상으로부터 고립시켰고[100], 또한 사물에 거리를 두고 바라보게 하였으며, 거리를 둔 시각화는 사물을 주체로부터 분리하고 객체화시켰다.

감각 경험의 세계로부터 벗어나 자기 자신의 의식을 되돌아보는 자아 탐구의 과정은 결국 외부 사물과 현상을 대할 때 합일한 상태가 아니라 일정 정도 떨어진 상태에서 바라보게 되며, 또한 한 사물을 대할 때 그 사물의 모든 관계성을 배제한 채 오직 독립된 사물만을 인식하고자 한다. 이런 상황이 그리스인들이 존재론을 탐구하게 하는 결과를 가져왔다.

⑤ 서구의 존재론은 알파벳 글말의 시각적 반복성에 기인한다.

글말의 특성은 시각적·공간적·반복적이다. 시간과 함께 흐르는 음성언와는 성격을 달리한다. 끊임없이 흐르고 변화하는 사물과 현상에 익숙한 입말 언어의 인간들은 변하지 않는 사물의 본질에 관한 의문을 가지지

---

99) "플라톤 철학에 있어서 분석적인 사고는, 쓰기가 심적 과정에 미치기 시작한 영향 때문에 비로소 가능했던 것이다." 같은 책, 126쪽, 127쪽 참조.

100) 마샬 맥루한 역시 개인의 고립화는 시각화에 기인한 것이라고 하였다. "개인의 탈부족화는 ... 알파벳과 같은 종류의 문자 해독에 의해서만 주어지는 고도의 시각적 삶에 의존하여 가능한 것이었다." 마샬 맥루한, 『구텐베르크 은하계』, 커뮤니케이션북스, 2001, 91쪽.

않았다. 그들에게 중요한 사실은 현재 상태의 존재자일 뿐이다. 하지만 글자가 발명되고, 글자를 이용해 현실세계의 존재자를 현실로부터 떼어내면, 그 존재자는 추상화되고 고립된 채 관찰 가능하게 된다.

이런 의미에서 입말 언어는 총체적인데 반하여 글말 언어는 일면적일 수밖에 없다. 총체성은 화자와 청자 그리고 주변 상황(바로 그 때의 시간과 공간)을 포괄적으로 함축하고 있는 반면, 글말은 이 모든 것을 배제한다. 이는 표음문자의 경우 특히 더 심하다. 글말만을 가지고 상황이나 사물에 관하여 설명할 때 오직 그곳에는 논리의 문제만 남게 된다. 분석적이고 냉정한 객관적 사실만이 지배하고, 주변의 상황이나 상태의 유연성은 존재하지 않는다.

예를 들어 한 그루의 사과나무를 설명할 때, 현재 사과나무가 어떤 상태에 있는가를 설명한다면, 가장 좋은 것은 대화의 상대 모두가 그 나무 곁에서 나무에 관해 대화하는 것이 가장 바람직한 것이다. 하지만 청자나 화자 모두가 실제 상황의 사과나무를 배제한 채 자신의 과거 경험만으로 사과나무에 관해 대화한다고 할 때, 이때는 모든 감정과 가치가 배제된 (또는 주관적 의미의 가치만을 지닌 채) 사과나무, 즉 극단적으로 말하면 생생한 나무가 아닌 죽어버린 나무에 관해 말을 할 뿐이다. 이것은 관찰자로 하여금 객체로부터 멀리 떨어진 채로, 즉 주-객의 관계를 성립시키고, 이는 사과나무 자체로부터 멀어질 뿐이다. 다시 말해 현실세계의 나무 한 그루와 글말로 표현된 나무는 다르다. 현실 속의 나무를 통해 우리는 변하지 않는 나무 자체에 관심을 가지지 않는다. 하지만 글말을 통해 나무를 인식할 때 우리는 변화가 없는 나무를 생각하고 따라서 나무의 본질에 생각이 미치게 되는 것이다. 따라서 존재에 관한 질문이 생기는 것이고 존재에 관한 탐구를 시작한 것이다. 시간이 배제된 공간 속의 나무를 통해 존재론의 물음은 싹트는 것이다.

⑥ 무시간적 영원성을 추구하는 그리스인의 성향은 그리스 글자의 공간적 시각화 때문이다.

그리스 알파벳은 공간화하는 기능이 뛰어난 부호체계이다. 원래 소리는 사라지는 방식으로 존재한다. 곧 한 단어의 소리 전체를 동시에 현존시킬 수는 없는 것이다. '그림'이라는 단어를 발설할 경우 '림'이라는 단어가 발음 될 때에는 이미 '그'라는 소리는 사라진다. 그런데 그리스 알파벳에서 말소리는 소부분으로 완전히 분해 시켜 쓰고 그것을 거꾸로 읽는 일까지도 가능하다. 예를 들어 t-r-a-p라고 적으면서 p-a-r-t라고 발음하는 것도 가능한 것이다. 이 단어를 소리로 재현시켜 거꾸로 돌리면 '트랩'이라는 발음이 '파트'가 되지는 않는다. 결국 "알파벳은 그 자체가 사물로서 소리를 표현하며, 변해가는 소리의 세계를 정지된 반영구적인 공간의 세계로 변형시킨다"[101]. 이미 사라진 소리조차도 동시적인 것으로 재현해내는 것이다. 사실, 소리를 기호화한 글자로서의 스크립트가 모두 소리로서 표현된 말을 특정한 의미를 지닌 사물이나 정지한 것으로 표현하기는 하지만, 그리스어의 알파벳은 특히 그런 성향이 강하다고 할 수 있다. 이처럼 그리스의 언어가 변하기 쉬운 소리의 세계를 추상적으로 분석하여 그것을 시각적인 등가물로 변화시킬 수 있는 사유 능력을 개발시켜줄 수 있었기 때문에 그들의 사유가 시간보다는 공간적 특성을 지니게 되었다는 점도 충분히 미루어 짐작해 볼 수 있다.

또한 알파벳의 공간적 특성은 시각화에 기인하는데, 플라톤의 "형상", "이데아"의 개념은 알파벳 글자의 공간적 시각화와 관련성이 있다.[102] 플라톤의 이데아는 구체적 사물과 현상에 대한 사유가 아니라, 순수 사유로서의 존재에 관한 탐구라고 할 수 있다. 플라톤에게 생성, 소멸, 변화, 운동하는 현실 세계는 참된 존재의 의미의 세계가 아니다. 우선 플라톤의 영혼은 현상계에 얽매이지 않은 독립적 주체이어야 하고, 그러한 주체가 인식하는 대상도 주변의 모든 현상을 배제한 자기 동일성을 지닌 사물 자체적인 것이다. 따라서 "플라톤의 이데아는 목소리도 없고 움직임도 없고 어떠한 따뜻함도 작용하지 않은 채로 분리되어 있으며, 인간 생활 세계와는 전혀 무관하고, 도리어 그러한 세계의 저편 훨씬 위쪽에 존재하고 있다"[103]. 이렇게 볼 때 플라톤의 이데아는 입말문화의 사람들에게는 결코 사유될 수 없는 개념인 것이다. 이는 철저하게

101) 월터 J. 옹, 같은 책, 142쪽.

102) "이데아(idea), 즉 형상(form)이라는 말은 시각에 기초를 둔 용어로 라틴어의 '보다(videeo)'와 같은 어원을 두고 있으며, 영어 vision, visible, videotape 등은 여기서 파생되었다. 플라톤의 형상은 시각적인 모습과의 유추에 의해서 생성된 것이었다." 같은 책, 127쪽.

103) 같은 책, 127쪽.

음성 알파벳의 특징인 공간적 시각화에 기인한다고 할 수 있다.

⑦ 형식 논리학은 그리스 글자의 공간적 시각화에서 비롯되었다.

아리스토텔레스 논리학은 귀속(ύπ'αρχειν, belong to)의 논리학이라고 한다. 아리스토텔레스의 논리학은 주어가 술어에 외연적으로 귀속됨으로써 성립한다. 이른바 상위개념과 하위개념의 귀속을 통한 위계관계가 있어야만 성립될 수 있는 것이다. 이런 점에서 아리스토텔레스의 논리학은 주 · 술관계(nexus)를 기반으로 성립한다. 아리스토텔레스 논리학의 성격이 이러하기 때문에 그에게서 대등한 개념들 사이의 관계를 다루는 관계논리의 발상이 발견되지 않는다는 것은 논리학사가 입증하는 바이다.

"언어와 개념의 세계들을 ... 공간적 질서에 관련시킬 때, 알파벳은 언어와 사고에 문자문화 이전의 사람들이 짐작도 할 수 없는 부가적 긴밀성을 수여한다. ... (알파벳은) 아주 단순화된 양식으로 (질서감을) 제공(한다). ... 형식 논리학이 알파벳 문화에서 창안된 것은 우연한 일이 아닌 것 같다."[104)]

현실 상황을 배제한 채 사물과 현상을 해석했을 때 남는 것은 오직 논리의 문제밖에 없다. 기계론적 사유 방식도 이에 연유한다 할 수 있다. 결국 현실 세계를 배제한 채 오로지 순수한 사고 구조에 전심하는 형식 논리학은 지금까지 설명한 알파벳 특성에서 비롯되었다고 할 수 있다.

글자쓰기가 우선 자연적이 아니라 인공적이고 인위적인 기술이라는 사실은 매우 중요하다. 입말을 통해 사물의 근원을 밝히려는 서구인들의 태도는 그들의 사고가 합리적이지만 동시에 글말의 한계에서 벗어나지 못하고 있다는 것을 보여준다. 인간의 정신이 현상을 이해할 때 도움을 주는 것은 사실이지만 또한 반대로 글말이 현상을 올바로 이해하는 것을 방해하는 요소이기도 한다. 우리는 우리 인식의 출발점을 현상 세계로 직접 향하는 것이 아니라 글말로 변환된 현상계에 주목하고 이에 집착하는 것은 아닌가 반문할 필요가 있다. 또한 합리성을 기초로 한 서구 이론의 바탕에는 그리스 알파벳의 특성과 관계가 있는 것은 아닌지 반성할 필요가 있다.

104) 월터 J. 옹,『언어의 현존』, 49쪽.

5.

언어와 인간의 존재방식과의 관계

1. 실존과 본질

실존(existentia) 개념은 라틴어인 "existentia"에서 나온 것으로, 'ex'(밖에)와 'sistere'(나와서다, 나타나다)의 의미를 가진 '현실존재'를 말하는 것이다. 이것이 스콜라 철학에 와서는 본질에 대립하는 말로써 사용되었다. 즉 "실존과 본질 existentia - essentia"[105]인 대립 개념을 통해 이해되었다. 본질(essentia)은 '그러함(Sosein)' 내지는 '본질(Wesen)', 개념 안에서 파악되는 한 사물의 '무엇임(Was-sein)'으로서, 사물이 변하는 운동 속에서도 변하지 않고 머물러 있는 필연적인 것, 초개체적 · 보편적인 것을 뜻한다. 이에 반해 실존(existentia)은 한 사물이 있다는 사실(Daβ -sein), 그 사물이 우연하게 실제적으로 눈앞에 있음(Vorhandensein)과 실제로 있음(Wirklichsein)을 말한다. 이런 식으로 실존을 이해하여 실존철학을 해석할 경우 아마도 실존철학이란 사물들의 "실제로 있음"을 대상으로 삼는 철학이 될 것이다. 그러나 본질에 반하는 실존은 사물이 아닌 오직 인간에게만 "실존"(Existenz)이라는 말을 쓸 수 있으며, 인간이 실존을 '갖고' 있는 것이 아니라 실존으로 존재하고 있기에, 실존은 인간 현존재의 이행 방식으로

105) 역사적으로 볼 때, 라틴어 "existentia"라는 낱말은 Marius Victorinus(360 년경)에게서 처음 발견되며, 거기에서는 Aristoteles의 "본질" (Wesen)을 옮겨 놓고 있는 "실체" (substantia)에 대립되는 것으로 나타난다.
"essentia"는 이와는 다르게 아마도 Cicerd가 만든 인위적인 낱말일 것이다. 반면 "essentia-existentia"라는 개념의 쌍은 Thomas Aquinas 이후, 중세의 스콜라 철학자 Eriugena J. Scotus (810~877)가 처음으로 '본질(essentia)'에 대립하는 말로서 '구체적인 현실적 존재(extentia)'의 의미로 사용했다고 한다.

이해해야 한다..

실존과 본질 개념에 대해 상세히 논의한 학자로 막스 뮬러(M. Müller)를 들 수 있다. 그의 주장에 따르면, "실존(Existenz)-본질(Essenz)의 대립은 현실존재(Dasein)와 본질(Wesen) 또는 거기 있음(Dasein)과 그렇게 있음(Sosein)"으로 표현되고, 현실존재(거기 있음)은 "어떤 것이 실재로 존재한다는 사실"을 말한다. 본질 또는 그렇게 있음은 "존재하고 있는 것의 무엇(내용)"을 말하며 또한 "존재하고 있는 것이 그렇게 있고 그리고 반드시 그렇게 있어야만 한다는 것"을 의미한다.[106] 본질은 한 사태의 "내적 가능성(interna possibilitas)"이자 동시에 그 사태가 반드시 "있는 바 그대로의 그것이 되어야 하는" 그 사태의 "필연성(Notwendigkeit)"을 의미한다.[107]

뮬러에 의하면 본질 개념은 서양 철학사에서 플라톤 철학에서 처음 등장하게 된다. 플라톤에게 본질이라는 말은 "형상(eidos)"을 의미한다.[108] 형상으로서의 본질은 "변하지 않고 영원한 것"으로서 "사물들의 본래적인 척도(Maßstäbe)"를 말하며, 현실 세계 내의 모든 사물들은 그 척도에 따라 자신들의 존재 의미를 획득하게 된다. 현실 내의 존재자들은 본질에 의해 그 위치가 결정된다. "현실이란 머물러 있고 미리 주어져 있는 것들의 실현화에 지나지 않는다."[109] 문제는 뮬러가 말하듯이 만일 모든 존재자에게 그 존재자가 마땅히 되어야만 될 본질이 미리 주어져 있다면, 존재자는 본질을 따르는 것 이외에는 다른 어떤 선택도 주어지지 않는다는 것이다. 예를 들어 소크라테스가 주장했듯이 인간의 본질이 "덕"을 실현하는 것이라면 현실 세계 내에서의 인간의 활동은 덕을 실현시키는 것 이외에는 다른 어떤 다른 할 일이 하나도 없는 것이 된다. 즉 처음부터 인간 존재의 "당위성과 필연성"이 정해져 있다.[110] 이처럼 현실 세계 내에서 인간의 자기 실현화가 이미 본질에 의해 규정되어 있다면 인간 자신이 창조적으로 할 수 있는 일이 아무 것도 없게 된다.

---

106) Müller, M., Existenzphilosophie im Geistigen Leben der Gegenwart, 3., wesentlich erweiterte und verbesserte Aufl., F.H. Kerle Verlag · Hedelberg, 1964, 18쪽.

107) 같은 책, 18쪽.

108) 같은 책, 18쪽.

109) 같은 책, 20쪽.

110) 같은 책, 19쪽.

극단적으로 말해서 우리는 인간 본질에 의해 "구속"되어 있다고 할 수 있다.

토마스 아퀴나스(T. Aquinas)에 있어서 "본질은 모든 존재자들이 존재 속에서 자기의 위치를 확립하는 것"이다.[111]존재하는 모든 것은 본질을 통해 존재하는 것이며, 존재 속에서 이미 정해진 위치에 자리 잡는다. 모든 존재자는 전체 속에서 정해진 질서에 의해 움직이기에 인간의 행위도 전체적으로 고정된 질서에 의해 규정되고 규범지워진다. 인간은 "본질과 질서의 봉사자와 수호자"[112]가 돼야 한다. 모든 가치는 미리 정해져 있고 또한 존재자의 위치도 이미 정해져 있다.

본질 개념은 칸트(I. Kant)에 와서 위기를 맞게 되는데, 칸트는 "유한한 존재자인 인간이 본질 자체를 그리고 본질 질서를 개념적으로 인식할 수 있는가에 의심을 품는다"[113]. 따라서 칸트는 절대적 본질 대신에 상대적 본질 개념을 끌어들인다. 상대적 본질 개념은 플라톤과 아퀴나스의 본질 개념과는 달리 인간의 인식과 행위의 보조 수단에 지나지 않는다. 이에 반해 "절대적 본질 개념"은 "절대자에게 본질적인 것", "존재에게 본질적인 것"을 의미한다.[114] 절대자와 본질에 대한 인식은 "비감성적으로 보는 것(noein)", "선험적으로(apriorisch) 보는 것(noesis)"이며, 이것은 "이성"의 인식 수단이다. 본질 개념은 이성 개념과 밀접한 관계가 있다. "이성은 본질이 보이게 되는 장소이며 본질은 그의 본질성 속에서 이성적인 것으로 규정된다."[115] 이성적 인식은 "정신적으로 보는 것"을 의미한다. 이제 정신적인 봄은 모든 진리의 척도가 되며, "정신과 모든 본질의 장소로서 이성은 존재와 그리고 존재의 진리와 동일시된다."[116]

본질 철학에서 발생하는 가장 큰 문제는 인간의 자유다. 본질 철학에서 인간의 모든 행위는 본질에 의해 규정되어 있기에 인간의 자유로운 행위는 애초에 존재하지 않는다. 인간의 자유로운 행위는 오직 주어진 선택지

111) 같은 책, 21쪽.
112) 같은 책, 21쪽.
113) 같은 책, 23쪽.
114) 같은 책, 24쪽.
115) 같은 책, 24쪽.
116) 같은 책, 24쪽.

안에서의 행위일 뿐이다. 따라서 인간의 자유로운 도덕적 행위란 존재하지 않는다. 뮐러는 자유의 개념을 다음과 같이 규정하고 있다.

"자유란 자기 규정성이다. 오직 자기 자신에 의한 규정이며 다른 어떤 내용에 의한 규정도 아니다. 자유는 철저하게 자기 자신으로부터 시작하는 것이며 동시에 자기 자신 곁에 있는 '자기 자신 곁에 있음'(Beisichselbstsein)이다. 즉 자율(Autonomie)이며 자족(Autarkie)이다."[117]

따라서 자유의지가 그야말로 자유롭기 위해서는 다른 어떤 것에도 제약을 받아서는 안 된다. 자유의지는 다른 어떤 것도 아닌 '나'로부터 시작되어야 하고 나에게만 속해 있어야 한다. 하지만 본질철학에서 나의 모든 행위는 이미 본질적으로 규정되어 있기에 애초부터 나의 자유로운 행위란 성립할 수 없다. 하지만 그렇다고 자유의지가 관념론자들이 주장하는 것처럼 외부의 그 어떤 것으로부터도 제약받지 않는 절대적인 것이며 무한한 것으로 해석되어서는 곤란하다. 왜냐하면 관념론자들에게 "자유는 정신"이며, 그들에게 "정신은 감성적인 것, 유한함으로부터 해방된 무한성이자 절대적 자유 자체이기 때문이다."[118] 이들에게 정신의 자유는 신으로 향해 나아가는 수단이다.

우리는 본질주의로부터 벗어나야 하며, 또한 관념론자들의 자유 개념도 수용해서는 안 된다. 하이데거에 의하면 이들이 주장하는 인간에 대한 사유는 "폐쇄적 실존(Insistenz)"이다. "폐쇄적 실존에서 인간은 모든 것을 그와 그의 신의 상과 동일성에 비추어 이해하려 하며 그와 동시에 자기 자신과 자신의 신을 모든 것의 중심에 놓으려고 한다."[119] 하이데거는 이러한 폐쇄적 실존 사유로부터 벗어나 "탈자적 실존(Ek-sistenz)"으로 사유를 진행시켜 나가야 한다고 주장한다.

"인간의 본질은 탈자적 실존이다. 즉 존재로 나가있음이며 존재를 위해 열려있음이다. 인간의 삶은 자기 밖에 있음, 혼이 나감(Ekstasis)이다."[120]

117) 같은 책, 29쪽.
118) 같은 책, 31쪽.
119) 같은 책, 40쪽.
120) 같은 책, 40~41쪽.

“인간은 무제약성으로 나가고, 자신의 한계성으로부터 벗어나야 비로소 인간이다.”[121)]

“인간의 본질은 탈자적 실존이다. 즉 인간의 본질은 인간이 존재를 위해 완전히 비워둠이며, 열려있음이고, 자기 밖으로 나가 서 있음이다. 그리고 그와 동시에 자신 내에 아무 내용도 없고, 본성도 없고 본질도 없는 것이다. 자기 자신 안에 서 있지 않음이다.”[122)]

하이데거에 의하면 인간은 다른 존재자들과는 달리 자립적으로 설 수 있는 어떠한 본질도 갖지 않았다. 즉 “실체(Substanz)”를 갖지 않았다. 하이데거가 인간의 무본질성을 주장하는 것은 인간이 존재에 대한 “수호자(Wächter)”이자 “목자(Hirt)”이어야함을 주장하기 위한 것이다. 하지만 인간에게 주어진 본질이 없다는 것을 주장하기 위해 인간의 실존을 무(無)로써 설명하는 사르트르와는 달리, 하이데거는 비록 무본질성을 주장하기는 하지만 인간의 실존을 완전한 무(無)로 보지는 않는다. 하이데거는 실존을 “자기 자신이 되어야 할 존재자로 되어 가는 것”으로 해석하고 자기 자신이 된다는 것은 본질을 뛰어 넘어 존재로 향하는 것을 의미한다.[123)] 따라서 하이데거에게 본질은 부정되지만 존재는 부정되지 않고 인간이 실존하기 위해 마땅히 가야만 하는 길로 여긴다. 우리는 여기서 하이데거의 본질 개념을 보다 정확하게 알아야 할 필요가 있다. 하이데거의 본질은 기존의 전통 형이상학에서 말하는 본질 개념과는 다르다. 하이데거에게 본질은 “인간이 전체 안에서 취하려고 하고 또한 취해야만 하는 기본입장이며, 모든 존재자와 존재자 전체와 자기 자신에 대한 올바른 관계맺음의 방식이다”.[124)] 하이데거에게 본질은 인간의 어떤 선천적인 성질이나 특성을 의미하는 것이 아니라, 인간의 가능성 내지는 존재에 대한 태도를 의미한다. 인간은 자신이 되고자 할 가능성이 있는 가능적 존재자다.

---

121) 같은 책, 41쪽.

122) 같은 책, 41쪽.

123) 같은 책, 172~179 쪽 참조.

124) 같은 책, 174쪽.

무엇이 되어야 한다는 것이 미리 정해져 있다는 의미가 아니라, 단지 그 자신이 되고자 할 가능성이 주어져 있다는 의미다. 바로 그 가능성이 본질이고, 인간은 본질을 뛰어넘어 존재에로 나아가야 한다.

그렇다면 인간은 본질을 뛰어넘어 어떻게 존재에로 나아가는가? 하이데거는 존재와의 관계를 대화로 설명한다. 즉 존재는 우리에게 말을 건네는데, 존재와 대화하기 위해서는 먼저 존재가 무엇을 말하는지 들을 줄 알아야 한다. 앞에서 언급했듯이 들을 줄 아는 사람만이 말할 수 있다는 것은 바로 이런 맥락에서 이해해야 한다. 존재가 말하는 것을 듣기 위해서는 우선적으로 열려 있는 태도가 요구된다. 그렇다면 단지 들을 줄 아는 태도에서 벗어나 들으려고 하는 개방적 태도가 요구된다고 말해야 한다. 듣고자 하는 적극적 자세를 가지고 들으려고 했을 때 비로소 들려온다는 의미다. 이런 맥락 속에서 하이데거의 대화를 이해해야 하는데, 하이데거에 의하면 인간은 대화로써 "존재하며"[125], 대화를 통해 존재가 말하고자 하는 의미를 깨닫는다고 한다. 결국 하이데거에게 있어 실존이란 본질을 뛰어넘어 자신이 되고자 할 가능적 존재자를 의미하며, 존재와의 대화를 통해 그 자신이 되어야 할 존재자로 되어가는 존재방식이라고 하겠다. 문제는 마르틴 부버가 비판하듯이 대화란 두 사람 사이의 입말 교환인데, 하이데거에게 대화란 존재와의 대화를 말한다. 따라서 부버는 그것이 진정한 대화가 아니라 독백에 지나지 않는다고 비판한다.

지금까지 본 것처럼 실존은 인간 존재방식을 말하는데, 존재방식을 크게 본질과 실존 두 측면으로 설명한 것이다. 하지만 여기서 말하고자 하는 인간의 존재방식이란 형이상학적 · 추상적 의미의 인간관을 의미하는 것이 아니라 현실세계에 살고 있는 인간의 모습을 상정한 것이며 현실세계에서의 인간의 사고방식, 삶의 태도, 자연세계에 대한 입장 내지는 관점 등을 내포하고 있는 인간의 현존방식을 말한다. 하이데거는 존재방식을 언어를 통한 자기 존재이해라고 하면서 언어는 존재를 드러나게 하는 힘이라고 한다. 하지만 문제는 하이데거에게 언어는 인간의 소리라기보다는 존재의 소리라는 의미가

---

125) 같은 책, 178 쪽.

더 강하다는 점이다.[126] 또한 하이데거에게 대화는 현실 존재의 두 사람 사이의 대화가 아니라 존재와의 대화를 의미한다. 나는 여기서 하이데거의 언어를 통한 자기 이해라는 주장은 수용하지만, 하이데거 말하는 존재의 언어와 존재와의 대화는 받아들이지 않고 대신에 현실세계 내의 인간의 언어를 통한 자기이해라는 입장을 취하고자 한다. 즉 존재를 통한 존재적 의미의 자기이해가 아닌 '너'를 통한 상호 실존적 의미의 자기이해를 말하고자 한다. 이렇게 볼 때 존재방식은 현실세계 내에서 인간의 언어를 통한 자기이해라고 정의할 수 있겠다.

실존이란 이미 주어져 있는 인간의 본질이 없다는 의미인데, 그것이 하이데거식의 가능성이든 아니면 사르트르식의 완전한 무(無)이든 간에, 이들에게 중요한 점은 어떤 식으로든 인간이 자신이 되고자 할 바를 실행할 수 있는 가능적 존재자란 것이다. 이것이 바로 인간의 존재방식을 논할 수 있는 기본 전제다. 그 다음 중요한 사실은 바로 언어다. 존재와의 대화든 아니면 타자와의 대화든 간에 이들에게 인간의 주요 존재방식은 바로 언어라고 할 수 있다. 언어 없이 인간의 존재방식은 논할 수 없다. 이것은 위에서 말한 훔볼트의 사상에서도 일맥상통하는 점이다. 결국 인간의 존재방식은 언어에 의해 결정된다고 할 수 있다.

2. 언어와 인간의 초기 존재방식과의 관계

부버는 언어를 단순히 타자와의 의사 전달 수단이나 외부세계에 대한 인식 수단을 넘어 인간의 존재방식으로 해석하고 있다. 그런데 좀 더 엄밀히 말하자면 부버가 말하는 존재방식으로서의 언어는 대화 형식인 입말을 뜻한다. 이에 따라 우리는 여기서 인간의 존재방식과 연관하여 입말의 특징과 글말의 특징을 면밀히 살펴보고자 한다. 결론부터 말하자면 소리 · 청각의 성질을 기반으로 한 입말과 시각을 위주로 한 글말은 인간의 현존재 방식에

126) 윤석빈, 「글말과 인간 존재방식의 관계에 관한 고찰」, (새한철학회, 『철학논총』 제 60집 제 2권), 242쪽 참조.

서로 다른 영향을 주었다. 청각 위주의 입말은 주로 인간의 감성에 영향을 주었고, 시각 중심의 글말은 인간의 이성적 측면에 보다 더 큰 영향을 끼쳤다. 물론 시각적 아름다움을 통한 감성도 있고 화음과 같이 수학적 비율에 의한 이성적인 청각 요소도 있다는 사실은 부인할 수 없다. 하지만 여기서는 아기가 세상에 처음 태어났을 때, 즉 아이의 초기 존재방식과 언어와의 관계에 초점을 맞춰 논의를 전개하고자 한다. 인간의 초기 존재방식에서 입말은 감성에, 그리고 글말은 이성의 측면에 더 큰 영향을 끼쳤다고 본다.

또한 청각은 인간에게 현실 세계의 차이성을 알려주었으며, 글말은 인간으로 하여금 겉으로 보기에 상이한 사물들 사이에서 동일성과 불변성을 파악하도록 하였다. 차이성은 현실 세계를 반영하고 있으며, 동일성은 눈에 보이는 세계보다 눈에 보이지 않는 추상적 세계를 상정하고 있다. 물론 입말과 글말이 전적으로 인간의 존재방식에 절대적 영향을 끼쳤다고 말할 수는 없지만, 깊은 상관관계가 있음을 부인하기는 어렵다. 특히 입말은 인간의 감성에 그리고 글말은 인간의 이성에 커다란 영향을 끼쳤고 여기서는 주로 이러한 관점을 다루고자 한다.

❶ 입말과 감성적 존재방식과의 관계

태어나서 인간은 맨 처음 소리 내어 울고 외부의 소리를 듣고 나의 너와 피부접촉을 한다. 감각기관 중 제일 먼저 외부세계와 접촉하는 것이 피부와 청각이다. 눈을 뜨고 보는 것은 듣는 것보다 나중이다. 눈을 뜬다고 하더라도 사물에 초점을 맞추고 사물을 구분하는 것은 천천히 이루어진다고 한다. 또한 어린아이가 자라면서 먼저 배우는 것은 말하기와 듣기이며 쓰기는 나중이다. 이처럼 입말은 글말보다 근원적이다. 즉 언어의 근원은 입말이라 할 수 있다.

입말의 근원적 성격인 소리는 우선 살아있음의 표현이다. 태어나 아기는 소리를 냄으로써 살아있음을 표현한다. 인간의 목소리는 들숨과 날숨에 의해 이루어지며, 들숨과 날숨은 또한 호흡의 가장 기본이고 살아있음의 기본적 표현이다. 이런 의미에서 인간의 발화 현상은 단순히 소리의 내뱉음에 그치는 것이 아니며, 그리스인들은 "혼의 숨결"[127]로 보았고, 데리다(J. Derrida)는 "영혼의 기표작용"[128]으로 해석하기도 하였다.

이런 맥락에서 데리다의 주장을 잠시 살펴보면, 먼저 데리다에 의하면 인간의 자의식은 목소리에 의한 것이다. 즉 입말은 자기의식을 일깨운다고 한다. 하지만 데리다가 주장하는 것처럼 "말하는 사람이 자기 말을 알아들어서"[129], 즉 입말이 "순순한 자기 촉발"[130]이기 때문에 자의식이 생겨나는 것이 아니라, 부버가 주장하듯이 나의 너로 인해 자의식은 촉발되고 깨어난다고 할 수 있다. 즉 자의식은 자기 내부에서 자생적으로 생성되는 것이 아니라 나의 너로 인해 자각되는 것이다. 이런 이유로 데리다가 주장하는 서구 철학사가 "목소리의 역사"이면서 동시에 "형이상학의 역사"라는 해석은 재검토해 볼 필요가 있다. 왜냐하면 데리다가 주장하는 음성중심주의 이론의 토대가 바로 자기 목소리에 의한 자의식의 발견이기 때문이다.[131]

아기는 태어나서 울음소리로 자신의 존재를 알리기도 하지만, 중요한 점은 자의식이 생기기 전에 먼저 너의 음성을 듣고 자란다는 사실이다. 어린아이는 데리다가 주장하는 것처럼 자기 자신의 음성을 듣고 자극받아 자의식이 생기고 말을 한다기보다는 너가 말하는 것을 수십, 수백 번 듣는 것을 반복하고 나서야 비로소 말을 할 줄 알게 되는 것이다.[132] 자의식은 너의 말을 듣고 말을 어느 정도 하고 난 후 자각되는 것이다. 데리다가 말하는 '자기 말을 듣는다'는 것은 우선 '자기 말을 들을 줄 알아야 한다'는 것이 전제되어야 한다. 어린아이가 초기에 말하는 내용들은 너를 향한 것이지 자기 자신에게 향한 것이 아니다. 초기에 아이는 자기의 말을 들을 줄 모른다. 단지 너에게 자기 말을 건네고 자기 말보다 너의 말에 더 귀를 기울인다. '나'의 초기 존재방식에서 '나'를 향한 '너'의 입말은 절대적이라 할 수 있다. 물론 전적으로

127) 부르노 스넬, 『정신의 발견-서구적 사유의 그리스적 기원』, 29쪽, 204쪽 참조.

128) Derrida, Jacques, *Speech and Phenomena*, 77~79쪽 참조.

129) 같은 책, 77쪽.

130) 같은 책, 79쪽.

131) 이러한 데리다의 음성중심주의에 관한 상세한 논의는 다음의 논문(윤석빈, 「글말과 인간 존재방식의 관계에 관한 고찰」, 새한철학회, 『철학논총』 제 60집 제 2권)에서 살펴볼 수 있다.

132) 하이데거 역시 들을 수 있는 사람만이 이해할 수 있다고 주장하며, 듣기의 중요성을 강조하였다. Heidegger, M., *Sein und Zeit*, 163쪽 참조.

너의 말을 듣는 것만으로 나의 자의식이 생겨난다고는 할 수 없다. 너의 입말을 통해 자의식이 생긴 후부터 나는 서구 전통 형이상학자들이 말하는 소위 "양심"의 소리를 나의 내면에서 들으려고 한다. 이런 측면에서 데리다가 음성전통주의를 형이상학이라고 비판하였던 것이다. 나는 나의 내면의 소리를 통해 시각으로 다가갈 수 없는 하이데거가 주장하는 존재의 소리 내지는 스콜라 철학에서 말하는 신의 음성을 나의 내면으로부터 들을 수 있는 것이다. 하지만 중요한 사실은 양심의 소리가 나 자신의 소리이기는 하지만, 양심의 소리를 듣기 위해서는 먼저 너와의 대화가 먼저라는 사실이고, 양심의 소리는 전적으로 너의 음성에 기인한다는 사실이다. 이런 맥락에서 우리는 부버가 주장하는 "영원한 너"가 신이라는 해석을 이해할 수 있는 것이다.

또한 입말의 특징인 소리는 시각이 가져다주지 못하는 사물의 세계를 알려주는데, 그것 중의 한 가지가 바로 사물의 내부를 알려준다는 사실이다.[133] 소리 나는 것은 소리를 통해 내부를 감지할 수 있다. 소리는 보이지 않는 사물의 내부를 외부로 알려주는데, 이것은 소리의 공간적 성질 때문에 가능한 것이다. 음파탐지기나 음향탐지기와 같은 도구는 소리의 공간적 성질을 이용한 발명품이고, 악기의 소리 역시 이와 같은 원리다. 내면성에 대한 인식은 분해나 분석이 아니라 전달을 수단으로 한다. 거짓말 탐지기도 소리의 전달을 통한 내부를 인식하는 원리를 이용한 도구다. 우리는 소리를 통해 내면과 내면의 만남을 실현시킬 수 있다. 입말은 단순히 지식의 전달 차원에 머무르는 것이 아닌, 말하는 사람의 내면을 전달해 주는 것이라 하겠다. 내가 듣는 것은 너의 입말의 내용에 그치는 것이 아니라, 너의 내면성과의 만남이다. 너의 음성은 나의 내면을 뒤 흔든다. 너의 내면적 입말만이 나의 자의식을 깨울 수 있다. 이런 의미에서 돈 아이디(D. Ihde) 역시 인간이 존재하는 방식은 음성으로 충만해 있는 방식이라고 주장했던 것이다.[134]

너의 입말에 의해 나의 자의식이 생겨 난다기 보다는 너의 입말이 자의식의 싹을 돋게한다는 것이 더 정확한 표현일 것이다. 월터 J. 옹 역시 유아는

133) 월터 J. 옹, 『언어의 현존』, 111~112쪽 참조.

134) Ihde, Don, *Listening and Voice : A Phenomenology of Sounds*, State Univ. New York Press, 2007, 117쪽.

남들과의 듣고 말하기를 통해 자신에 잠재되어 있는 것을 현실화시킨다고 주장하였다.[135] 하지만 월터 J. 옹의 주장 중 문제가 되는 것은, '남들'이라는 타자가 나의 잠재되어 있는 의식을 일깨우는가, 아니면 부버가 주장하듯이 나의 너가 일깨우는가이다. 내 생각에는 나의 너가 먼저 나의 자의식을 일깨우고 다음에 너를 비롯한 타자들이 자각된 자아를 현실화시킨다고 해야 할 것 같다. 현실화한다는 말을 내가 타자들과 함께 실존한다는 의미라고 해석한다면 자의식의 현실화는 너만이 아닌 '타자들과 함께'라는 표현이 더 정확할 것이다.

나의 너와 함께 타자들이 나의 자의식을 일깨우고 현실화한다고 했을 때, 그들의 입말이 자의식 중 어떤 부분을 더 자극하고 일깨우는가를 살펴보아야 한다. 분명 나에게 향하는 외부의 입말과 글말이 비슷한 면도 있고, 나에게 비슷한 영향을 주는 면도 있겠지만, 아무래도 입말과 글말의 영향력은 비슷한 면보다는 다른 면이 더 크고 실현화시키는 측면도 다르다고 할 수 있다. 물론 글말도 사랑에 관한 편지나 소설처럼 나의 감성을 자극하는 면이 있지만 글말을 통한 감성의 자극은 간접적이며, 또한 자기 상상력이나 개인의 과거 경험을 통한 회상이 개입되어 있어 온전히 타자의 글말에 의한 자극이라고 하기는 어렵다. 이에 반해 입말이 주는 감성적 영향력은 우선 직접성을 띠고 있어 말하는 사람의 현재 감정이 그대로 전달되며, 가장 중요한 사실은 태어난 아이에게 입말이 주는 감성적 측면은 절대적이라 하겠다. 입말이 주는 감성적 영향 중 중요한 것은 아이에게 생기를 불러일으킨다는 점이다. 너의 입말은 단순히 아이의 청각을 자극하는 것에 머무르지 않고 아이의 생기를 불러일으키고 아이의 자의식에 생동감을 준다. 이것은 말을 하는 사람도 마찬가지이다. 말하는 사람은 단순히 소리를 내는 것에 그치는 것이 아니라, 말을 함으로써 스스로가 생기를 띠게 된다. 입말이 '혼의 숨결'이든 '영혼의 기표작용'이든 간에 주목할 만 한 점은 말을 함으로써 생기가 발생한다는 사실이다. 말을 하기 위해서는 힘을 주어야 하고 힘이 없으면 말을 잘하지 못한다. 이런 의미에서 '힘과 행위로서의 음성 언어'를 주장하는 월터 J. 옹의

135) 월터 J. 옹, 『언어의 현존』, 133쪽.

의견은 참고할 만하다.[136] 또한 자연과학에서 소리는 산소가 있어야 발생이 가능하고 산소가 없는 우주에서는 소리가 발생하지 않는다고 한다. 산소는 지구의 생명체가 살아가는데 필수적인 요소다. 소리를 낸다는 것은 생명체가 살아가기 위한 행위를 표현하는 것이다. 그렇게 볼 때 소리가 있는 곳에 생동감이 있고 소리가 없는 세상은 죽어있는 세계라고 할 수 있다.

생기나 생동감은 이성적 측면보다는 감성적 측면에 가깝다. 아기도 먼저 감성이 발달한 후에 이성이 발달한다. 어린아이의 감성은 부모의 언어나 행위에 기인한다. 물론 소리는 살리기도 하지만 죽이기도 한다. 너의 입말은 생동감을 불러일으키기도 하지만 기를 죽이기도 한다. 따라서 심리학에서는 어린아이일 때 형성된 감성이 평생을 좌우한다고 말한다. 이처럼 소리가 감성에 미치는 영향이 중요하다. 큰 소리로 윽박지른다면 아이의 감성에 부정적 영향을 끼칠 뿐만 아니라 나중에 그 아이의 이성적 측면에도 영향을 끼친다. 감성은 또한 '사랑'의 모티브가 된다. 감성 없는 사랑은 있을 수 없다. 왜냐하면 사랑은 감성에서 비롯되기 때문이다. 대화는 사랑과 감성을 그 밑바탕에 깔고 있다. 이성의 발현 역시 그 밑바탕에 감성을 두고 있다. 대화 사이에는 감정의 교류가 함께 교환된다. 대화하는 사람들 사이에 말하는 사람과 듣는 사람의 감정이 함께 오고 간다. 감정의 교류가 대화에 녹아 있다고 할 수 있다, 입말은 철저히 감정을 내포하고 있다. 감정이 없는 말은 대화라기보다 논쟁에 가깝다. 논쟁조차도 부정적인 의미에서 감정이 실려 있다.

아이는 엄마가 하는 말의 내용보다는 말에 실린 감성에 더 예민하게 반응한다. 엄마가 마음속과는 달리 다른 표현을 한다 할지라도 아이는 표현된 말의 내용보다 엄마의 감정을 먼저 받아들이고 입말에 실려 있는 감정에 더 큰 영향을 받는다. 대화란 서로 다른 두 존재자 사이에서 두 존재자의 로고스가 교환되는 상황을 말한다. 즉 대화가 단순히 입말의 교환 내지는 의사소통에 머무르는 것이 아니라 말하는 사람과 듣는 사람의 감정 상태까지도 오고 감을 뜻한다. 부버는 대화에 의해서만 실존이 가능하다고 주장하였는데,

136) 월터 J. 옹, 『구술문화와 문자문화』, 52쪽 참조.

이 말은 실존이 나 홀로 성립하는 것이 아니라 너와 함께, '우리'의 형태로 존재해야 한다는 것을 말한다. 월터 J. 옹에 의하면, 입말문화의 사람들은 현실 중심적이라 그들의 사유방식도 현실 상황에만 집중할 수 있고, 자신들만의 독자적인 사유세계를 구축하거나 현실세계를 벗어난 추상적이고 형이상학적 사유는 불가능하다. 나의 생각보다는 자기가 속한 무리의 사유세계에 동참하는 것이 더 중요하다. 자신이 속한 사회를 벗어난 자기 존재에 대한 생각은 불가능하다. 따라서 이들의 사유세계는 항상 '우리'의 테두리를 벗어나지 못한다.[137] 여기서 문제가 되는 것은 '우리'의 개념인데, 월터 J. 옹이 말하는 '우리' 개념은 불특정 다수의 뜻으로 이 속에서 나는 '자아'를 잃어버리고 자유와 책임도 없다. 이것은 하이데거가 말하는 '일반인' (das Man) 또는 키르케고르가 말하는 '군중' (die Menge) 과 같은 의미로 벗어나거나 극복해야 할 대상인 것이다. 이와는 반대로 부버가 말하는 '우리' 개념은 그 속에서 나와 너의 진정한 대화가 이루어지고 함께 실존이 가능한 상태를 말한다. 대화의 본질은 이름 모를 무리 속에서의 무의미한 잡담이 아니라, 나와 너의 직접적인 만남이며 그 속에서 실존함을 말한다. 자의식은 대중의 잡담이 아닌 너의 대화 속에서 발생하는 것이다.

마지막으로 입말과 감성의 공통적 특징 중의 하나는 둘 다 직접적이고 현실적 성향이 강하다는 것이다. 이성 작용이 어느 정도 객관성을 담보하는 것이라면, 감성은 주관적 성격에 가깝다. 따라서 감성 내용에 의해 나 자신이 올바로 표현될 수 있다. 이성 작용은 나와 너 그리고 타자 모두가 인간인 한 동일한 방식으로 사물을 보고 이해하게 만든다. 하지만 감성을 통한 세계와의 만남은 각 개인마다 다 다르다. 즉 이성을 통한 인식은 동일성을 추구하게 만들지만 감성을 통한 인식은 차이성을 추구한다고 할 수 있다.

감성이 인간의 존재방식에 끼치는 영향은 앞에서 언급한 것처럼 자의식의 발달과 사랑의 감성이다. 하지만 입말의 성격이 글말보다 즉흥적이고 논쟁적이며 비논리적 성향이 강한 것처럼, 감성적 인간 역시 충동적이다. 하지만 충동성을 부정적인 측면으로만 보지 말고 긍정적으로 본다면 충동성은

---

137) 월터 J. 옹, 『구술문화와 문자문화』, 60~92쪽 참조.

모든 행위의 동인이 된다는 사실이다. 즉 인간의 자기 실현화가 욕망을 그 원인으로 본다면 욕망은 충동성을 바탕으로 하고 있다고 할 수 있다. 단지 충동으로 시작된 행위를 이성의 지배하에 두어야 한다. 이것이 셸러가 주장한 인간관이다.

❷ 글말과 이성적 존재방식과의 관계

언어의 시작이 입말이라고 한다면, 입말에 논리성과 추상성을 부여한 것은 글말[138]이다. 인간이 입말을 통해 처음 세계를 만나고 그 세계를 인간 위주의 생활 세계로 만들었다고 한다면, 세계를 이해하고 해석한 것은 글말의 힘이다. 글말의 발명과 더불어 인간은 단순한 생활 세계에 불과하던 세계를 인식 대상인 추상적 세계로 변화시켰다. 인식의 범위를 가시적 세계에서 비가시적 세계까지 확대할 수 있었던 것도, 사물들의 다양성 속에서 통일성과 단일성, 그리고 정체성을 끄집어 낼 수 있었던 것도 글말에 기인한다. 글말은 인간으로 하여금 직접 체험이라는 한정된 울타리로부터 간접 경험 세계의 확대로 이끌었으며 이를 통해 세계를 해석하고 세계를 개념화 했으며 세계를 지배할 수 있도록 하였다. 세계를 개념화하는 능력은 감성의 힘이 아니라 이성의 능력이고, 사유의 추상성, 논리성, 객관성, 합리성도 감성이 아닌 이성의 측면이다.

추상성과 관련하여 이성적 사유를 살펴보면, 일례로 우리는 삼각형을 추상화 작용을 통해서만 올바르게 사유할 수 있고, 도구라는 개념도 일상생활에서 감각작용을 통해 인식하는 도끼, 망치, 톱 등을 하나로 엮어 추상화 한 결과로 볼 수 있다. 이처럼 추상화 작용은 철저히 이성의 능력과 관련이 있고, 감성적 능력과는 거리가 멀다는 사실을 알 수 있다. 간혹 사람들이 추상적 사유 내용과 형이상학적 사유 내용을 혼동하는 경우가 있는데, 추상적 사유가 일반적 존재로부터 그 존재의 본질을 추상하는 것이라 한다면, 형이상학적 내용은 현실세계를 벗어난 초월적 성격을 지닌다고 할 수 있다.

138) 여기서는 '글말'의 범위를 그리스 알파벳을 중심으로 한 표음문자에 한정시키고자 한다. 한자와 같은 상형문자나 산스크리트어는 제외한다. 또한 같은 표음문자라도 한글은 그리스 알파벳과는 다른 특성을 나타내기에 한글 역시 제외한다. 한글에 관한 논의는 나중에 할 것이다.

여기서 잠시 다시 한 번 데리다가 주장하는 입말에 의한 형이상학적 사유 전개에 대해 반론을 하자면, 인간은 입말을 먼저 시작하고 입말을 통해 상상력을 배운다는 것은 사실이다. 하지만 입말에 의한 상상력이 바로 형이상학적 사유가 된다고는 할 수 없다. 왜냐하면 상상력은 비유와 상징이며 무엇보다도 비논리적인데 반하여, 서구 형이상학적 사유는 논리성을 기반으로 하고 있기 때문이다. 자연 세계를 무질서한 세계로 보지 않고 어떤 원리에 의해 움직인다고 보고, 그 원리를 찾는 매개체가 이성에 의한 형이상학적 사유라고 말할 수 있다. 비록 형이상학적 사유가 처음에 상상력에서 비롯되었다고 할지라도 비논리적인 사유에 논리성을 가미한 것은 입말이 아닌 글말의 힘이라 하겠다. 따라서 데리다가 주장하는 입말의 형이상학적 사유 전개라는 것은 문제가 있다고 본다.

우리는 그리스어 글말의 발전과정에서 추상화 작용을 유추해 볼 수 있다. 그리스어에서 정관사의 발명을 보면, 일반 명사 pen에 관사를 붙여 the pen이 되어 추상명사 문(文)이 되는 것을 알 수 있다. 특히 그리스 철학 사유에서 가장 중요한 개념인 '실체'나 '본질' 개념도 정관사에 기인한다는 것을 알 수 있다. 이와 같은 설명을 우리는 브루노 스넬(B. Snell)의 글에서 발견할 수 있는데, 그는 정관사로 인해 그리스에서 자연과학과 철학이 발생할 수 있다고 주장하면서, 그 실례로 정관사로 인해 '차가운 것'에서 '차가움'을, '생각하는 것'으로부터 '생각함' 등 개별적 사례로부터 추상명사를 유추해 낼 수 있었다는 것이다. 따라서 다음과 같이 주장하는 브루노 스넬의 언급은 주목할 만하다.

"만일 정관사가 이른바, 이와 같은 '추상 개념'의 형성을 가능하게 하지 않았더라면, 어떻게 보편을 특수로 상정하거나, 형용사적인 것 혹은 동사적인 것을 개념적으로 확정할 수 있었겠는가?"[139]

이 같은 부르노 스넬의 주장에 어느 정도 타당성을 부여한다면, 우리는 정관사에 의한 추상적 사유방식의 발달은, 인간의 사유방식이 글말 때문에 추상적으로 발전하게 되었다는 추론을 이끌어 낼 수 있다. 문제는 부르노 스넬에 의하면 정관사에 의한 추상적 사유방식의 발달은 오직 그리스어에서만

---

139) 브루노 스넬, 『정신의 발견 – 서구적 사유의 그리스적 기원』, 342쪽.

발견할 수 있다는 점이다. 그리스어와 대비하여 훈민정음의 제자원리를 고찰하여 볼 때 우리는 훈민정음의 제자원리에서 '삼각형'과 같은 추상적 사유를 이끌어 낼만한 어떤 실마리도 발견할 수 없다는 점에서 부르노 스넬의 주장이 일면 수긍이 간다. 그리스 문자는 추상적 사유와 관련되어 있고 훈민정음은 글말의 특성보다는 입말의 특성과 밀접한 관련이 있음을 알 수 있다. 또한 훈민정음의 제자원리인 천지인(ㆍ,ㅡ,ㅣ)은 추상적 사유가 아닌 형이상학적 사유라고 할 수 있다. 추상적 사유는 '실체' 개념과 같은 것으로 감각 경험으로 인식할 수 없는 눈에 보이지 않는 '본질' 개념을 산출해 낼 수 있는 사유방식이라 하겠다. 이것이야말로 그리스어의 가장 독특한 점이라 할 수 있다. 이와 비슷한 관점을 주장한 사람으로 하블로크가 있는데, 그는 그리스인들의 분석적 사고는 알파벳의 모음자 도입 때문이라고 주장하였다.[140] 월터 J. 옹은 하블로크의 견해를 해석하면서, "희랍인은 모음자를 도입함으로써 음성이라고 하는 붙잡기 어려운 세계를 추상적이고도 분석적인 그리고 시각에 호소하는 모습으로 코드화하는 새로운 단계에 도달하였다"[141]고 동조하였다.

그리스 알파벳의 또 다른 중요한 특성은 시각 중심적 관점이다. 그리스 알파벳은 표음문자로서 사물들의 세계를 음성으로부터 시각으로 전환시켰다. 음성의 세계는 현재를 나타내며 순간과 당시 주변의 상황을 함께 표현한다. 반면 글말은 현실 세계로부터 분리된 '중간세계'를 상정하며 '지금 그리고 여기'의 현상으로부터 벗어나서 생동감을 잃어버린 2차적 세계를 표현한다. 이때부터 인간의 감각은 시각중심으로 흘러왔고, 다른 여타의 감각들은 부수적인 것으로 치부되었다. 부버에 의하면 플라톤의 이데아는 시각적 세계에서 비롯된 것이고, 아리스토텔레스 철학 역시 시각적 관점에서 바라본 세계상을 그린다고 한다.[142] 플라톤의 이데아계에는 불변의 세계를 나타냄으로 거기에는 필연적으로 운동과 소리가 결여될 수밖에 없고 또한 각 사물들과의 관계도 결여될 수밖에 없다. 단지 고립된 개별자들의 실체만이 존재할 뿐이다. 브루노 스넬 역시, 'noos'는 표상의 이미지로서, "표상을

140) 월터 J. 옹, 『구술문화와 문자문화』, 48쪽.

141) 같은 책, 48쪽.

142) Buber, M., *Das Problem des Menschen*, 23~24쪽.

가지는 한에서 정신"이라고 하며, "정신의 눈"이라고 한다.[143] 그는 계속해서 말하기를 "관념들은 noos를 통해 주어지며, 이러한 정신적 기관은 눈과의 유비를 통하여 파악된다. 따라서 '안다는 것'은 eidenai이며, 이것은 idein(보는 것)에 속하는데, 원래는 '보았다'라는 것을 의미했다. 여기서도 눈은 경험을 수용하는 모델이 되고 있다."[144] 결국 지식은 시각에 기초하고 있는 것이며[145], 이론이라는 말도 원래 '본다'라는 의미라고 하였다.[146]

이처럼 시각 중심적 사고는 인간에게 세계를 객관적으로 바라볼 수 있는 능력을 가져다주었고 우리가 외부의 세계를 바라보고 이해할 수 있는 능력을 가져다주었다. 이제 인간은 바깥 세계를 객관적으로 바라봄으로써 주관적 선입견이나 감정을 배제하고 사물을 분석하고 논리적으로 설명할 수 있게 되었다. 세계는 더 이상 내가 실존하고 삶을 실현화시키는 장소에 머무르는 것이 아니라, 나의 삶을 위해 내가 관찰하고 이용하려는 도구로 전락되었다. 세계를 관찰 대상으로 만들어 자연과학적 세계관을 발달시켰고, 이제 인간의 인식 능력은 눈에 보이지 않는 세계까지 시각화하여 개념화하였다. 개념적 세계란 이성적 세계관을 의미한다. 자연과학이란 인간의 이성이 사물의 모습을 있는 그대로 파악하고 사물의 내재적 질서를 드러나게 하는 능력인데, 문제는 이러한 드러남인 인간 중심이라는 점이다. 이성적 인식은 "사물 그 자체"를 파악하는 것이 아니다. 사물의 개념화란 인간의 이성이 규정하는 방식에 지나지 않는 것이다.

이성은 인간이 외부 세계와 맞설 수 있는 가능성의 힘이다. 인간은 이성의 힘을 통해 지금까지 세계를 변모시켜 왔다. '주체'란 인간이 세계 내 존재하는 것들의 주재자요 중심이란 뜻이다. 이성은 인간이 세계의 주인으로 누릴 수 있게 만든 요인이자, 인간으로 하여금 세계를 구성하게 만든 요인이기도 하다. 문제는 이성의 능력이 유한한가 아니면 무한한 힘인가이다. 일반적으로 인간의 이성은 유한한 가능성을 지닌 힘으로 인정하지만, 피히테를 비롯한

143) 부르노 스넬, 『정신의 발견-서구적 사유의 그리스적 기원』, 37쪽.

144) 같은 책, 46쪽.

145) 같은 책, 446쪽.

146) 같은 책, 445~6쪽.

독일 관념론자들은 이성을 무한한 힘으로 인지했다. 그래서 피히테(J.G. Fichte), 셸링(F.W.J.von Schelling), 헤겔(G.W.F. Hegel)에 의해 '절대 이성'이라는 개념이 나온 것이다.

인간의 사유는 무한을 지향한다. 그러나 사유의 한계로 말미암아 무한에 다가서지는 못한다. 단지 무한을 향해 나아가고 있다고 믿거나, 아니면 예술 등 비유를 통해 무한을 표현하고자 한다. 그 표현이 이성의 힘과 밀접한 관련이 있는지 아니면 감성의 힘과 밀접한 관련이 있는지는 그 어떤 것도 확실하지 않다. 단지 논리를 바탕으로 한 이성의 힘보다 논리적 비약을 우선하는 감성의 표현이 더 무한에 가깝지 않나 추측해 볼 수 있다. 무한한 현상과 존재를 표현하는데 논리는 한계에 부닥칠 수밖에 없지만, 논리가 도외시된 상상력의 힘은 무한한 상을 마음대로 표출할 수 있다. 단지 문제는 그것의 진위 여부가 불확실하다는 것이다. 그래서 현실과 환상이 구분이 되지 않고 논리가 제외된 상은 허위에 가깝다고 할 수 있다. 하지만 중요한 사실은 인간의 한계 상황을 극복하고자 하는 힘은 이성이 아니라 감성의 역할에서 나온다는 것이다.

"오늘날 이성의 위기는 일정한 단계에 이른 사고가 그 같은 절대적 객관성 일반을 개념화할 수 있는 능력을 상실했다는 사실에서 혹은 절대적 객관성을 허상으로 몰아붙이기 시작했다는 사실에서 근본적으로 비롯된다."[147)]

이성적 사유가 눈에 보이는 현상을 합리적으로 해석하려는 시도에서 시작했다고 한다면, 이성적 사유의 위기 역시 시각과 관련되어 있다. 즉 눈에 보이지 않는 추상적 세계를 사유의 능력으로 합리화 하려 한 것에 있다. 결국 호르크하이머의 주장대로 이성은 사실 세계에 대한 이해와 해석을 중단하고 사실을 배제한 공허한 개념 놀이로 전락하고 말았다. 사실 세계와 사유 세계는 분리되었고 급기야 사실 세계에 대한 인식을 포기하기에 이르렀다. 칸트의 물자체에 대한 괄호 치기는 이성적 사유를 통한 사실세계에 대한 포기를 의미한다고 할 수 있다. 이성적 사유는 이성의 인식 범위 안에 들어오는 것만을 '대상'으로 인식하고, 이것을 '현상'이라 불렀다.

글말에 의한 이성적 사유방식이 인간의 존재방식에 끼친 영향은 나-너

147) 막스 호르크하이머, 『도구적 이성 비판』, 21쪽.

관계를 나-그것 관계로 전락시킨다는 점이다. 글말은 인간의 지식을 확장시켰으나, 반면 인간의 존재방식을 사물화시킨 측면도 존재한다. 글말의 논리성과 획일성은 인간으로 하여금 자신의 감성을 배제하거나 억누른 채 사물과 현상을 인식하게 하였고, 객관성을 강조하는 글말은 개별자의 주관적 감성을 움츠러들게 만들었다. 인간은 인식의 중심으로 '주체'가 되었고, 이성의 인식 대상은 '객체'로 규정되었다. 모든 객체는 주체에 의존하고 주체에 의해 대상화 된다. 문제는 나의 인식 대상에 인간도 포함된다는 사실이다. 따라서 인간은 관계도 주-객 관계로 변질되고 말았다. 결국 인간의 관계는 감성보다 이성 위주로 흐르게 되었고, 이성적 관계는 계산과 형식에 의한 관계로 머물렀다. 항상 다른 소리와 상태로 발생하는 입말과는 달리, 글말의 특징 중 하나인 반복성은 인간으로 하여금 고정된 관점을 가지도록 하였다. 고정된 관점에서는 변화와 상호주관성이 부정되고 주체-객체 관계가 발생한다. 의식의 주체-객체 관계는 자유로운 인간 대 인간 사이의 대화적 관계가 아니라 인식하는 주체와 인식되는 사물의 관계인 것이다. 이에 따라 타자는 나의 대화 상대가 아니라 인식 대상으로 전락하게 된다.

글말은 인식 관계에 대한 수단이지 대화 관계의 수단은 아니다. 또한 감성적 측면보다는 이성적 측면을 강조하다보니 타자를 함께 살아가는 존재로 보는 것이 아니라 내가 살아가기 위한 수단으로 보는 경향이 크다고 하겠다. 고린도 전서를 보면, "문자는 사람을 죽인다(『고린도』 3:6)"[148]고 하였는데, 이것은 대화가 결핍되어 나의 너가 사라지고, 문자 속에서 익명의 다수인 타자들만 존재하면서 나와 타자 사이에 감성이 배제된 낯선 관계, 즉 소외감만 불러일으킬 뿐이다.

148) 월터 J. 옹, 『언어의 현존』, 129쪽.

6.

이성의 언어 - 글말

서구 종교에서 십계명은 신이 인간에 전달한 글말의 시작이라 할 수 있다. 문제는 이 글말의 내용 10개 항목 중 8개 항목이 '하지마라'라는 부정의 언어 형식으로 되어 있다. 이것으로 추론할 수 있는 사실은, 이때부터 인간은 자연에 속해 있는 존재가 아닌 자연으로부터 떨어진 존재로 살아가고, 인간으로 하여금 자연스러운 존재가 아닌 강제가 부여된 존재로 살아가게 되었음을 뜻한다. 즉 인간의 존재방식이 자연적 존재방식이 아닌 인위적 존재방식으로 변해갔음을 의미한다. 즉 인간은 자신이 태어난 사회의 조건에 맞게 키워진다는 것을 말한다. 왜냐하면 글말의 십계명은 윤리 · 도덕에 관한 것이고 윤리 · 도덕은 인간 사회에만 존재하기 때문이다. 이런 의미에서 인간은 자신이 속한 사회에 의해 길들여진다는 주장이 나올 수 있다. 서구의 형이상학적 사유의 산물도 글말의 발명으로 비롯된 것이다. 형이상학과 같은 철학과 종교를 논리적으로 추론하고 이론화 하려는 시도는 글말의 영향이었을 것이다.

1. 글말은 입말의 보조 수단인가?

일반적으로 언어에 관해 말할 때, 이때 언어라 함은 글말보다는 입말을 의미하는 경우가 일반적이다. 하지만 인간이 처음 세상에 태어났을 때 외치는 울음소리가 언어의 시작이고, 태어나자마자 듣는 소리가 엄마의 음성이라는 사실을 우리는 알고 있다. 즉 인간은 글말을 배우기 이전에 입말을 먼저 배우고 익힌다. 따라서 언어의 근원은 입말에 있다고 할 수 있다. 이런 점에서 다음과 같이 말하는 월터 J. 옹의 견해는 옳다. "글이 말의 파생물이고 그 역이 아니며, 말은 그 최초의 상태에서는 글과 전혀 관계없음을 깨닫는데 시간이 걸렸던 것이다."[149] 입말에 대한 해석을 통해 철학 사상을 이야기한 철학자들은 많다. 소크라테스는 글이 아닌 입말 대화를 통해 자신의 사상을 피력하였고, 플라톤의 철학 역시 분명히 입말과 연관되어 있다. "그의(플라톤 ; 글쓴이 주) 제7서한에서는 지혜의 본질은 글로 표현할 수 없음을 강조했다. 글로 표현함은 그 본질을 왜곡하는 일이라 했다. 그리고 페드러스(Phaedrus, 274)에서는 글은 기억이나 지혜가 아니며 단지 회상하는 데에 쓰일 뿐이라고 말했다."[150] 월터 J. 옹에 의하면 아리스토텔레스 역시 '소요학파'라 불릴 정도로 입말 중심의 철학자였다고 하며, 칼 야스퍼스(K.T. Jaspers), 키케로(M.T. Cicero) 등도 입말 중심의 철학자였다고 한다. 뿐만 아니라 "중세와 문예 부흥기에 걸친 대학교육은 지배적으로 구두 · 청각적 경향을 지녔다"고 한다.[151] 대학을 다니는 학생들에게 중요한 것은 토론이었다는 것이다. 이들에게 글은 입말의 보조 수단에 불과했다고 한다. 따라서 이들에게 사유방식은 논리 체계가 아니라 담론의 기술인 변증론이었다는 사실은 그리 놀라운 일이 아니다. "사고 자체는 전형적으로 구두교환에서 발생하는 것으로 여겨졌다."[152] 월터 J. 옹에 의하면 데카르트 이후 18세기부터 인간의 언어관이 입말 중심에서 글말 중심으로 변하였다고 한다.[153] 18세기 이전에는 인간 의식의 원천을 입말에서 찾았으나, 18세기 이후에는 글말의 특징인 시각적 공간화에서 찾았다. 월터 J. 옹은, 존 로크(J. Locke)가 인간의 모든 감각을 시각에 동화시켰다고 주장한다.[154] 18세기 이후 청각적 감각은 점차 사라지고 시각적 관찰만이 지배하기 시작하였다. 하지만 18세기 이전까지 서구 사상은 대체로 입말

149) 같은 책, 28쪽

150) 같은 책, 57~58쪽.

151) 같은 책, 61쪽.

152) 같은 책, 61쪽.

153) 같은 책, 65~67쪽 참조.

154) 같은 책, 67쪽 참조. "그(로크; 글쓴이 주)에게 심리학은 공간상의 조종이 되고 정신은 단정한 그릇이 되고 낱말이 발언되는 개념세계는 〈외부〉에서 운반해 온 단위 건재를 물리적으로 조립하는 공사장이 된다. 인간오성에 관한 시론의 제 7장은 이 모두를 해명하며 인간 오성에 대한 로크의 개념이 그의 마음속에 알파벳 자체와 면밀히 연관되어 있음을 아주 분명하게 한다." 같은 책, 68쪽.

중심으로 사상이 전개되어 왔다.

서구 형이상학의 역사를 입말의 역사로 해석한 철학자가 데리다였다. 데리다는 그의 저서 『언어와 현상』(Speech and Phenomena)에서 후설의 논리연구와 이념을 중심으로 후설을 비판하면서 동시에 형이상학의 역사를 비판하고 있다. 그는 우선 "목소리의 역사"는 "정신의 역사"와 불가분의 관계에 있다고 주장하면서[155] 플라톤이래 음성 전통주의를 비판하고 있다. 또한 인간의 의식과 언어의 요소를 동일하게 보는 "형이상학의 전 역사"는 "목소리의 필수적 특권"이라고 주장하였다[156]. 즉 데리다는 이전의 형이상학자들이 목소리, 다시 말해 입말을 언어의 본질로 보고 글말은 단지 표지로서의 언어로 보면서 언어의 부차적 요소로 보았다고 비판한다. 즉 음성 전통주의자들은 글말을 입말의 단순한 이차적 보조수단으로 평가할 뿐만 아니라 글말은 입말에 비해 정신의 힘을 약화시키는 역할을 하는 것으로 평가절하 하였다고 비판하였다. 그러면서 언어의 본질은 입말이 아닌 글말에 있다고 주장한다.

데리다가 목소리를 관념적으로 보는 이유는 "내가 말할 때, 바로 그와 동시에 나는 나 자신을 듣기" 때문이고,[157] 목소리로 대변되는 언어를 단순히 의미 있는 소리로만 보지 않고, 혼의 숨결로 보기 때문이다. 입말은 들숨과 날숨에 의해 이루어지는 것이고, 들숨과 날숨은 생명의 근원이며 그리스에서는 혼으로 해석된다.[158] 이렇게 볼 때 데리다가 목소리를 영혼의 기표작용으로 보는 것도 무리가 아닌 것처럼 보인다. 데리다에 의하면 후설은 내면의 소리인 음성 언어를 통해 현실세계를 뛰어넘는 초월적 존재를 설명했다고 한다. 하지만 데리다는 자생적인 내면의 소리를 부정하면서 글말을 통한 자기반성을 주장하는데, 후설도 데리다도 간과하는 것이 내면의 소리는 너와의 관계, 좀 더

---

155) Derria, Jacques, *Speech and Phenomena*, 75쪽 참조.

156) 같은 책, 16쪽 참조.

157) 같은 책, 77쪽 참조.

158) 그리스어 "psychê는 인간의 생명을 지탱하는 호흡이고 입김이다.", (브루노 스넬, 정신의 발견 - 서구적 사유의 그리스적 기원, 304쪽). "psychê라는 말은 psychein(숨을 토함)과 연관되어 있으며, 또한 생명의 호흡(Lebensodem)을 의미한다. 그렇기 때문에 psychê는 입을 통하여 떠나간다. ... 생명의 호흡은 인간이 살아있는 한, 인간 가운데 있는 반구체적 기관이다." (같은 책, 29쪽).

정확히 말하자면 너와의 입말 대화에서 기인한다는 사실이다.

데리다가 비판하는 후설의 "목소리와 의식의 관계"[159]에서, 데리다가 간과하는 점은 입말로서의 언어의 시작은 자기 동인이 아니라 '너'(엄마)가 근원이라는 점이다. 단순한 목소리가 아닌 언어로서의 목소리를 의미한다면, 데리다의 주장은 좀 더 검토될 필요가 있다. 인간의 의식은 자기 내부에서 자생적으로 형성되는 것이 아니다. 의식은 '너'와의 관계 속에서 형성되는 것이다. 언어와 의식은 너와의 대화를 통해 이루어지는 것이다. 데리다에게 '너'는 철저히 결여되어 있거나, 아니면 나-너 관계가 사물과 같은 관계에 지나지 않는 것으로 보인다.

이렇게 볼 때 데리다가 주장하는 형이상학의 역사가 전통 음성중심주의에 영향을 받는다고 한 주장도 다시 고려해보아야 할 것이다.[160] 왜냐하면 음성중심주의라고 주장하는 이유로 데리다는 자기 원인을 근거로 내세우는데, 입말의 근원이 '나 자신'에 있지 않고 '나의 너'에게 있기 때문이다. 가장 큰 문제점은 후설이 목소리와 의식을 동일하게 보았다고 비판하는 것인데, 의식은 분명 나의 의식이지만, 그 의식이 추상성을 산출한다고 볼 수는 없다. 추상적 사유의 근원은 입말보다는 글말에 있다고 할 수 있다.

데리다가 비판하는 형이상학적 사유가 단지 자생적 기반 위에서 발생한 입말에만 기인하는 것인지는 좀 더 논의를 해야 하겠지만, 형이상학적 사유를 발생시키는 입말은 자생적이 아니라 '너'에게 기인한다는 점은 대단히 중요한 사실이다. 또한 너와의 대화 속에서 성립한 자기반성은 글말을 통해 비로소 논리적이 된다. 자기반성을 기초로 발생한 형이상학적 이론은 글말을 통해서 비로소 개념화 된다고 할 수 있다. 이런 이유 때문에 데리다는 언어의 본질을 입말이 아닌 글말에서 찾았고, 이점에서 데리다가 옳다고 할 수 있다. 논리적 기반위에 설립된 형이상학의 이론은 입말보다는 글말에 기초하고 있음에 틀림없다. 앞으로 논의되겠지만, 글말은 단순히 입말의 보조 수단에 그치는

---

159) Derria, Jacques,, *Speech and Phenomena*, 79쪽 참조.

160) 트라반트는, 데리다가 서구 정신사를 음성중심주의 역사라고 한 주장에 반대해 "유럽적 사고가 소리와 기억의 우월을 통해서만 특징지워지지 않는다"고 비판하였다. (위르겐 트라반트, 『훔볼트의 상상력과 언어』, 292쪽.)

것이 아니라, 입말의 비논리적 측면에 논리성을 가미하고 추상성을 덧붙인 언어이며, 대상을 이념화 내지는 개념화 하는 작용을 한다. 문제는 이런 이념화 내지 개념화 작용이 사실의 세계로부터 인간을 단절시키는 결과를 가져온다는 것이다. 우리는 사실 자체가 아닌 언어의 세계에 빠져들어, 언어가 만들어 내는 세계 속에서 세계를 해석하고 있는 것이다. 더욱 큰 문제는 사물이 아닌 나의 '너"를 개념화할 경우 "너'는 그 즉시 대상화 되고 사물로 전락하고 만다. '나-너' 관계는 사라지고 '나-그것' 관계만이 존재할 뿐이다. 글말의 위험은 바로 대상화 작용에 있다. 글말 속에서 인격적 관계는 사라진다.

입말이 인간에게 미치는 가장 큰 영향중의 하나는 너의 입말로 인해 나는 너와 타자 그리고 세계와의 관계 맺음에 있어서 '다름'을 자각한다는 점이다. 입말은 타자로부터 내가 나 자신임을 자각할 수 있게 만드는 가장 근원적 요인이다. 소리는 다름을 나타낸다. 세계의 모든 소리는 같지 않다. 나의 목소리는 나 자신의 고유성을 의미한다. 따라서 나를 타자와 구분하는 가장 기본적 요소가 바로 목소리일 수 있다. 우리는 '너'의 목소리에 친숙해 있다. 누구나 '나의 너'의 목소리를 가지고 있다. 그 '너'의 목소리에 의해 나의 고유성이 성장하고, 나를 나 자신이게끔 한다. 이런 이유로 인해 의식이 목소리에 의존한다고 할 수는 있겠지만, 완전한 나 자신만의 의식이란 존재하지 않기에, 보다 정확히 말하면 나의 의식은 '나와 너'의 목소리, 즉 대화에 의존해 있다고 해야 할 것이다.

데리다는 대상의 관념성(ideality)이 목소리에 의존할 뿐 아니라 목소리에 영향을 받는다고 주장한다.[161)] 이것은 대상을 구성하고 표현하는 언어를 입말로 보았기 때문에 나온 주장이다. 데리다에 의하면 후설의 언어관은 철저히 언어가 세계의 대상의 인식 내용을 올바르게 수용했을 때 의미 있는 것으로 받아들여진다. 즉 데리다는 후설의 언어관을 입말에 의한 이념화 내지 개념화 작용으로 보는데, 데리다에 의하면 개념화 작용은 입말이 아닌 글말에서 이루어지는 것이다. 후설은 글말이 사실을 왜곡할 위험이 있다고 보았는데, 왜냐하면 글말에는 반드시 시간의 차이가 발생할 수밖에 없는데

161) Derria, Jacques, *Speech and Phenomena*, 78쪽 참조

그 때 왜곡할 다양한 요인이 개입될 수 있기 때문이다. 따라서 후설은 입말의 직접성을 주장한다. 의식이 지향한 것을 현전성과 현재성을 내포하고 있는 입말의 직접성을 통해 전달한다면 거기에는 어떤 왜곡도 개입할 여지가 없다는 것이 후설의 주장이다. 이에 반해 데리다는 입말보다는 글말이 개념을 보다 명료하게 해준다고 보았다. 여기서 글말이 사유를 논리적이고 합리적으로 만드는데 입말보다 더 위력적이라는 점에서 후설의 견해보다 데리다의 주장이 더 맞는 것 같다.[162] 물론 글말이 입말보다 더 사실을 왜곡할 위험이 있는 점도 있지만, 확실히 글말은 입말보다 더 논리적 성향이 강하다. 이념화 작용이라는 것은 입말에서 시작하고 글말에서 기반을 다지며 그 위에서 인간의 추상적 사유가 가능한 것이다.

글말의 힘은 초기 입말의 보조수단에서 18세기 이후 현대에 이르기까지 점차 그 영향력을 확대해 갔다. 오늘날 입말의 영향력보다 글말의 영향력이 인간에게 미치는 힘이 더 크다고 할 수 있다. 특히 과학적 사고와 발전에 지대한 영향을 미친 것은 글말의 힘이었다. 자연과학의 발달은 글말이 가지는 분석적 요소에 힘입은 바가 크다. 인간의 사유방식도 입말의 인간들과는 달리 추상적이고 분석적, 논리적인 경향을 띠고 있다. 더 큰 차이점은 입말이 인간성에 미치는 영향력과 글말이 인간성에 미치는 영향력은 분명히 다르다는 사실이다.

2. 글말의 특징

글말이 단순한 입말의 보조수단의 역할에서 벗어나 이제는 글말이 인간 사유형성의 주요 수단이 되었음은 부인할 수 없는 사실이다. 월터 J. 옹, 데리다 등은 입말보다 글말이 인식의 주요 수단임을 주장하였고, 특히 자연과학적 분석은 글말의 영향력이 절대적이라고 보았다. 글이 없는 사람들에게 추상적

162) 이와 같은 주장에 실질적인 근거를 대며 글말의 추상성을 주장한 사람이 월터 J. 옹이다. 그에 의하면 글이 없는 사람들은 '삼각형', '도구' 와 같은 추상 개념을 전혀 이해하지 못한다고 한다. (월터 J. 옹, 『구술문화와 문자문화』, 79~92쪽 참조.)

사유는 불가능하다는 사실이 언어학자들에 의해 입증되었고, 글말은 세계를 분석하며 객관적으로 인식하도록 한다는 사실도 밝혀졌다. 입말문화의 사람들이 물리세계에 객관적으로 다가갈 수 없는데 반해, 글말은 인간으로 하여금 물리세계를 언어를 매개로 객관적으로 접근할 수 있게 하였다. 입말 문화의 사람들은 물리세계의 사물들을 철저히 삶과 연관 시켜서만 수용하였고, 삶을 위해서만 사물과 관계하였다. 즉 이들에게는 도구적 대상인 개별적 사물만이 있을 뿐이고 추상적 · 객관적 사물은 존재하지 않았다. 글은 인간이 자연세계를 이론적으로 접근하게 하였다. 애초에 입말이 인간으로 하여금 현상계로부터 형이상학의 세계나 신의 세계를 상상하게 만들었을지라도, 글말처럼 추상적 세계로 이끌어 가지는 못했다. 즉 비논리적 상상의 세계는 가능하게 하였으나, 논리적 신의 세계나, 삼각형과 같은 추상 세계로 이끌지는 못하였다. 성경이 글말로 표현된 다음부터 비로소 종교가 학문으로 발전할 수 있었던 까닭도 거기에 그 원인이 있다고 할 수 있다. 학문의 출발은 글말에 놓여 있다. 물론 글을 알지 못하는 사람들이 비논리적이라고 할 수는 없지만, 어린이의 논리적 사고 형성은 역시 글을 배운 후부터 시작한다. 글말은 인간 삶의 세계를 혁명적으로 변화시켰을 뿐만 아니라, 인간의 존재방식도 입말 시대의 사람들과는 다르게 변화시켰다. 글말의 어떤 특징들이 인간의 삶의 방식과 존재방식을 변화시켰는지 살펴보자.

❶ 기호로서의 글말[163)]

현대 언어학은 언어를 입말보다는 글말에 치우쳐 연구함으로써, 그리고 언어를 기호로 변화시켜 연구하고 언어의 규칙을 기호의 규칙으로 변화시켜 분석함으로써 입말의 중요성은 간과되고 오직 글말의 중요성만 부각된 경향이 있다. 언어의 기호화를 통해 언어는 오직 참과 거짓을 판명하는 판단근거가

163) 기호로서의 언어 연구는 이미 철학뿐 아니라 언어학, 국어학, 심지어 기호학 등에서 기존 연구가 너무 많아 새삼 논의한다는 것 자체가 진부할 수도 있다. 그럼에도 불구하고 기호로서의 글말을 논의하려는 까닭은 글말과 인간의 존재방식을 논의하기 위해서는 기호로서의 글말의 특징을 언급해야하기 때문이다. 따라서 여기서는 논의의 방향을 좁혀서 기호로서의 글말을 오직 인간의 존재방식과 연계하여서만 설명하고자 한다.

되고 불합리한 말은 비합리적인 것으로 치부되었다. 그러나 입말은 원래 논리적이라기보다는 비합리적인 면이 더 많다. 글말은 고칠 수 있지만 입말은 글말처럼 수정하기가 어렵기 때문이다. 따라서 합리적이고 논리적인 측면보다 불합리하고 비논리적인 경향이 더 많을 수밖에 없다. 특히 어린이가 배우는 입말은 더욱 더 그렇다. 엄마인 '너'가 전해주는 입말 자체가 모순투성이고 지극히 감정적이기 때문이다. 그렇다고 우리는 엄마의 입말을 버리지는 않는다. 입말의 모호성과는 달리 글말이 논리적일 수 있는 가장 큰 이유는 바로 글말의 기호화 때문이라 할 수 있다. 인간은 기호로서의 언어를 통해 세계를 해석하고 이해하려 한다.[164)]

뒤르사이트(C. Dürscheid)에 의하면 우선 "문자기호는 두 가지 중요한 특징을 가지고 있다. 문자기호는 의미를 매개해 주고(의미기술 원칙), 특정한 음성언어적인 실현을 대표한다(음성기술 원칙)."[165)] 기호로서의 언어가 가지는 주요 특징이 우선 입말을 정확하게 표현하려는 체계로서 글말이 발달했다는 설명인데, 문제는 글말이 입말을 정확하게 표현할 수 있느냐이다. 그럼에도 불구하고 존 맨(J. Man)에 의하면, 그리스 문화가 서구 세계로 확산된 이유는 그들이 말을 기록하는 글자인 알파벳을 발명했기 때문이라고 추측하는데,[166)] 이 생각은 일면 옳다고 볼 수 있다. 알파벳 뿐 아니라 글자의 발명 이후 인간의 삶은 급격한 발전을 이루었기 때문이다. 기호로서의 언어가 가지는 또 하나의 특징은 소리와 청각의 체계를 표기와 시각의 체계로 변화시킨 점이다. 글말의 기호화는 뒤에 언급하겠지만 인간의 감각체계를 시각중심의 감각 체계로 이끌었다는 점에 그 특징이 있다. 시각중심의

---

164) 이와 같이 글말을 기호로 해석하려는 입장에 반대하는 학자는 월터 J. 옹이다. 그는 다음과 같이 주장하면서 언어의 기호화에 반대한다. "언어와 이해의 청각적 성격에 대한 우리의 둔감은 대부분 언어를 주로 기호로 생각하게 만든 사정에 연유한다. 엄밀한 의미에서 언어는 결코 기호(sign)가 아니다. 언어를 기호라 함은 시각분야의 무엇에 비기는 일이기 때문이다. Sigum은 로마의 군인들이 소속 부대를 확인시키기 위해 들고 다닌 군기를 지칭하였다. 이는 주로 가시적인 무엇을 의미한다. 언어는 보이지 않는다. 언어는 엄밀한 의미에서 상징이라고 할 수 없다. Symbolon은 가시적인 기호, 표, 때로는 계약 당사자의 쌍방이 서로 맞는 부분을 따로따로 보유한 깨진 동전 또는 또 다른 물체였다. 언어는 볼 수도 없고 손으로 돌릴 수도 없고 '깰 수'도 없고 다시 맞출 수도 없다." (월터, J. 옹, 『언어의 현존』, 286~287쪽.)

165) 크리스타 뒤르사이트 지음, 김종수 옮김, 『문자언어학』, 유로, 2007, 156쪽.

166) 존 맨 지음 · 남경태 옮김, 『세상을 바꾼 문자, 알파벳』, 예지, 2003, 32쪽 참조.

감각체계는 인간의 인식과정과 사유형성에 영향을 미쳤을 뿐 아니라 인간 존재방식에도 지대한 영향을 끼쳤다.

두 번째로 글말이 가지는 '의미기술 원칙'에 대해 살펴보면, 우선 기호에는 의미 있는 기호와 의미 없는 무의미한 기호가 있음을 알 수 있다. 그 중 언어는 의미 있는 기호로 볼 수 있다. 언어는 세계의 현상과 존재를 의미 있는 기호로 변환시킨다. 그리고 인간은 의미 있는 기호인 언어의 세계에서 세계의 현상과 존재를 다룬다. 데리다는 의미 있는 기호를 "표현"이라고 부르고, "표현은 의미 있는, 말하고자 하는 기호들이다"고 한다.[167)]

문제는 기호를 통한 세계 이해가 세계 자체와 거리가 있을 가능성도 클 뿐만 아니라, 심지어 조작 가능성도 있다는 사실이다. 기호를 통해 세상을 바라보는 인간들에게 존재의 참된 유무는 더 이상 중요한 것이 되지 않는다. 인간에게 기호의 세계가 중요할 뿐 기호가 나타내는 현상과 사물은 더 이상 관심의 대상이 되지 않을 뿐 아니라 심지어는 존재하지도 않거나 거짓된 세계를 만들어내기도 한다. 특히 소리의 기호화는 인간들에게 다양하게 들려오는 소리를 한 가지로 동일된 소리로 만들었다. 원자나 전자의 모습은 실제로 보여 질 수 있는 대상이 아니나, 우리는 기호로 그것을 나타낸다. 심지어 빛의 파장도 기호로 나타낸다. 과학은 실제 현상에 대한 관찰로 이루어지는 것이 아니라, 교단에서 기호를 통해 가르치고 배운다. 이런 의미에서 에코(U. Echo)의 주장은 귀담아 들을 만하다.

"그(Umberto Eco)는 기호학이란, '원칙상 거짓말을 하기 위해 사용될 수 있는 모든 것을 연구하는 학문'이라고 규정한다. 왜냐하면 기호가 대신하는 '그 다른 무엇은 필수적으로 존재하지 않아도 되며, 기호가 그것을 대신하는 순간에 실제로 현존하지 않아도' 되기 때문이라는 것이다. 바꾸어 말하면 거짓말이 탄생할 수 있는 것은 기호 자체의 본질적 속성과 메커니즘 때문이라고 말할 수 있다."[168)]

기호를 통한 세계의 모습이 참인지 거짓인지 묻기 이전에, 먼저 여기서

167) Derrida, Jacques, *Speech and Phenomena*, 32쪽.

168) 김운찬, 「기호와 거짓말」, 9쪽, (신현숙 · 박인철 편, 『기호, 텍스트 그리고 삶』, 도서출판월인, 2006, 9~26쪽.)

우리가 논의해야 할 점은 기호로서의 언어에 의해 인간의 사유가 규정되고 또한 현실 세계에 대한 우리의 인식과정이 오직 언어를 통해서만 가능한 것인지, 아니면 후설이 주장하는 것처럼 실재 세계가 인간의 의식과는 독립적으로 존재하며 인간의 의식과 언어가 대상 세계의 의미를 '구성'하는지를 물어야 한다. 후설을 비판하는 데리다에 의하면 인간은 능동적으로 언어를 말하는 것이 아니라, 기호로서의 글말에 의해 사유가 형성되고 심지어 인간의 존재방식도 규정된다. 하지만 만약 데리다의 주장이 맞다고 한다면, 글말이 생기기 이전의 인간의 사유는 극단적으로 부정될 수밖에 없다. 이것은 불가능한 논리를 산출한다. 글말이 생기기 이전의 인간들의 존재 의미가 사라지기 때문이다. 인간의 사유 내지는 존재방식이 언어에 의해 영향을 받는 것은 사실이기는 하지만, 전적으로 언어에 좌우된다고 볼 수는 없다. 이런 측면에서 다음과 같은 한정선의 데리다 비판은 옳다고 본다.

"소쉬르, 레비스트로스, 라캉, 데리다 등등은 정도의 차이는 있지만 언어를 사용하기 이전의 인간의 견고한 본질 또는 실체(ousia)를 인정하지 않으며, 인간을 일차적으로는 언어의 효과에 의해 만들어지고 구조지워진 존재로 간주한다. 데리다의 표현을 빌자면, 인간은 다만 기호들의 차연의 놀이에 의해 결정되며, 차연의 놀이에 의해 발생되는 효과에 불과하다. 이제 인간이 말하는 것이 아니라 언어 기호와 구조가 말하는 것이 되어 버렸다."[169]

언어가 인간의 사유와 존재방식을 규정한다는 점에서 이들의 주장은 비판받을만하지만, 그렇다고 언어가 인간의 사유와 존재방식에 전혀 상관이 없다는 점 역시 의심의 여지가 남아있다. 비록 한정선이 데리다를 "언어지상주의, 언어독단주의"에 빠져있다고 비판하나, 이들이 언어를 인간 사유와 존재방식에 연계시킨 독창적인 사유방식은 인정해야 한다고 생각한다. 우리가 여기서 수용해야 할 기호로서의 언어가 인간존재방식에 끼친 영향은 앞에서 언급한 것처럼 음성-청각 체계를 시각-공간 체계로 변환시킨 점이다. 글말의 기호화는 입말의 시간적 특징을 공간적 성질로 바꿔 놓았다.

169) 한정선, 「후설의 언어현상에서 동일성과 현전의 문제」, 187쪽, (한국철학회편, 』현대철학과 언어』, 철학과현실사, 2002, 157~191쪽.)

❷ 공간화 · 시각화로서의 글말

입말은 음향적 사건, 소리이며 시간적 사건이다. 즉 음향은 운동과 변화를 의미한다. 반면에 글말은 공간적 사건이며 불변적이다. 서구 철학의 형이상학의 개념인 본질 개념은 불변이며, 시간적이라기보다는 공간적 성격을 지니고 있다. 플라톤의 이데아 세계에는 운동 · 변화와 소리가 결여되어 있을 뿐 아니라, 이데아 어원도 시각에서 비롯되었음을 알 수 있다[170]. 실체 개념 역시 입말보다는 글말의 성격에 가깝다. 그런 점에서 데리다가 플라톤의 사유를 전적으로 입말로 해석하여 비판한 것은 부분적으로만 옳다고 할 수 있다. 더욱이 마르틴 부버가 말했듯이 플라톤의 이데아 개념이 시각중심의 세계관을 밑바탕에 깔고 있는 것이라면[171], 데리다처럼 음성중심주의로 플라톤을 비판할 것이 아니라, 오히려 시각중심 세계관을 가진 플라톤을 비판해야 할 것이다. 글말의 발명, 특히 그리스 알파벳의 발명은 소리와 청각으로 이루어진 세계관을 축소시키고 시각적 세계관을 확장시켰다. 시각중심 세계관은 시간성보다는 공간성에, 즉 공간의 고정성에 바탕을 삼고 있다. 시각은 대상을 고정시키려는 경향이 있다. 또한 입말은 시간 속에서 흘러가 버리지만, 글말은 공간에 기록으로 남는다. 공간성은 부정적 측면에서 보자면 월터 J. 옹이 본 것처럼, 통제되고 구속된 것을 의미한다.[172] 다시 말해 글말의 공간적 성질은 구속성을 야기한다. 입말보다 글말이 더 인위적이고 작위적이며 강제성을 띠고 있는 이유는 글말의 공간적 성질에 기인한다고 볼 수 있다. 심지어 글말은 시간적 사건까지도 공간화 한다. 소리도 음파라는 도표를 만들어 공간에서 분석하는 것이 그 예이다. 하지만 이것은 진정한

---

170) "그리스어 이데아(idea)는 사물의 모양을 뜻한다. 영어의 〈vision〉과 동족언어를 산출한 라틴어 video(나는 본다)와 같은 어근에서 생긴 것이다. 다른 사물들은 단지 관념의 영상이나, 그림자 같은 것이지만 관념은 이처럼 은밀한 의미에서 추상적 영상과 같은 것이다"(월터, J. 옹, 『언어의 현존』, 40쪽.). 또한 브루노 스넬에 의하면, 그리스인들에게 '안다는 것'은 '보았다'는 것을 의미하며(브루노 스넬, 『정신의 발견 - 서구적 사유의 그리스적 기원』, 46쪽.), '경탄하다'는 말은 '주시하다', '바라보다'에서 유래되었고(같은 책, 67쪽), '지식'은 '보았음의 상태'를 의미한다(같은 책, 304쪽). 월터 J. 옹에 의하면 칸트 이후 나타난 '현상'이라는 개념 역시 '보여준다', '시각에 노출시킨다'라는 어원에서 발생한 개념이다(월터 J. 옹, 『언어의 현존』, 74쪽 참조).

171) Buber, M., *Das Problem des Menschen*, 23~24쪽 참조.

172) 월터, J. 옹, 『언어의 현존』, 91~92쪽.

의미의 소리가 아니다. 이처럼 글말에 의한 세계는 허구에 가깝다. 그래서 월터 J. 옹은 "알파벳은 시각 분야에 의미를 연상함으로써 생기는 많은 현상과 망상에 책임이 있다"[173]고 주장한다.

반면 공간감각의 다른 측면을 보자면 글말은 소리와는 달리 질서가 있고 그에 따라 논리정연하다는 점을 들 수 있다. 글말은 무질서한 소리의 세계를 공간 속에서 통솔하며 질서지운다. 이것은 우리가 세계를 인식할 때 차례를 가지고 인식하도록 가르치며, 세계의 모습이 질서 정연한 것으로 인식하도록 만든다. 통솔감과 질서정연함은 논리적 사유를 가능케 한다. 문제는 글말의 논리적 가르침이 우리에게 다른 생각을 가지게 할 여유를 주지 않는다는 점이다. 동일성의 원리에 따라 동일한 관점만 요구할 뿐이다. 소리의 세계는 같지 않고 다르다. 소리의 세계는 같을 수가 없다. 세계의 모습 역시 마찬가지다. 그러나 시각적 세계관은 동일한 세계의 모습을 요구하고, 모든 인간이 동일한 세계관을 갖도록 요구한다. 이런 시각주의 관점이 서구 사상의 불변 개념인 실체 개념이나 존재, 이데아 개념이 발생 가능한 것이라 추측해 볼 수 있다.

다른 한편 시각중심주의는 인간의 세계 인식에 대한 객관성을 가져오기도 했고, 더불어 현대 물리학을 발전시켰다. 언어의 시각화가 사물에 대한 객관성을 가져왔고, 분석적 능력을 발전시켰다. 세계가 단순히 삶의 세계에 그치는 것이 아니라 일종의 관찰 대상으로 객체화 되면서 현대 과학이 발전하였다. 현대의 과학적 진보는 확실히 언어의 시각중심주의가 가져온 성과라 할 수 있다. 인간은 세계에 직접 참여하기보다는 관찰자의 입장으로 물러서고 멀리 떨어져서 관찰한 세계를 설명하기 시작했다. 18세기 이후 관찰이 사상가들을 지배했다.[174] 관찰은 입말에서 글말로의 이동을 의미하고, 청각에서 시각으로의 이동을 의미한다. 인간의 모든 감각은 시각을 중심으로 보조 기관을 전락하고 말았다.

"신과학의 표어가 된 〈관찰〉(observation)이라는 명칭은 직접적으로는 시각을, 그리고 시각만을 언급한다는 사실을 주목해야 한다. 신과학은 모든

---

173) 같은 책, 50쪽.

174) 같은 책, 72쪽, 참조.

것을, 비시각적 감각현상까지 관찰로 연구하려는 관심을 지녔던 것 같다."[175]

문제는 관찰의 개념이 인격성을 배제하고 사물의 성격을 내포하고 있다는 점이다. 시각적 관찰은 대상의 내면을 들여다 볼 수 없고 오직 외면만 살필 뿐이다. 사물의 내면을 보기 위해서는 그 사물을 부수거나 분해해야만 한다. 즉 시각은 사물의 내부를 쪼개고 분석하지 않으면 알 수 없다. 반면에 음향은 상자를 두드려 소리를 듣고 상자 내부가 비어 있는지 아니면 가득 차 있는지 알 수 있다. 타자의 내면 역시 음성을 통해 전달된다. 시각을 통해 그 사람의 내면은 알 수 없다. 입말을 통한 만남과 시각적 만남은 다르다. 시각적 만남, 대면에는 대화가 결여되어 있다.[176] 대화는 내면과 내면의 만남이고, 서로가 서로의 내면에 참여하는 것을 의미한다. 대면은 오직 마주 대함이며, 내면적 만남의 전제 조건일 뿐이다. 단지 시각적 거리는 서로 다름을 의미하며, 이 다름이 나와 너를 엮어주는 전제이다. 다르지 않으면 만남이 없다. 다름이 만남을 가능케 한다. 내면적 만남은 피부접촉 및 육체적 접촉과 대화로 가능할 뿐이다. 육체적 접촉은 시각적 관계가 아니다. 이는 청각, 시각과는 다른 인간의 감각일 뿐이다. 입말에 의한 만남은 직접적이지만, 글말에 의한 만남은 시간적으로 거리를 두고 있기에 재해석과 오해의 여지가 있으면, 말한 사람의 현재 상황을 표현하는데 무리가 있다. 글말은 현재 상항을 정확하게 묘사할 수 없고, 생기와 신선함이 결여되어 있다. 단지 글말은 만남을 시간과 공간의 폭을 입말보다 더 확장시킬 수 있다. 입말은 단지 그때 당시 그리고 주변 상황만을 포괄한다면, 글말은 이러한 제한을 뛰어넘는다. 현존하지 않는 과거 사람들과의 만남, 다가올 미래의 사람들과의 만남, 지금 여기가 아닌 음성이 미치지 못하는 곳에 있는 사람들과의 만남 등, 글말은 입말이 가진 시간과 공간의 한계성을 뛰어넘는다.

175) 같은 책, 200쪽. 여기서 "신과학"이라는 것은 월터 J. 옹에 의하면 코페르니쿠스, 갈릴레오, 뉴튼으로 이어지는 서구 근대과학의 흐름을 의미한다. 신과학의 특징은 철저히 시각적 관점을 기초로 하고 있다는 것이 월터 J. 옹의 견해다.

176) 근대 이후 "사람 사이의 의사소통 대신 물상간의 〈접촉〉만 있는 순연히 시각적인 세계의 함축이 강조되었다"(같은 책, 201쪽).

대화가 결여되어 있고 오직 관찰만 있는 시각은 분리를 가져온다.[177] 반면에 음성, 입말은 사람들을 함께 모으는 역할을 한다. 커다란 응원의 함성소리가 그 예이다. 그러나 소리 없는 시각은 개인이 집단으로부터 벗어나 혼자됨을 야기한다. 또한 음성은 한 번에 모두 나에게 오지만, 시각은 사물에 대해 부분적으로 그리고 분해된 채로 순차적으로 다가온다. 분해된 사물과 현상을 나는 사유 속에서 전체를 조망한다. 하지만 이 과정 속에 타자는 배제되어 있다. 즉 시각이 음성보다 개인주의를 야기함을 알 수 있다. 대화는 상호 관계이나, 시선은 일방적 관계를 발생시킨다. "냉냉하고 예리하고 말없는 응시가 (불쾌감을 유발하는 이유는) 대상을 사물의 지위로 축소시키는 시각의 힘 때문이다."[178]

그러나 시각적 공간이 전적으로 비인격화되고 사물화 되는 공간만을 유발하는 것은 아니다. 자연의 경관을 바라보거나, 일출을 바라볼 때 인간은 어떤 감동을 느낀다. 또한 시각은 우리에게 자연세계에 대한 보다 정확한 지식을 제공해 준다. 글말의 시각화는 인간의 시각적 감각이 입말을 쓰는 사람보다 더 발달되어 있다는 의미가 아니라, "시각적 지각을 언어표현에 연결시키기 시작했다"[179]는 의미이다.

3. 글말에 따른 인간의 존재방식의 변화[180]

인간은 외부세계를 한 가지 감각으로 인식하는 것이 아니라 시각, 청각, 촉각, 미각, 후각 등 모든 감각기관을 수단삼아 인식을 한다. 즉 인간은 온몸을 통해 자기 주변의 세계와 관계를 맺는다. 아기는 맨 처음 태어났을 때 엄마와의 포옹을 통해, 즉 시각 이전에 청각과 촉각을 통해 자기 이외의 존재와 경험하고 세상에 참여한다. 이때의 만남이 평생 그의 감정뿐 아니라 사고방식,

177) "메를로 퐁티(Merleau-Ponty)는 「시각과 정신」이라는 논문에서 시각은 해부하는 감각임을 잘 해명하였다."(같은 책, 121쪽.)

178) 같은 책, 155쪽.

179) 같은 책, 53쪽.

180) 여기 글말과 인간의 존재방식과의 관계에 대한 연구에서, 글말은 음성 알파벳을 의미한다. 즉 논의의 대부분은 서구 알파벳 글말을 토대로 이루어진 것이다. 따라서 중국의 표의 문자 또는 다른 비 알파벳 문자와 인격구조와의 관계, 특히 훈민정음과 인격구조와의 관계는 또 다른 연구주제가 된다.

즉 존재방식에 영향을 끼친다.[181] 오늘날의 인지과학이나 생명과학과 같은 곳에서 연구하는 여러 학자들의 주장에 의하면 아기는 태어나기 전에 엄마 뱃속에서부터 엄마의 목소리에 주변의 소리로부터 구별하여 반응한다고 한다. 즉 아기가 이미 엄마 뱃속에서부터 엄마의 목소리를 듣고 그 목소리에 영향을 받으면서 자란다고 우리는 추측해 볼 수 있다. 이러한 사실로부터 우리는 눈을 뜨고 세상을 보기 전에 먼저 세상이 전하는 소리를 듣고 온몸으로 느낀다는 사실을 알 수 있다. 그리고 인간은 자기 자신을 자각하기도 전에 '너'와의 만남이 먼저 이루어지기에, 자신에 대한 자기인식은 너와의 만남을 통해서만 가능하다는 사실을 추론해 볼 수 있다. 또한 자기 자신을 알기 전에 '너'를 만나고 '너'를 통해 나를 자각한다는 사실로부터 인간이 근본적으로 짝을 이루는 존재임을 알 수 있다. 짝을 성립시키는 근본적인 요소가 바로 입말을 토대로 하는 대화다. 이처럼 인간의 초기 실존 방식이 청각과 촉각에 의해서 시작되지만 문제는 인간이 점차로 자라면서 청각 위주의 존재방식에서 벗어나 시각중심의 존재방식으로 변해간다는 점이다.

앞에서 본 것처럼 시각 중심주의는 인간의 삶의 방식뿐 아니라 존재방식까지도 변화시키는 계기가 되었다. 시각 중심적 사유방식을 통해 인간은 세계를 객관화하고 분석할 뿐 아니라, 사물들을 사태 자체에서부터 개념으로 변모시켜 언어의 세계, 중간세계로 옮겨다 놓았다. 뿐만 아니라 인간관계에서도 '너'의 입장은 축소되고 '그것'이 확대되면서 '나-너' 관계보다는 '나-그것' 관계가 지배하게 되었다. '나'에게서 '너'는 점차로 사라지고, '너'마저도 '그것'으로 사물화 되어가고 있는 실정이다. 그럼에도 불구하고 우리가 부정할 수 없는 사실은 인간은 홀로 고립되어서는 결코 살 수 없다는 것이다. 엄밀하게 말해서 홀로 존재인 '나'의 실존은 불가능할 뿐 아니라, 설사 있다고 하더라도 타자가 없는 홀로 존재를 인간이라 부를 수 있는지 의심스럽다. 나를 태어나게 한 '너'의 존재는 현시점에서 부정할 수 없는 사실이다. 비록 유전자 공학이 발달하더라도 인간 유전체가 있어야 한다면 결국 그 존재를 있게 한 선존재자가 있어야 한다는 논리가 나온다.

181) 월터, J. 옹, 『언어의 현존』, 11쪽 참조.

따라서 '나 홀로'라는 말은 모순에 지나지 않는다.

이처럼 현존재인 '나'는 다양한 '너'들과의 관계 속에서 자신을 찾아가고 자아를 형성해 나가며 실존한다. 우선 '너'의 음성을 통해 자신의 내면을 들여다보고 자아를 발견하고, 점차 여러 '너'들과의 대화를 통해 자신의 존재방식을 확립해 나간다. '너'의 현존은 나의 의식을 채우고 나 또한 또 다른 '나'의 존재를 위한 의미 있는 현존재가 된다. 문제는 이런 '나-너' 관계가 글자의 발명과 인쇄술의 발달로 인해 점차 변질해 간다는 점에 있다. 월터 J. 옹에 의하면, "글, 특히 알파벳은 감각의 균형을 청각에서 시각으로 옮겨놓으며 새로운 종류의 인격구조를 장려한다"[182]고 한다.

글이 인간을 강력하게 입말문화와 다르게 만든 점 중의 한 가지는 다름 아니라 글이 '너' 또는 다른 사람 없이도 언어를 통한 사유를 가능하게 만들었다는 것이다. 글을 통해 다른 사람과의 대화 없이 스스로 혼자 사유할 수 있게 되었고 그에 따라 개인주의가 진행되었다. 개인주의의 발달은 글말문화에서 나타나는 특수한 현상 중의 하나이다. 하지만 다른 사람 없이 혼자 사유하는 행위의 부정적인 측면은 정신분열증이나 편집증적인 증상이 나타날 수 있다는 것이다. 이러한 정신병은 입말 문화의 인간들에게는 흔하게 나타나지 않는다는 것이 월터 J. 옹의 견해다. 월터 J. 옹에 의하면, 글말이 없는 사람들은 비교적 자신의 감정을 밖으로 쉽게 표출하고, 따라서 글말을 가진 문화의 사람들보다 쉽게 흥분하고 쉽게 분노하는 경향이 있다고 한다. 그래서 글말문화의 사람들보다 더 쉽게 충동적으로 움직이고 심한 경우 손쉽게 살육까지 한다고 주장한다.[183] 이처럼 입말 문화의 사람들이 자신들의 불안을 외부로 향하는 반면, 글말 문화의 사람들은 불안을 자기 내부로 숨기는 경향이 있는데, 그 이유는 글말 문화의 사람들은 심리적 압박을 받을 때 그 압박을 외부로 표출하는 대신에 자신 속으로 퇴각하여 모든 것을 관념적으로 정돈할 수 있는 작은 환상세계를 만들기[184] 때문이라는 것이다. 글말 문화의 사람들이 입말 문화의 사람들보다 더 큰 압박과 속박을 느끼는 이유로 월터 J.

182) 같은 책, 17쪽.

183) 같은 책, 124쪽 참조.

184) 같은 책, 126쪽.

옹은 글말을 배울 때 생기는 현상에서 비롯된 것으로 보고 있다. 즉 사람들은 글말에 비해 입말은 유희로서 배우고 가르고 보다 쉽게 배우고 익힌다. 반면 글말은 입말보다 더 고도의 집중력과 훈련을 필요로 한다. 글 쓰는 사람은 글에 포함된 인위적 규칙의 구속을 받는다. 따라서 글은 보다 큰 속박의 필요를 생성시킨다는 것이다.[185] 글말에서 인쇄로 나아가면 압박의 강도는 더 심해진다.[186] 글말 문화의 사람들이 더 큰 압박을 받는다는 사실을 지적한 학자로 카로더즈의 주장은 귀담아들을 만하다.

"카로더즈는 문자상용을 죄의식의 성장과 관련시키며, 아프리카의 문맹자간에는 '〈방해〉, 죄의식, 열등감 또는 회한을 거느린 우울증이 전혀 발견되지 않음'을 지적한다. 죄의식은 물론 책임감과 관련되며, 책임감은 문맹자보다 문자교양자 사이에 예리한 자신의 내면을 자신의 외면으로 느끼는 감각과 연관된다. 정신분열증적 문맹자는 혼란의 특징과 함께 불안과 적의를 분출시키는 반면, 정신분열증적 문자교양자는 자신 속으로 퇴각하여 자기 자신의 세계를 구축한다."[187]

우리는 일반적으로 글을 쓸 때 혼자 생각하며 쓴다. 또한 글을 읽는 독서는 개인을 다른 사람으로부터 고립시켜 혼자 생각하게 함으로써 자신의 내면으로 들어가게 한다. 글말은 개인을 너로부터, 다른 사람으로부터 그리고 집단으로부터 떼어낸다. 글말은 고립을 심화시키는 반면, 입말은 너와의 관계를 중시한다. 글말문화의 사람들은 타자와의 관계보다 자기 자신과의 관계를 더 중시하고, 현실 세계보다 추상적 세계를 더 중시하는 경향이 있다. 글말 문화의 사람들에게 자기중심의 인간관이 지배되기에, 글말 문화의 사람들에게는 주체-객체 관계, '나-그것' 관계만이 남아있을 뿐이다. 자기 이외의 사람들을 모두 객체로 대하며, 너를 비롯한 타자들 모두를 객체화하는

185) 같은 책, 93쪽, 참조.

186) "인쇄(print)의 개념 자체가 필연코 압착을 포함한다. ... 활자(type - 그리스어에서 파생한 라틴어의 typus)는 원래 타격, 누름, 찍음 또는 발자국의 흔적을 뜻한다. 이 역시 압착의 산물이다." (같은 책, 94쪽.)

187) 같은 책, 127쪽. 또한 월터 J. 옹 자신도 다음과 같이 주장하였다. "알파벳은 유용하고 필수적임이 판명되었지만, 그 자체로 어느 정도 반드시 정신분열증은 아니라 하더라도 망상적 체계화를 수반한다. 알파벳은 결국 용의주도한 허구이다." (같은 책, 129쪽.)

경향이 있다. 다시 말해서 글말은 주-객의 분리를 가져온다.[188] 하지만 객체가 주체의 의식 속에서만 의미 있는 존재로 현존할 수 있다면, 객체의 실재성은 부정될 수밖에 없다. 이런 이유 때문에 후설은 초월적 주관이 대상 세계를 구성한다 할지라도 대상은 우리 의식과는 독립적으로 존재한다고 하였던 것이다. 하지만 글말의 시각중심주의 사유에 의하면 대상은 오직 주체의 의식작용에 의해서만 존재할 뿐이다.

글말의 주-객 관계는 인간관계마저도 왜곡시키는 결과를 낳았다. 대화가 결여된 인간관계는 부버에 의하면 '나-그것' 관계일 뿐이다. 나-그것 관계는 사물화된 관계이며, 사랑이 결여된 비인격적 관계일 뿐이다. 여기서는 단지 주인과 노예의식의 관계만 성립할 뿐이다. 진실한 인간관계는 주체 대 주체의 관계, 나-너 관계이어야 한다는 것이 부버의 생각이다. 나-너 관계의 매개체는 글말이 아닌 입말이고 보다 정확히 말해 '대화'로 이루어지는 관계를 말한다. 인간의 인격은 대화를 통해서 형성되는데 반하여 글말은 인격적 관계를 사물화된 관계로 왜곡시킨다. 비록 글말을 통해 인간은 입말 사람들과는 비교도 할 수도 없이 인식의 확대와 논리적 사유방식의 확대, 나아가 자연과학의 발달을 가져온 것은 사실이지만, 시각 중심의 불균형한 감각의 발달이 인간의 존재방식에 왜곡된 영향을 준 것도 사실이다.

글말을 통한 인간관계의 긍정적인 변화도 있는데, 그것은 시간과 공간의 확대라 할 수 있다. 입말문화의 사람들이 제한된 시간과 공간 속에서의 한정된 인간관계만을 가졌다면, 오늘날 인간들은 이전과는 비교할 수 없을 정도로 확장된 인간관계를 가진다. 글을 통해 과거의 인간들을 만나고, 또한 자신의 자취를 미래에 연결할 수 있으며, 자신이 서 있는 지금 여기 주위의 인간들만이 아니라, 저 멀리에 있는 인간들과의 교류도 가능하게 되었다. 물론 인터넷 통신과 전화기 등이 글말의 유산일 뿐 아니라 입말의 성질도 가지고 있지만, 전화기, 인터넷이 있기 이전에 이미 글이 공간을 이어주는 수단이었음을 볼

188) "주체적은 〈자체로 존재하는〉 또는 매우 현실적이고 영속적(stable)인 것이라는 의미를 지닌다. 게다가 주체는 무엇이 행해지는 자이다. .... 이러한 주제와 주체적인 것의 옛 의미와 공존하는 것은 objective의 옛 의미였다. 즉, 〈실존성의 보유에서 구별되는 의식의 대상으로 존재하는〉 또는 지식의 대상으로서 〈정신에 제시된 것으로만 간주되는〉이 그것이다." (월터, J. 옹, 『언어의 현존』, 205쪽.)

때 글말은 인간의 공간상의 관계를 용이하게 해 준 것은 사실이다. 따라서 오늘날의 인간들에게 자기 주변의 환경은 곧 세계 전부가 되어 버렸고, 세계 저편의 상황은 이미 나의 현상황이 되어 버렸다. 즉 우리의 의식은 과거와 미래, 그리고 저편과 이편을 항상 연결시켜 자각하고 있다. 따라서 오늘날의 인간들은 과거에는 상상할 수 없을 정도로 다양한 인간들을 만나고 경험한다. 이런 인간관계는 분명 과거의 인간들과는 전혀 다른 인간상을 형성시킨다고 볼 수 있다. 물론 이와 같은 세계인들과의 관계가 모두 가족적 관계처럼 사랑과 인격적으로 이루어진 관계라고 할 수는 없다. 하지만 다양한 인간들과의 체험은 분명 현존재의 존재방식에 영향을 미칠 수 있다.

역사적으로 볼 때 글말의 인간들은 입말의 인간들보다 우위에 있거나 이들을 현실적으로 지배해 왔다. 그러나 이들의 우위가 모든 면에 있어서 글말의 인간이 더 낫다는 것을 의미하지는 않는다. 단지 현실적으로 자연을 더 잘 지배할 수 있었고 그에 따라 입말의 사람들을 손쉽게 이용할 수 있었을 뿐이다. 입말 사람들에 비해 글말 사람들에게 가장 결여되어 있는 것은 바로 인간들 사이의 사랑이다. 부버에 의하면 사랑은 오직 나와 너의 현실적 대화 속에서만 가능하다. 그러나 글말에는 인격적 대화가 결여되어 있다. 비록 글말이 자연세계를 보다 정확하게 인식하고 이해했으며 이런 이해를 통해 자연 세계를 손쉽게 지배할 수 있었는지 모르겠지만, 오히려 우리는 진정한 자연의 모습을 잃어버린 채 자연의 표피적 모습에만 매달린 것은 아닌지 반문해 보아야겠다. 이것은 또 다른 탐구의 문제지만, 분명한 사실은 시각중심주의의 일방적 감각체계는 분명 우리의 인식에 문제를 야기할 뿐 아니라, 그와 더불어 우리의 존재방식에도 영향을 미친다는 사실이다.

4. 그리스 알파벳과 인간의 존재방식

❶ 알파벳의 역사

글말의 시작은 인간이 무언가를 기록하고 보존하고자 하는 욕구 때문에 발생한 것이라 볼 수 있다. 지중해 연안에서는 상업적 필요에 따라 글말이 발생했다는 것은 널리 알려진 사실이다.[189] 기록 수단으로서 만들어진 글자는 진정한 의미에서 아직 필기문자라 할 수는 없다. 월터 J. 옹에 의하면 필기문자는 단순한 기호의 집합이 아니라 글의 구성 체계이며, 외부 사물을 글자에 투영하는 것이 아니라,[190] 사물과 관계없이 글 자체의 개념만 가지고 인간 상호간에 이해가 오가는 수단이다. 즉 진정한 의미의 글말은 글자가 가리키는 사물의 본질과는 거리를 두고 있다는 것이다.

현재까지 알려진 바에 따르면 글말의 역사는 티그리스강과 유프라테스강(지금의 이라크) 사이에 있는 메소포타미아에서 시작되었다. B.C. 3000년경 이 일대에는 남쪽 수메르 지영과 북쪽 아카드 지역으로 나뉘어져 있었다. 최초의 글말은 우르크에서 발굴된 진흙판에 쓰여 있는 것으로 대략 B.C. 4000년 말쯤으로 추정한다. 내용은 농산물의 수확량을 기록한 것이라 한다. 초기의 글말들은 그림 형태의 그림문자로서 수메르인들이 점토판에 직선으로 이루어진 모양의 그림을 그린 쐐기문자[191]로(B.C. 2900년경) 볼 수 있다. 그림의 모양이 쐐기꼴을 하고 있어 이를 쐐기문자 또는 설형문자(cuneiform)로 불렀다. 이런 쐐기문자의 형태는 수메르, 이집트, 히타이트 등 여러 곳에서 발견되는 데 특이하게도 그 모양이 비슷하였다. 이 쐐기문자는 표의문자로서 물체의 전형을 간단한 선화로 나타낸 것이다.

글말의 놀라운 발전은 수메르의 우르 지방에서 발견된 B.C. 2600년경의 "쿠심 점토판"이다. 쿠심 점토판은 곡물의 거래 관계를 나타낸 것인데 그 중 해독할 수 없는 "쿠심"이라는 기호가 있어 이를 연구한 결과 이것은 의미 없는 단순한 소리글자임이 밝혀졌다. 이것을 "레부스"라고 하는데 레부스의 개념은 소리글자, 음절글자의 탄생을 의미하였다. "레부스" 시스템의 도입으로 1500개 정도의 글자 수가 600여 개로 줄어들고 복잡한 그림은 점점 단순하게 변해 갔다. 레부스는 진정한 글말체계로 가는 초석인 것이다.

설형문자가 메소포타미아 일대에 널리 퍼져나가고 있을 때 인근의 이집트에서는 다른 글말체계가 발달하고 있었다. 메소포타미아인들의

189) 조르주 장, 『문자의 역사』 시공사, 2002, 197쪽.

190) 월터 J. 옹, 『언어의 현존』, 41쪽.

191) 조르주 장, 『문자의 역사』, 14쪽.

설형문자와는 달리 이집트인들의 글말체계는 상형문자였는데 메소포타미아의 원시문자가 선형에서 서서히 변하여 정교한 글말체계로 발달했다면 상형문자는 처음부터 진정한 글말체계로 정착했다 할 수 있다. 이집트인의 글자는 "콥트"어로서 상형문자를 나타내는데 이 글자의 특징은, 첫째로 이 글자는 전형적인 그림문자로서 추상적인 개념도 표현했다는 것이고, 둘째는 표음문자를 표기했다는 것이고(이는 수메르인의 레부스체계와 유사하다), 셋째는 한 기호가 구체적으로 어떤 대상이나 사물을 지적하는 것인지 알려주는 한정부호의 사용이다. 우리가 이집트인들의 글말체계에서 중요하게 받아들여야 할 것은 파피루스 발견에 의한 "신관문자(hieratic)" 또는 성직문자와 "민중문자"인데, 알파벳의 효시라 할 수 있는 페니키아 글자의 유래를 이집트의 민중문자에서 발달했을 가능성을 두기도 하기 때문이다.

사실 알파벳의 창조는 어느 날 갑자기 이루어진 것이 아니라 오랜 기간 이전 글자들의 축적물이 만들어낸 결과로서 받아들여지는데, B.C. 1200년경 페니키아의 글자를 초기 알파벳 기호라고 말한다. 하지만 최초의 알파벳 글자로 알려진 것은 B.C. 14세기 시리아 해안의 우가리트에서 22개의 기호만을 사용한 설형문자이다. 여기서 기호는 모두 자음으로만 구성되어 있고 모음은 글을 읽는 사람이 알아서 보충해 넣어야만 하는 것이었다. 이처럼 페니키아 알파벳에는 모음이 없고 자음만 있었다. 즉 이 알파벳은 실제 발음될 때 모음과 결합해야만 음가를 가지는 소리, 즉 음소(자음)로만 구성되어 있었다. 선원과 상인이었던 페니키아인들은 지중해 동부 지역의 사람들과 교역을 하면서 알파벳을 퍼뜨렸다.

B.C. 800년경에 아람(지금의 시리아)의 도시들에서 발달한 알파벳을 아람어 알파벳이라 하는데, 구약성서의 여러 부분이 이 언어로 기록되어 있기에 아람어의 글말체계는 언어사에 중요하다. 초기 히브리 글자는 모음이 없었다. 그리스인은 아람어 알파벳에서 일부 자음을 빌려와 모음으로 사용하였다. 대부분 페니키아 글자에서 유래된 글자들은 자음만을 표기하고 모음 표기는 없었다. 그리스인들은 아람어 자음 중 그리스에 없는 것을 골라 모음을 삼았는데, 여기서 A(알파), E(엡실론), O(오미크론), Y(업실론) 등이 생겨났고 I(이오타)는 그리스인이 기존의 것을 변형해 만들었다. 모음이 없던

시기는 완전한 글말문화로의 변화가 아니었다. 모음 없이 발음하기 위해서는 자음사이에 어떤 모음을 두어야 하는지 알아야 하고, 따라서 비텍스트적인 데이터에도 의지해야 했기 때문이다.[192] 모음 없이 자음만 가지고 있는 세계의 사람들에게는 아직 입말문화가 남아 있는 것이다.

이런 과정 속에서 B.C. 5세기에 들어서면 그리스 알파벳은 완전 정착하게 되는데 모두 24자인 그리스어 알파벳은 자음이 17개, 모음이 7개였다. 그리스 알파벳에는 대문자와 소문자가 있었는데 돌에다 글씨를 새길 때는 대문자가, 파피루스나 왁스판에다 쓸 때는 소문자가 널리 쓰였다. 그리스 알파벳의 모음 도입은 입말문화에서 글말문화로의 변화를 의미한다. 그리스인들은 모음을 사용함에 따라 현실적 세계로부터 추상적 세계로 넘어가고[193], 음향 · 청각적 세계로부터 시각적 세계로 전환을 하게 되었다. 마샬 맥루한에 의하면, "알파벳화 한다는 것은, 복잡한 말의 단어(spoken word)를 널리 확산하고 전달될 수 있는 시각적 코드(code)로 번역하는 것을 의미한다."[194] 시각적 코드로의 변환을 월터 J. 옹은 알파벳의 모음자 도입에서 찾고있다.[195] 모음자 도입이 인간의 실존에 가장 큰 영향이 끼친 사건이다.

라틴 알파벳이 에트루리아 알파벳에서 왔을지도 모른다는 학설이 있으나 이는 추측에 불과하고 보다 확실한 학설은 그리스에서 직접 건너왔다고 하는 학설이다. 어쨌든 B.C. 3세기경에 19자로 구성된 라틴 알파벳이 정착되었고, X와 Y는 그보다 훨씬 뒤인 키케로 시대(B.C. 1세기경)에 추가되었다. 로마인도 그리스인과 마찬가지로 돌에다 글씨를 새길 때는 대문자를, 파피루스나 왁스판에 쓸 때는 소문자를 사용했다. 네로 황제가 그리스인의 자유에 대해 강연한 것을 보면 A, B, E, I, K, M, N, O, T, X, Y, Z는 그리스 알파벳을 거의 그대로 도입했고 D, G, L, S, P, R 등은 그리스 글자를 약간 변형해 만들었으며 F,

192) 월터 J. 옹, 『구술문화와 문자문화』, 140쪽 참조.

193) "커크호브(Kerckhove)의 시사에 의하면, 음성학적으로 완전한 알파벳은 그 밖의 어떠한 쓰기 체계보다도 뇌의 좌반구의 활동을 활발하게 함으로써 신경생리학적 견지에서 볼 때 추상적 · 분석적 사고를 기른다고 한다(Kerckhove 1981)." 같은 책, 141쪽.

194) 마샬 맥루한, 『구텐베르크 은하계』, 313쪽.

195) "희랍인은 모음자를 도입함으로써 음성이라고 하는 붙잡기 어려운 세계를 추상적이고도 분석적인 그리고 시각에 호소하는 모습으로 코드화하는 새로운 단계에 도달하였다." 월터 J. 옹, 『구술문화와 문자문화』, 48쪽.

Q, V 등은 당초 그리스에 있었는데 사용되지 않던 것을 로마인이 되살린 것을 알 수 있다.[196)]

❷ 그리스 알파벳의 특성과 인간의 존재방식

글말의 발명으로 인간의 사회문화는 급속한 물질문명의 발전을 이룩하였다. 이는 글말의 긍정적인 업적일 것이다. 반면에 인간성의 상실 내지는 인간관계의 비인격화 또는 사물화는 글말의 발명이 가져온 또 다른 부정적 측면일 것이다. 부정할 수 없는 사실은 글말의 발명이 인류의 역사에 지대한 영향을 끼쳤다는 것이다. 글말은 상형문자, 표음문자, 표의문자 등으로 나뉘어 볼 수 있고, 글말의 특성에 따라 그 글말을 사용하는 사람과 그들의 생활상도 서로 다르다는 것을 알 수 있다. 여기서는 표음문자, 특히 알파벳의 발명이 서구인들의 실존방식에 끼친 영향을 알파벳의 특성과 더불어 살펴보기로 하겠다.

그리스 알파벳은 표음문자의 표본이다. 표음문자가 인간에게 끼친 가장 큰

---

196) "Y자는 이미지로 가득 찬 글자이다. 나무도 두 갈래 길도 두 강의 합류지도 유리잔의 줄기도 줄기 위에 환하게 벙글어진 백합도 양팔을 들고 하늘을 향해 기도를 올리는 사람도 Y자이다. 이러한 이미지는 모든 글자에 적용될 수 있다. 민중문자에 들어있는 것은 신관문자에 의해 도입된 것이다. 상형문자는 모든 글말의 원형이라 할 수 있다. 모든 글자는 기호로 시작하고 모든 기호는 이미지로 시작한다. 사회, 세계 그리고 인류의 모든 모습이 알파벳에서 발견된다. 천문학, 철학, 모든 과학의 진정한 시작은 이 알파벳에서 찾을 수 있다. 알파벳은 하나의 근원이다. A는 지붕이다. 크로스바가 있는 박공이고 아치이다. 또는 반갑게 만나 포옹을 하고 악수를 하는 두 친구이다. D는 등이다. B는 D에 D를 겹쳐 놓은 것이다. 그래서 곱사등이다. C는 초승달이다. E는 기초요 기둥이요 버팀목이며 평방이니 곧 건축물 전체이다. F는 교수대요 기요틴이다. G는 프랑스풍 호른이다. H는 두 개의 탑이 있는 건물의 정면이다. I는 투척기이다. J는 쟁기날이고 풍요의 뿔이다. K는 입사각과 똑같은 반사각이다. 반사각은 기하학의 중요한 요소이다. L은 다리와 발이다. M은 산이요 병사들의 텐트가 나란히 쳐져 있는 진지이다. N은 빗장이 사선으로 쳐져있는 문이다. O는 태양이다. P는 짐을 등에 지고 있는 짐꾼이다. Q는 엉덩이와 꼬리이다. R은 휴식을 의미한다. 짐꾼이 지팡이에 의지하여 쉬고 있는 모습이다. S는 뱀이다. T는 망치이다. U는 항아리이고 V는 꽃병이다 - 그래서 이 두 글자는 자주 혼동된다. X는 칼이 엇갈려 싸움을 하고 있는 형세이다. 그런데 이 싸움에서 누가 이길까? 우리들은 알지 못한다. 그래서 신비주의자들은 그것을 운명의 기호라고 생각했으며 대수학자들은 미지의 표시로 사용했다. Z는 번개요 신이다.그래서 A에서 Z까지 다시 풀어 보면 다음과 같다. 먼저 인간의 집과 건축물이 있다. 그런 다음 그의 몸, 신체구조와 취약점이 있다. 이어 정의, 음악, 교회가 있고 전쟁, 추수, 기하학이 있다. 산, 유목생활, 군거생활, 일과 휴식, 말과 뱀이 있다. 망치가 있고 엎어서 종추를 달면 종이되는 항아리가 있다. 나무, 강, 도로가 있고 마지막으로 운명과 신이 있다. 이것이 놀랍고 신비로운 알파벳의 세계이다. (빅토르 위고, 『여행 수첩』, 조르주 장, 『문자의 역사』, 195-6쪽에서 재인용.)

변화 중의 하나는 음성, 음향으로부터 시각으로의 전환일 것이다.[197] 음성은 시간에 얽매여 있는 반면에 글말은 시간에 자유롭다고 할 수 있다. 한 사물이나 현상을 음성으로 표현할 때 그것은 시간과 더불어 흐르기 때문에, 음성 언어는 말로 언급되었을 때 그 순간과 주변의 상황을 모두 포함하게 된다. 또한 음성과 청각은 항시 진행되는 상황과 긴장 속에서 활동하고 있기에 생동감이 있다. 반면에 알파벳의 사용은, 낱말이 시간의 일방적 흐름으로부터 독립하여 현존하게 하고, 글말로 표현된 사물이나 현상은 글자와는 별개로 존재하게 된다. 즉 글자는 시간이 흐름에 따라 언급된 대상의 성질을 잃어버리고 "허구적인 세계"[198]로 남아있게 된다. 따라서 글자로 사물이나 현상을 표현하는 것은 그것을 죽이는 행위일지도 모른다.

이러한 관점과는 달리 월터 J. 옹은 알파벳의 우수성을 주장하기도 한다. 그에 의하면, 알파벳은 언어의 완전한 시각화는 아니고 음향의 성격도 내포하고 있다[199]는 것이다. 예를 들어 상형문자는 글의 모양과 소리의 어원 간에 아무 관련이 없는 반면에, 알파벳은 "소리를 소리로서 직접 상정하여 공간적인 등가물로 환원"[200]한다는 것이다. 또한 "알파벳은 그 자체가 사물로서 소리를 표현하며, 변해 가는 소리의 세계를 정지된 반 영구적인 공간의 세계로 변형시킨다"[201]고 말한다. 즉 음성은 말하는 순간 사라지고 더 이상 남아 있지 않지만, 알파벳은 소리 전체를 현존시킬 수 있다는 것이다. 또한 데이비드 드린저도 알파벳의 "단순성, 수용성, 적합성"의 체계로 이루어져 있기에 가장 우수한 글말이라고 하였고,[202] 월터 J. 옹은 알파벳을 "모든 쓰기 체계 중에서

---

197) 맥루한은 이에 대해 다음과 같이 말한다. "글쓰기는 비시각적 단편 조각과 감각을 하나의 구획 안에 넣고 폐쇄해 놓는 것"이다. "그렇기 때문에 그것은 통상적인 감각의 상호작용으로부터 시각을 추출해 내는 것이다. 그리고 말한다는 것, 즉 언술(speech)이란 우리의 5개 감각 모두를 한순간에 밖으로 외화(外化, 중얼거리는 것)하는 것인데 반하여, 글을 쓴다는 것은 이 말로부터 시각적인 것만을 추출하여 외화하는 것이다." 마샬 맥루한, 『구텐베르크 은하계』, 91쪽.

198) 월터 J. 옹, 『언어의 현존』, 47쪽 참조.

199) 즉 월터 J. 옹에 의하면, "알파벳은 음향 자체를 취급한다. ... 알파벳은 시간의 일방적 흐름이 완전한 힘을 주장하는 음향 자체 안에 돌입하여 음향에 부동의 글자들을 대치시킴으로써 이 흐름을 중화시킨다." 같은 책, 49쪽.

200) 월터 J. 옹, 『구술문화와 문자문화』, 141쪽.

201) 같은 책, 142쪽.

202) 마샬 맥루한, 『구텐베르크 은하계』, 99-100쪽 참조.

뛰어난 융통성을 가진" 글말이라고 주장한다.[203] 물론 긍정적인 측면을 들자면 알파벳 도입으로 인해 인간들은 추상적 사고가 가능해졌으며, 논리적이고, 객관적이며, 분석적[204]사고를 할 수 있게 된 것을 들 수 있다. 하지만 한 가지 코드로의 통합은 인간을 평균화, 획일화[205]로 가져왔다는 점을 간과해서는 안 된다.

중요한 점은 표의문자와는 달리 알파벳이 소리를 시각적인 것으로 환원시켰다는 것이고, 사물의 운동성을 글말의 시각화로 고정화시킨다는 것이다. 시각의 고정성은 우리가 알파벳을 읽을 때 알파벳의 정해진 순서에 따라 시각뿐 아니라 사유의 흐름도 따르게 한다. 따라서 알파벳은 음성을 시각으로 전환하면서 동시에 언어에 일정한 질서와 통솔감을 불어넣는다. 이러한 질서와 통솔감이 인간을 공간적 질서로 재배열시키는 역할을 하였다. 다시 말해 알파벳으로 인하여 인간관계가 고정적인 서열화로 자리매김 되고 개인주의로 흐르기 시작했다. 또한 시각이라는 감각만을 강조하게 됨으로써 보다 폭 넓은 사물로의 접근이나 인간의 내면적 만남이 거부되고 일체의 감정이 배제된 획일적이고 평등하고 균형적인 사고방식을 낳게 되었다. 글말은 인간을 소외시키는 현상을 가져온 것이다.

알파벳과 음절문자의 창조는 기호의 숫자를 급격히 감소시키고 언어를 표기하는 무제한의 능력과 대중이 손쉽게 익힐 수 있는 글말 체계를 가져왔다.[206] 글말의 대중화는 국가 권력의 중앙집권화에 제약으로 다가왔다. 글말 해독률이 높아짐에 따라 중앙 집권화가 분산되었고 중요한 사실은 투표제도가 발생하게 되었다는 것이다. 또한 글말 해독은 새로운 분야의 지식을 넓힐 수 있는 기회를 주었을 뿐만 아니라 지식 습득의 새로운 방식을

---

203) 월터 J. 옹, 『구술문화와 문자문화』, 142쪽.

204) "하블로크는 ... 희랍인 사이에서 분석적인 사고가 우세하게 된 원인을 그들이 알파벳으로 모음자를 도입한 데서 찾고 있다." 같은 책, 48쪽.

205) 마샬 맥루한은 획일화에 대해 다음과 같이 말한다. "획일적인 시간과 공간에 기초하여 추상적이며 명시적인 시각을 중심으로 한 기술이 지배하는 것이 서구의 문화이다. 시간과 공간이라는 2개의 축이 중심이 된 사유는 어떤 사건에는 원인과 결과가 있으며, 원인이 앞서고 결과가 뒤따르는 시계열상의 현상으로 파악하는 사유이다." 마샬 맥루한, 『구텐베르크 은하계』, 45쪽, 주 35.

206) "알파벳은 민주주의적인 스크립트로 누구나가 간단히 배울 수 있다. 한자 쓰기는 그 밖의 많은 쓰기 체계와 마찬가지로 엘리트주의적이다. ... 알파벳의 민주주의적인 성격은 한국에서 제시되었다." 월터 J. 옹, 『구술문화와 문자문화』, 142-143쪽.

가능하게 하였다. 오늘날 인터넷의 보급으로 인해 정보의 독점화가 사라지고 따라서 중앙의 통제가 어려워진 것과 같은 원리이다. 이러한 지식의 개방화로 인하여 개인의 자유화는 이전보다 훨씬 넓어진 것도 사실이다. 하지만 글말의 극단적인 시각적 편향성은 인간의 감각 기관의 분열을 낳았고 인간의 정신분열증 현상을 가져왔다.[207] 개인의 감각간의 분열뿐만 아니라, "기능간의 분열, 작업의 분열, 감성적 국가와 정치적 국가의 분열, 목표의 분열이 진행되어 왔다."[208]

비록 인간의 사유가 폭 넓어진 것은 사실이지만, 반면에 글말로 인해 인간의 의식 세계에서 인격적인 측면이 감소하기 시작했다. 쓰기가 인간관계를 사물화 시켰는데, 그 원인이 글말에는 직접적인 "너"가 부재하기 때문이다. 글말에는 익명의 다수만 현존할 뿐이다. 나의 "너"가 사라진 쓰기는 현재의 생동감이 입말언어에서처럼 역동적일 수 없다. 글말의 시각화가 인간에게 주는 것은 감정이 배제된 냉정한 객관화뿐이다. 객관적인 사고방식은 인간에게 창조성보다는 절제되고 논리적인 사유방식을 강요한다.

언어의 알파벳화의 문제점은 인간의 감각을 오직 시각이라는 기관에 통합시키는데 있다. 입말문화에서는 언어사용에 모든 감각 기관을 사용하게 하는데 비해 알파벳은 시각만을 강조하는데 문제점이 드러나는 것이다. 입말의 세계는 대화하는 두 사람 사이에 말하고 듣는 사람의 사적(개인적) 의미가 현존하는데 비해, 글말의 세계에는 "자신의 삶과 무관한 세계"만이 존재할 뿐이다.[209] 이러한 것이 인쇄가 발명되고 나서 더욱 심하게 되었다.

❸ 인쇄술의 영향

알파벳이 다른 글말, 특히 표의 문자 등을 제치고 세계를 지배하도록

---

207) "인간이 자유와 독립을 획득하는 길은 표음 문자를 통하는 길이고, 이는 인간을 이중적인 정신분열증의 상태에 놓이게 하였다." 마샬 맥루한, 같은 책, 51쪽. 정신분열증 현상 중의 일례가 관음증 내지는 편집증적 현상일 것이다. 자신은 타자와 직접 대면을 하지 않는 일종의 "훔쳐보기"가 시각적 세계관은 가능하게 한다. 또한 입말 문화의 인간과는 달리 인격적 관계가 결핍되었기에 사랑의 결핍을 매우기 위해 혼자서 무엇인가에 몰두하는 경향이 있다.

208) 마샬 맥루한, 『구텐베르크 은하계』, 90쪽.

209) 마샬 맥루한, 『구텐베르크 은하계』, 47쪽 참조.

한 원동력은 인쇄가 가능하다는데 원인이 있다. 알파벳이 인간에게 보다 절대적인 영향력을 끼친 것은 사실상 구텐베르크 인쇄술의 발명이후부터였다. 인쇄술이 발명되기 이전 필사 시대에는 시각이 다른 감각으로부터, 특히 촉각으로부터 완전히 분리되지는 않았다. "감각이 분열되고, 시각이 다른 감각으로부터 떨어져 나가게 된 것은 엄밀하게 획일적이고 반복 가능한 활자에 의해 서적이 대량으로 생산되면서 생겨난 일이다."[210] 필사 시대에는 나름대로 사람들이 글을 쓸 때 자신의 감정과 촉각 등의 다른 감각도 참여하게 된다. 하지만 인쇄물의 경우, 사람들이 이전과는 달리 오로지 눈으로만 글을 읽기에 시각만이 발달하게 되고 그에 따라 전형적인 시각적 인간으로 변한 것이다. 즉 유럽인에게는 "보는 것이 믿는 것"이 되었고, 이러한 "공간-시간 관계의 시각화"가 유럽인들이 기계론적인 세계관을 갖게 된 원인인 것이다.[211] 시각은 순서에 따라 연속적으로 이어지는 방식을 강요하기에, 인쇄는 원인과 결과라는 시각적 인과 관계를 초래했고, 그에 따라 우리의 사유 방식도 일방통행 식의 선행 방식에 익숙해졌다.[212]

다시 말해 인쇄의 특징을 "균질성, 획일성, 반복성"으로 표현할 수 있는데, 이 중에서 균질성은 모든 인간이 오직 똑 같은 시각적 관점만을 가지고 동질적인 세계를 바라보기에 발생하는 것이다. 또한 글말에는 음성에서와는 달리 서로 다른 소리, 억양, 감정 상태 등이 배제된 채 똑 같은 글자, 문법형식 등의 획일화된 체계만이 인간에게 강요될 뿐이다. 반복성은 인간의 고정된 관점을 만들었다. 즉 획일적으로 반복되는 활자에 인간은 고정된 자리에서 자신의 입장만을 가지고 시각적으로 바라보기만 하면 되는 것이었다.[213] 고정된

---

210) 같은 책, 111쪽.

211) 같은 책, 47쪽.

212) 반면에 입말 문화의 대화와 사유방식은 상호 교류의 방식에 기초하고 있다.

213) "키프스(Gyorgy Kepes)는 『시각 언어』(The Language of Vision)에서 다음과 같이 설명한다. '고정된 관찰점에서 자연을 글말로 모방한 것은 자연의 조형적인 유기체로서의 이미지를 죽여 버렸다.'" 마샬 맥루한, 『구텐베르크 은하계』, 253쪽. 맥루한도 이에 동조하며 다음과 같이 덧붙인다. "이 개인적인 혹은 '고정된 시점'은 비자발적이고 무의식 중에 생기는 특성으로, 경험에서 시각적 요소만을 분리할 때 생기는 것이다." 같은 책, 254쪽. 계속해서 주장하기를, "인쇄가 지배적인 것이 되면서 영역간의 상호 작용이나 대화는 없어지고 오직 수많은 '시점(point of view)'만이 존재하게 되었다." 같은 책, 280쪽.

관점은 인간의 개방성을 저해하고, 즉 열려있는 대화가 사라지고 자신의 관점만 주장하기에 타자와의 관계에 있어서도 주 · 객의 관계가 발생하게 된다. 나와 너, 인간의 관계는 주 · 객의 관계가 아니라 주체적 인간 대 주체적 인간인 인격적 관계인 것이다. 타자는 대화의 대상이지 사물과 같은 객체의 대상이 아닌 것이다.

나아가 인쇄술은 인간의 상품화까지도 가능하게 하였다. 글을 쓴 저자는 자신의 사유를 인쇄를 통해 대량 생산하는 상품으로 발전시켰고, 독자는 얼굴 없는 저자의 사유를 시각을 통해 상품화된 책을 접한다.[214] 이렇게 해서 글을 읽는 모든 독자가 획일화되고, 저자와 독자는 직접 대화가 사라진 채 오직 인쇄된 글을 통해서만 관계를 맺을 수 있다. 다시 말해 나는 "너"로부터 멀어지며 우리는 사실의 세계에 직접 참여하는 것이 아니라, 글을 통해 간접적으로 관여하기에 사실에 대한 추상적 사유방식이 발달하게 된다. 인쇄본은 우리로 하여금 추상적 사유의 산물만을 제공할 뿐이다. 세계에 대한 간접 경험은 소외 현상을 낳는다. 모든 관계에는 사랑이 결핍되고 소외된 인간들만이 왜곡된 감각 기관을 통해 사물화 된 관계만을 가질 뿐이다.

인쇄문화는 인간의 삶을 수동적으로 변해 가도록 한다. 대량 생산된 지식은 인간이 적극적으로 앎을 찾도록 하지 않고 편안하고 손쉽게 지식을 접하도록 함으로써 개인의 평준화 현상도 초래했다. 소수 엘리트주의의 독점에서 일반 대중으로까지 지식의 확대는 전제주의의 몰락과 자본주의의 발전을 가져왔다. 대량 생산과 대량 소비라는 자본주의 체제에서 인간의 소외 현상은 필연적인 결과일지도 모른다. 인쇄가 인간의 자유를 확대시킨 반면, 이 자유는 극히 주관주의적이며 개인주의적인 자유이며, 따라서 이들은 전체와의 관계 속에서 자신을 비추어보는 삶의 태도를 견지하지 못한다.[215] 시각주의 문화에 익숙한 인간들은 반성 없는 삶 속에서 보다 쉽게 글말에 의해 조작되어[216] 가는 경향이

214) 맥루한은, 인쇄는 인격적 대화를 포장된 상품으로 번역했다고 주장한다. 계속해서, "그것은 언어와 인간의 이해력을 꽈배기처럼 꼬이게 만들거나 편향성을 띠게 만들었"다고 말한다. 같은 책, 319쪽.

215) 내가 인간일 수 있는 것은 타자와의 관계 속에서 가능하다. 타자 없는 개별자를 인간이라 할 수는 없는 것이다. 따라서 부버는 내가 나를 말할 때 반드시 나-너의 쌍에서만 가능하다고 한 것이다.

216) 따라서 맥루한은 말하기를, "인쇄의 발명은 공간에서의 단어에 대한 대규모적인 조작을 낳고 논리 혹은 변증법을 양적으로 조작하려는 경향을 초래"했다고 한다. 같은 책, 310쪽.

있는 것이다. 즉 주체성 없이 글말에 쉽게 종속되고 주어진 것만을 비판 없이 받아드리는데 익숙해지는 것이다.

앞에서 언급했듯이 입말문화에서 대화의 수단인 언어는 인간의 자아 형성과 인격 형성에 큰 영향을 준다. 입말문화에서 말은 나와 너를 내적으로 연결하는 생명감 있는 매개체이다. 하지만 인쇄 매체에서 음향의 성질을 지닌 말은 시각적인 것으로 변하여 공간 속의 사물이 되고 상품화된다.

문제는 언어의 시각화라기보다는, 인쇄가 오직 시각만을 강조하여 인간의 감각을 왜곡하고 한쪽 방향으로만 사유하게 만드는데 초점이 있다. 감각의 고립화는 사유 양식과 존재 양식의 고립화를 가져온다.[217)] 블레이크에 의하면 감각 비율이 변할 때 인간의 존재양식도 변한다고 한다.[218)]

217) "뿔레는 다음과 같이 쓰고 있다. 고립된 순간에는 '창조주이자 수호자인 신은 부재한다. 그 무대에는 주연 배우가 없다. 우리는 제 1 원인(신)의 초월적인 역할을 대체한 제2 원인인 개인들의 행위를 발견한다. 거기에는 신 대신에 느낌, 감각 그리고 감각을 유발하는 모든 것이 존재한다.' 그런데 위와 같은 감각들을 유발하는 것은 명백하게도 인쇄 기술이다. ... (인쇄 기술로 인해) 존재는 존재가 아닌 단지 '흐름이고 그림자이며, 영속적인 변화'에 불과한 것이 되고 만다. ... 존재에 대한 묘사를 포기하고 일련의 정지 '화면들'에 의해 만들어지는 환영을 선호하는 것, 이것은 활판 인쇄술의 확장이다." 같은 책, 463쪽.

218) 같은 책, 504쪽 참조.

7.

감성의 언어 - 입말

언어를 크게 입말과 글말로 나누어 볼 때 인간의 존재 방식은 그 둘 다에 영향을 받지만, 일반적으로 태어나서 아기일 때는 입말의 영향을 많이 받고 나중에 커서는 글말의 영향을 더 받는다. 하지만 서구 사상은 그동안 시각에만 치우쳐서 입말과 소리의 중요성을 간과하였다. 서구세계는 너무 오랜 기간 동안 시각주의의 관점이 지배하는 세계관 속에 있어 왔다. 즉 시각주의적 세계관과 시각주의적 사유방식이 그들의 사유 전반을 지배해 왔고, 심지어 삶의 방식까지도 시각주의에 물들어 있다고 할 정도다. 시각 이외의 다른 감각들은 시각을 통한 인식 수단의 부수적 역할에 그치는 것으로 생각되어 왔다. 시각주의의 세계관과 사유방식은 철저히 서구 전통 형이상학의 산물이다. 플라톤의 이데아론을 비롯하여 관념론과 선험적 현상학 등은 시각을 그 토대에 두고 있다.

하지만 인간뿐 아니라 거의 모든 척추동물들은 세상에 태어났을 때 눈을 뜨고 자기 주변 환경을 인식하기 이전에 이미 소리를 내며 울고 외부의 소리에 반응한다는 사실이다.[219] 다시 말해 시각보다는 청각과 소리에 먼저 의존한다는 것이다. 아이가 태어났을 때 가장 먼저 경험하는 것은 피부접촉 내지는 손길이고, 그 다음 주변의 소리와 엄마의 음성이다. 즉 소리가 먼저고 시각은 나중이라는 것이다.

여기서 우리는 돈 아이디(D. Ihde)의 주장에 주목할 필요가 있다. 그에 의하면, "청각적 현전의 충만성은 '살아 움직이는' 생명적 충만성이"라는 것이다.[220] 그렇다면 역으로 말해서 소리가 없는 곳에서 생기는 사라진다고 할

219) 같은 책, 504쪽 참조.

220) Don Ihde, *Listening and Voice, Phenomenologies of Sound*, 82쪽.

수 있다. 우리가 사는 그 어떤 곳에서도 완벽한 '소리 없음'은 발견할 수 없다. 산 속이나 허허 벌판에서도 바람 소리 등은 존재한다. 심지어 소리가 차단된 방안에 혼자 머물러 있을 때조차 갑자기 자신의 몸 안에서 들여오는 심장 소리, 맥박 소리 등을 들을 수 있다. 이처럼 소리는 생명, 살아있음의 증거라 할 수 있다. 반면에 소리가 없는 곳은 죽어있는 장소라고 할 수 있다.

글말이 시각주의의 토대로 형성되었고 입말은 청각주의 내지는 소리에 그 근원을 두고 있다고 할 때, 언어의 본성은 글말 보다는 입말에서 찾아보아야 한다. 그러나 서구 사상사는 철저히 글말을 중시하고, 입말은 비논리적이라 하여 도외시하였다. 이처럼 글말을 중시하는 태도와 입장은 그리스 시대, 즉 플라톤, 아리스토텔레스에서 그 유래를 보아야 한다.

그리스에서 "보다"는 곧 "알다"와 같은 의미로 통용되었다는 사실에서도 시각 중심주의 사상을 엿볼 수 있다. 이러한 그리스철학의 시각주의적 사유를 밝혀준 사람이 하이데거였다. 하이데거에 의하면, 그리스인들의 세계는 철저히 시각(vision)의 세계였다는 것이다.[221] 또한 돈 아이디에 의하면 영어, 인도-게르만어에는 아직까지 서구 시각주의의 영향력이 남아있다고 주장하는데, 이는 영어와 인도-게르만어의 뿌리인 그리스어가 시각주의에 기초하기 때문에 당연한 생각이라고 하겠다.

서구 역사에서 '생각한다'는 것은 이미 시각으로 무엇인가를 형상화 한다는 것을 의미한다. 이는 플라톤 사상의 이데아론에서도 자명하게 드러나 있는 사실이다. 눈에 보이는 현상에서 추상적 사유세계로 나가는 서구철학의 조류는 그 근저에 시각 중심주의 사유가 깔려있다. 이처럼 시각은 서구인들에게 합리성과 논리성을 가져다주었고, 이것은 이성주의의 바탕이 되었다. 명확하게 드러난 것을 추구하는 이들의 사유방식은 후에 과학주의 세계관에도 지대한 영향을 미쳤다. 결론적으로 말해 서구 학문 세계의 바탕은 시각화에 기인한다.

플라톤의 이데아 역시 시각화에 기인하는 것이고[222], 로크의 'tabula rasa'

---

221) 같은 책, 6~7쪽 참조.

222) "그리스말 이데아(Idea)는 원래 '본다'라는 말에서 나온 것이라고 한다." 이규호, 『언어철학』, 연세대학교출판부, 2005년, 52쪽에서 인용.

사상뿐 아니라, 데카르트의 'cogito ego sum' 사상도 시각화를 바탕으로 하고 있다. 즉 데카르트의 '연장' 개념이나, 로크가 말하는 사물의 '제1성질'은 시각적이다. 이들에게 사물의 소리는 결코 사유의 대상이 되지 못했다. 이들에게 중요한 것은 오직 어떻게 하면 인간이 시각적으로 사물을 올바르게 인식하는가였다. 서구 전통형이상학의 관점에서 항상 사물의 소리는 부차적인 것이었다. 문제는 너무 시각을 강조한 나머지 사물에는 시각적 측면 외에 다른 현상이 있다는 사실을 잊어버렸다는 사실이다.

눈에 보이는 현상으로서의 사물에 대한 인식문제에서 서구인들에게 가장 큰 문제는 비가시적 존재에 대한 탐구였다. 이들은 끊임없이 비가시적 존재에 대한 합리적 해명을 구하려고 시도했지만 가시적 사물들에서 얻을 수 있는 명쾌한 해명에는 실패했다. 돈 아이디는 이처럼 시각주의가 해결하지 못한 비가시적이고 추상적인 '실체'에 대한 해명을 '소리' 현상학에서 찾고자 한다.

돈 아이디는 서구에는 시각주의의 흐름이외의 청각 내지는 소리의 형상이 존재한다고 하면서 그 예로 니체의 디오니소스적 사상에서 나타나는 "춤의 신"과, 히브리의 신을 언급하고 있다. 히브리 신은 시각으로는 감추어져 있지만 음성으로는 인간에게 자신의 존재를 알렸다는 것이다. 히브리의 신은 "말의 신"이라는 것이다.[223] 그렇다면 헬레니즘의 전통은 '시각'에 그리고 헤브라이즘은 '청각'에 자신들의 사상적 기반을 두고 있다고 할 수 있다. 하지만 여기서 논의의 초점이 신학이 되어서는 안 되고, 철학이어야 하기에, '신의 말'을 통한 인간의 존재 방식은 논의하지 않을 것이다. '신의 말'은 논리가 아닌 오직 믿음이 가지고 듣고자 하는 사람에게만 들리기 때문이다. 하지만 하이데거가 '내면의 소리'라고 하는 경우나, 칸트의 정언명법과 같은 경우 또 다른 방식으로 논의가 될 수도 있을 것이다.

우리는 오늘날 월터 J. 옹이나, 마샬 맥루한 같은 사상가들에 의해 입말의 중요성이 논의되고 있고, 그 이전에도 이미 마르틴 부버와 같은 대화론자들의 사상에서도 입말의 중요성이 논의되었다는 사실에 주목할 필요가 있다. 시각주의가 지배하는 시대에서도 글말이 아닌 입말의 중요성을 언급한

223) Don Ihde, *Listening and Voice*, 14쪽 참조.

사상가들이 있었다는 사실을 주목해야한다. 그들 주장의 공통점은 언어의 고향은 글말이 아닌 입말이라는 점이고, 언어의 시발점 또한 입말이라는 것이다. 입말의 특성은 소리, 음향에 있다. 여기에서 돈 아이디와 월터 J. 옹의 사상을 매개로 '소리', '들음', '음성'의 현상학과 입말의 현상학을 살펴보고, 인간의 존재방식에서 입말과 대화가 끼치는 영향에 관해 논의하고자 한다.

대화는 언어가 가지는 단점을 경감시키는 역할을 한다. 즉 끊임없이 변화하고 다양한 세계의 현상을 단 하나의 언어로 표현하려는 인간의 태도는 일방적인 해석만 낳을 뿐이다. 이런 일방적 해석을 '나와 너'의 대화가 다양한 해석을 가능케 한다. 또한 나는 홀로 존재가 아니라 '너'와 함께 있는 존재로서 너와의 대화 속에서 내 존재의 의미가 실현화 된다. 이 말은 대화를 통해 '나와 너'가 함께 실현화 된다는 것을 의미한다. 대화 속에 인간 존재 방식의 실마리가 들어 있는 것이다. 마지막으로 훈민정음의 제자원리 속에 깃들어 있는 입말의 특성을 살펴보고, 시각을 강조하는 그리스 알파벳과 청각의 특성을 살리는 훈민정음을 인간의 존재방식과 연결하여 간략히 살펴보고자 한다.

1. 소리의 현상학적[224] 의미

입말의 현상학을 다루기 위해서는 먼저 입말의 토대인 소리에 관해 살펴보아야 한다. 입말 뿐 아니라 언어의 고향은 원래 소리 · 음향이다. 월터 J. 옹과 같은 사람은, 언어는 기록이 아니라, 음향계의 사건이며, 음향을 통해 우리의 정신은 실재와 관계를 맺는다고 주장하였다.[225] 소리는 시각이 주지 못하는 사물과 현상에 대한 앎을 우리에게 준다. 세계는 시각의 현상이기도 하지만 소리 · 음향의 세계이기도 하다. 우리는 종종 세계가 소리를 지니고

224) 여기서 '현상학'의 의미는 후설의 현상학 개념보다는 하이데거의 현상학 개념에 가깝다. 하이데거가 *Sein und Zeit* (28~39쪽)에서 설명하고 있듯이, 현상학이란, "스스로 드러나는 것을 스스로 드러나는 그 자체로 볼 수 있게 해주는 것"이라 할 수 있다. 따라서 여기에서 언급한 현상학의 의미는 본질주의를 나타낸다기 보다는 '있는 그대로의 것을 나타내는 것'을 말한다. 본 글이 선험주의를 비판하면서 후설의 현상학 개념을 사용할 수는 없는 것이다.

225) 월터 J. 옹, 『언어의 현존』, 30쪽 참조.

있다는 사실을 잊고 있는 것 같다. 오직 시각이 주는 세계만을 참이라 믿으며 정확한 인식을 위해서는 어떻게 하면 잘 볼 수 있는가를 연구한다. 자연과학도 시각의 세계에 근거를 두고 있다.

물론 일반적으로 볼 때 소리는 시각보다 불명료하다. 시각을 통한 인식에는 차이성이 적지만, 청각에 의한, 소리를 통한 인식은 매우 다양하다. 소리를 통한 인식에는 어떤 통일성도 확보하고 있지 못하다. 예를 들어 시냇물 소리를 듣는 사람들의 표현은 제각각이다. 반면에 시냇물을 본 사람들의 견해는 동일하지는 않지만 비슷하다. 따라서 소리의 가장 큰 문제점은 시각에 비해 객관성을 확보하기가 어렵다는 사실이다. 따라서 문자가 없이 입말만 사용하는 문화의 사람들은 논리적이지 못하다고 한다.[226] 하지만 시각은 획일화와 동일성을 강조한다. 시각적 세계에서 차이성은 틀린 것으로 간주되기 쉽다. 반면에 청각적 세계는 다양성과 차이성을 드러내 준다. 물론 청각적 세계가 다양성만을 강조하는 것은 아니다. 시냇물 소리와 돼지 울음소리는 분명 커다란 차이를 가져온다. 우리가 비록 시냇물 소리를 다양하게 듣는다고 할지라도 그들 사이에는 일정 정도의 비슷함이 있다. 즉 돼지 울음소리의 범주와는 다른 시냇물 소리만의 공통성이 있다. 이것은 소리에도 동일성이 있음을 예측할 수 있는데, 단 그 동일성은 시각의 동일성과는 다른 것이다. 여기서 강조하고자 하는 점은 소리가 없는 시각만으로 관찰한 사물은 일면일 뿐이고, 진실한 사물의 모습은 아니라는 것이다. 사물의 진정한 모습은 시각과 소리가 모두 반영되어 우리 앞에 나타나야 한다.

소리는 시각이 가져다주지 못하는 것을 우리에게 주는데, 그것은 바로 소리 현상의 가장 중요한 점인 생동감이다. 소리의 세계는 깨어 있음, 살아 있음의 세계이고, 소리가 없는 세계는 죽어 있는 세계라고 할 수 있다.

소리의 성질 중 시각이 주지 못하는 또 다른 중요한 현상은 바로 내면성을 외부로 드러내 보인다는 점이다. 월터 J. 옹이나 돈 아이디 모두 동일한 견해를 가지고 있는데, 소리와 청각은 시각과는 달리 사물의 내부를 분해하지 않고

226) 월터 J. 옹, 『구술문자화 문자문화』, 60~118쪽, 참조.

알 수 있다고 한다. 즉 어떤 상자가 있는데, 그 상자의 내부가 비어 있는지 아니면 꽉 차 있는지를 알기 위해서 상자를 분해하지 않고 알 수 있는 방법은 그 상자를 두드리는 것이다. 상자를 두드리고 그 소리를 들으면 상자가 비어 있는지 아닌지를 알 수 있다.[227] 이처럼 소리를 통해 내부를 알 수 있는 것은 바로 소리의 공간적 성질 때문이다.

우리가 간과하는 사실 중의 하나가 바로 소리가 공간적이라는 사실이다.[228] 음파·음향 탐지기로 바닷물 속의 지형이나 물고기 등을 알 수 있는 것도 소리를 통한 공간의 인식 능력이다. 이처럼 소리 나는 것은 모두 소리를 통해 내부를 감지할 수 있다. 내부의 공간성이 소리를 통해 바깥으로 전달되는 것이다. 악기의 소리도 이와 같은 이치이다. 나아가 인간의 목소리도 인간 몸의 내부에서 나온다. 내면성에 대한 인식은 분해나 분석을 통한 것이 아니라 전달을 통한 것이 진정한 것이다. 시각이 사물의 내부를 알기 위해 내부를 파괴하여 외부로 만들어 버리는데 반하여 음향은 물리적 침입 없이 내부를 알 수 있다. 이처럼 소리는 내부를 내부 그대로 드러나게 한다.[229] 예를 들어 거짓말 탐지기도 내부를 소리를 통해 드러내기 위한 원리를 이용한 것이라 할 수 있다. 소리는 내면을 알리는 진정한 매개체다.

월터 J. 옹에 의하면, 시각은 분해하고 분석하는 성질을 지닌데 반하여, 소리는 통합하는 감각이다.[230] 우리가 소리를 들을 때 한 번에 그리고 동시에 순간적으로 듣는다. 이것은 소리의 현존성을 의미한다. 즉 소리는 철저히 현존성을 지닌다. 월터 J. 옹은 이와 같은 소리의 현존성을 인격적 현존성이라 하는데, 그 이유는 "신"의 음성이 소리로서 아브라함에게 "말씀"하였기 때문이다. 즉 아브라함이 신의 음성을 들었을 때 신의 현존을 깨달았다는 것이다.[231] 그렇다면 소리와 음성은 현존성을 전달하는 매개체라는 것을 알

---

227) 같은 책, 112~116쪽, Don Ihde, *Listening and Voice*, 70쪽, 참조.

228) 돈 아이디에 의하면, 서구 전통 사상은 공간성이 소리와 들음의 능력이라는 사실을 부정했다고 한다. 같은 책, 58~59쪽, 참조.

229) 월터 J. 옹, 『언어의 현존』, 111~112쪽.

230) 월터 J. 옹, 『구술문화와 문자문화』, 114쪽. 또한 월터 J. 옹에 의하면, "메를로 퐁티는 「시각과 정신」이라는 논문에서 시각이 해부하는 감각임을 매우 잘 해명하였다." 월터 J. 옹, 『언어의 현존』, 121쪽.

231) 같은 책, 108쪽.

수 있다. 현존성을 전달할 때 그것은 어느 한쪽 방향에서만 오는 것이 아니라 전방위에서 온다. 시각적 인식은 하나의 방향만을 고집하는데 반하여, 소리는 모든 방향에서 온다. 하나의 책상을 보기 위해 우리는 책상 주위를 돌아 다양한 시선을 한데 모아 책상을 인식한다. 반면에 소리는 우리를 중앙에 놓는다. 구태여 사물의 주위를 돌 필요 없이 내가 중심이 되어 소리가 모든 방향에서 나에게 온다. 나는 항상 소리 세계의 중앙에 서 있다. 소리는 나를 에워싼다. 이런 의미에서 월터 J.옹은 "음향이 나를 세계의 한 복판에 놓는다"고 주장하였다.[232]

따라서 소리는 조화를 가져다주는데, 이것은 소리가 통합을 지향한다는 사실을 가리킨다. 시각은 분해하지만 소리는 통합한다. 입말의 성질을 소리로 보았을 때, 우리는 입말이 나와 너를 통합해주는 매개체라는 것을 알 수 있다. 나중에 다시 언급하겠지만, 대화의 본질은 입말에 놓여 있고, 또한 입말의 특성은 소리와 청각이므로, 인간의 존재 방식의 토대인 대화는 결국 조화와 통합임을 알 수 있다.

시각과 다른 소리의 또 다른 특성은 소리가 지속성을 갖지 못한다는 것인데, 이것은 달리 말해 현존성에 충실하다는 의미이고, 그것은 또 다시 말해 소리는 철저히 운동성을 나타낸다는 것이다. 플라톤의 이데아 세계는 소리가 결여되어 있고, 운동성이 결여되어 있고 존재들 사이의 관계가 결여되어 있다. 따라서 현상의 세계와는 달리 추상적 세계에 머무르고, 생명성과 역동성이 결여되어 있다. 운동성은 시간에 따라 사라진다. 시각은 시간을 붙잡아 두는데 반하여 소리와 청각은 시간을 붙잡지 못한다. 따라서 "음향과 관련을 맺는다는 사실은 '지금 그리고 이곳'의 실존과 활동을 지닌 현재와의 관련을 맺는다는 의미이다."[233] 소리가 인간의 다른 감각보다 훨씬 더 현실적이고 실존적이다. 소리는 이처럼 역동적이므로 삶의 생동감을 나타낸다.

여기서 우리가 이성적 삶과 감성적 삶을 구분해 보았을 때, 시각은 이성적 삶을 이끌고 소리와 청각의 삶은 감성적 삶을 이끈다고 할 수 있다. 감성적 삶을 부정적 측면으로 해석하기 보다는 생명의 출발점으로 볼 수 있다. 위에서

232) 같은 책, 122쪽.

233) 같은 책, 106쪽.

언급한 것처럼 소리와 청각의 충만성은 "살아 움직이는 생명적 충만성"이다.[234] 소리는 "느낌"이다. 우리는 소리를 듣고 느낀다. 소리가 결여된 시각만으로 받아들인 외부 현상의 인식에는 생명의 충만성이 없다. 입말의 경우를 보더라도 음성의 직접적 전달은 글을 통한 전달보다 훨씬 더 역동적이다. 음성에는 감정이 실려 있기 때문이다. 소리는 글보다 현실성을 더 잘 전달한다. 이 말은 다시 말해 글로 인한 간접적 이해보다 오해의 소지가 적다는 것이다. 글은 일단 현재를 벗어난다. 따라서 그 당시의 현재성을 정확하게 나타나는데 무리가 있다. 그래서 월터 J. 옹은 비록 소리는 순간적으로 현존하지만 현존하는 순간만큼은 풍요롭고, 우리는 풍요로운 삶에 실존할 수 있다고 한다.[235]

이처럼 소리는 현존성, 순간성, 내면성, 조화와 통합성, 생명의 역동성을 지니고 있다. 이것은 우리가 시각에 치우치다 간과하는 부분이다. 앞에서 언급했듯이 언어의 본성은 입말에 있고, 입말의 본질은 소리, 음향이다. 그렇다면 이처럼 소리의 특성을 지니고 있는 입말은 어떤 성질을 지니고 있는지, 또 그것이 우리의 존재 방식에 어떤 영향을 주었는지를 살펴보겠다.

2. 대화의 본질

❶ 대화는 '무엇에 관한 말'이 아니라 '누구에게 향한 말'[236]이다.

대화의 일반적 정의는 서로 다른 두 사람이 서로 말을 교환하는 행위라는 것이다. 대화는 결코 혼자서 하는 행위가 아니라고 부버는 강조하였다. 혼자서 자기 자신과 말하는 행위는 대화가 아니고 독백이다. 독백에 의한 인간의 존재방식에서 우리는 진정한 인간의 삶을 찾아볼 수 없을 뿐만 아니라, 진정한 인간의 모습을 끄집어 낼 수 없다. 여기서는 단지 전시실의 마네킹과

---

234) Don Ihde, *Listening and Voice*, 82쪽.

235) 월터 J. 옹, 『언어의 현존』, 123쪽.

236) '향한 말'은 분명 의식의 지향성과는 다른 개념이다. 여기서 중요한 점은 의식이 아니라 언어가 지향한다는 점이다. 의식의 지향성에는 주체와 객체의 관계가 발생하는 데 비해, 언어의 지향성에는 일방적 관계가 아니라 상호 지향성이기에 주 · 객의 관계가 지양된다.

같은 인간상만이 그려질 수 있다. 인간의 진정한 모습은 타자들과의 상호 교류 속에서 발견할 수 있는 것이지, 결코 '군중'이나 집단으로부터 벗어난 홀로 존재로부터 나타날 수 있는 것이 아니다. 대중으로부터 벗어난 홀로 존재로부터 자아를 추구하는 것은 무의미한 일이다. 한 인간이 자신의 존재방식을 이해할 수 있기 위한 방법은 너와의 관계 속에서 성립한다. 너와 관계맺음을 이끌어 주는 매개체가 바로 언어이다. 이해의 수단은 언어이고, 언어의 주체는 자기 자신이다. 하지만 혼자 자신에게 말하는 독백 속에서는 자기 이해가 가능하지 않다. 너와 대화하지 않는 혼자만의 독백은 아집을 낳고 잘못된 자기 이해나 독단을 낳을 뿐이다. 대화는 나와 나 아닌 너 사이에서 발생하는 것이지 나와 내 내부에서 이루어지는 것이 아니다. 즉 대화는 말하는 사람과 듣고 대꾸하는 사람 두 명 사이에서 발생하는 행위이다.

말하는 사람과 대꾸하는 사람은 분명 다를 수밖에 없고 달라야만 한다. 대화는 서로 다른 존재자들 사이에서 발생하는 것이다. 두 존재자의 다름을 엮어주는 것이 대화이다. 다르지 않고 동일한 두 존재 사이에서는 결코 대화가 발생하지 않는다. 다르다는 것은 서로 떨어져 있음을 뜻한다. 부버는 이를 '근원적 떨어져 있음'이라 표현한다. 부버에게 대화와 인간 현존재의 근본적 두 원리는 바로 '원초적 떨어져 있음(Urdistanzierung)'과 '관계 맺음(In-Beziehungtreten)'이다. 모든 인간들은 독립적이고 자유로운 존재자로 세계에 서 있다. 자유인으로서 나와 너는 서로 마주 대하고 있다. 이 마주 대함이 바로 근원적이고 원초적 떨어져 있음인데, 이는 모든 존재자가 같지 않음에 기인한다. 같지 않기에 서로 떨어져서 마주 대하고 있는 것이다. 그러나 이 마주 대함은 서로 관계 맺으려 하는 것의 전제조건이라 할 수 있다. 마주대하고 있지 않으면 관계 맺음이 이루어지지 않는다. 부버에 의하면 오직 인간만이 이 마주 대함이 가능하고 따라서 관계 맺음이 가능하다고 본다.[237]

부버가 인간이 홀로 실존하지 않고 반드시 쌍으로 존재한다고 한 의도가 여기에 있다. 인간은 나-너 또는 나-그것의 상태로 존재하며, 나는 '너' 또는 '그것'과 근본적으로 서로 다른 존재이며 나는 이들과 서로 마주 대하며 서

237) Buber, M., *Urdistanz und Beziehung, Beiträge zu einer philosophischen Anthropologie 1, 4., verbesserte Aufl.*, (Verlag Lamber Schneider/Heidelberg: 1978), 11쪽 참조.

있다. 이런 상태에서만 비로소 두 존재자 사이의 대화가 가능한 것이다. 문제는 두 사람 사이에 대화가 발생한다고 하더라도 두 존재자의 관계가 반드시 '나-너'의 관계라는 보장은 없고 '나-너' 또는 '나-그것' 관계 중의 하나로 성립한다는 것이다. 비록 '나-그것'인 관계일지라도 인간인 이상 관계성 속에서 존재하지 홀로 존재하는 경우는 없다. 그렇다면 '나-너'와 '나-그것'의 존재인 '너인 나'와 '그것인 나'는 어떻게 다른 것인가를 살펴보자.

우선 주목해야 할 사실은 '나-너'와 '나-그것'이 서로 다른 두 존재자를 가리키는 것이 아니라 한 존재자의 서로 다른 두 가지 존재양태를 나타낸다는 것이다. 그것-나는 주체(Subjekt)의 나를 의미하고, 너-나는 주체성(Subjektivität)의 나를 의미한다. 주체는 세계를 구성하고 타자를 의식의 지향적 대상으로 구성하나, 주체성의 나는 세계에 참여하고 너와 만남을 갖고 너와 대화를 한다. 다시 말해서 주체의 나는 나 이외의 모든 것을 경험의 대상으로 삼고, 주체성의 나는 나 이외의 것을 만남의 대상으로 삼는다. 이에 대해 레비나스(N. Levinas)는 다음과 같이 말한다. "부버의 '나' 개념은 어떤 본질성을 나타내는 것이 아니라, 관계를 의미하는 것으로서 '너'를 향한 나 또는 그것을 파악하는 나만이 실존할 뿐이다."[238]

경험과 만남의 차이를 간략하게 살펴보면, 경험은 대상을 객체로서 받아들이고, 그것에 '관하여' 인식을 한다. 인식하는 주체와 인식되는 객체 사이에는 경계가 성립하고, 이 경계는 결코 허물어질 수 없는 벽으로서 존재한다. 따라서 인식하는 주체는 이쪽에서 그리고 인식되는 객체는 저쪽에서 따로 존재하며, 인식되는 객체는 주체의 의식에 구성된 표상으로 머무를 뿐이다. 즉 사물 자체가 아닌 주체가 가지는 관념으로 존재할 뿐이다. 문제는 인간과 인간 사이에서도 이런 관계가 발생한다면, 나-너 관계가 아닌 나-그것 관계가 성립할 것이다. 이와는 반대로 만남을, 나와 너가 같은 공간을 함께 공유하는 것으로 이해할 수 있다. 여기서 나는 너에 '관하여' 인식하는 것이 아니라, 나는 너에게로 '향한다(hinwenden)'.

부버에 의하면 진정한 대화는 바로 상대편에게 '향함'에서 이루어진다고

238) Levinas, N., *"Martin Buber und die Erkenntnistheorie"*, In: Martin Buber, hrsg. v. P.A. Schilpp u. M. Friedman, (Evanston/Stuttgart: 1963), 122쪽.

하였다.[239] 그리고 대화의 기본 움직임을 '저리로 향함'(Hinwendung)이라 하고, 이 기본 움직임을 인간의 본질행위라 부른다.[240] '향함'의 개념은 부버의 대화론을 이해하는데 매우 중요한 단서이다. 마치 후설의 지향성과 같이 이해될 수도 있으나, 향함은 의식의 지향성이 아니라, '만남'이다. 향함은 인간의 신체를 전제로 한다. 내 앞에는 신체를 지닌 너가 마주 서 있다. 내 앞에 마주 대하고 있기에 나는 너에게로 향한다. 또한 이 향함은 시각적 의미가 아닌 입말, 즉 음성 언어의 의미이다. 내가 너에게 말을 건네는 행위가 바로 너에게 향하는 행위인 것이다. 발덴휄스(B. Waldenfels)에 의하면 모든 '향한 말'에는 누구에 대한 물음의 요소가 있고, 모든 대꾸에는 대답의 요소가 깃들어 있다고 한다.[241] 나아가 그는 "나의 실존은 너를 향한 말이다"라고 주장하였다.[242]

너에게 향하는 말은 단순히 언어적 의미를 뛰어 넘어 나의 존재 방식도 담지하고 있다. 부버의 언어관은 인간의 존재방식과 함께 한다. 언어의 내재적 · 논리적 틀이 인간의 존재방식과 밀접한 관계를 맺고 있다는 것이다. 여기서 우리는 다시 한번 '누구에게 향한 말(anreden, ansprechen)'과 '무엇에 관하여 하는 말(bereden, besprechen)'을 검토해 보아야 한다. 부버의 '나-너'는 누구에게 향한 말의 형식을 띠고, '나-그것'은 무엇에 관하여 말하는 형식을 띤다. 이런 의미에서 '너'는 만남의 대상이고, '그것'은 경험의 대상이다. 이 두 개념의 차이를 이해하는 것이 부버의 대화론을 이해하는 길이다.

토이니센(M. Theunissen) 역시 '향한 말(Anreden)'과 '관한 말(Bereden)'이 언어의 근원적 차원이라고 설명하고 이 두 가지가 부버의 '나-너' 그리고 '나-그것'에 대응한다고 하였다.[243] '나-그것'에 대응하는 '관한 말'은 하이데거적 의미에 따르면 바로 도구적 관계로 설명할 수 있다. 사물과 인간의 관계는 도구적 관계이다. 이 도구적 관계는 인간이 언어로 사물에 이름을 붙일 때 성립하는 것이다. 즉 인간이 언어의 틀과 논리적 틀로 도구를 바라보고 그를

---

239) Martin, B., *Das dialogische Prinzip*, 293쪽.

240) 같은 책, 170쪽.

241) Waldenfels, B., *Das Zwischen des Dialogs, Sozialphilosophische Untersuchungen in Anschluβ Edmund Husserl*, (Den Haag: 1971), 140쪽.

242) 같은 책, 263쪽.

243) Theunissen, M., *Der Andere*, 283-286쪽.

사용했을 때 성립하는 관계를 말한다. 인간과 도구 사이에는 쌍방적 대화가 발생하지 않는다. 단지 일방적으로 사용하는 자와 사용되고 있는 객체와의 관계만이 성립할 뿐이다. 하지만 우리가 한 사물에 이름을 붙여 그를 사용하는 순간부터 우리는 그 사물의 존재 방식을 이해하고 있는 것이다. 즉 사물에 이름을 붙이는 행위는 사물의 존재방식을 우리 나름대로 이해한다는 것을 의미한다. 물론 사물 그 자체는 우리가 알 수 없다. 중요한 것은 우리가 현재 인식하는 대상으로서의 사물일 뿐이다. 우리가 이해한 그 사물의 존재방식이 사물 자체의 존재방식인지 아닌지는 중요한 것이 아니다.[244] 부버 역시 사물의 존재방식을 알기 위해서는 경험이 아니라 사물과의 '만남'을 통해 가능하다고 한다. 사물에 대한 경험, 즉 사물에 '관하여' 말을 하는 행위는 사물의 표피만 건드릴 뿐이다. 진정한 사물의 본성을 알기 위해서는 사물과 직접적 접촉을 통해서만 가능하다고 한다. 사물과의 진정한 대화 형식은 노동인데[245], 농부나 예술가들의 노동 행위를 예로서 들 수 있다. 예를 들어 농부는 사과나무 씨앗 속에서 사과열매도 미리 생각하고 온 정성을 다해서 씨앗이 사과 열매를 맺을 때까지 전 과정에 동참한다. 이 때 농부는 매순간 변하는 사과나무의 성질에 맞추어 사과나무가 잘 성장할 수 있도록 노동을 한다. 이때 씨앗과 농부 사이에는 만남이 발생한다는 것이다.

인간과 인간 사이의 관계는 이와는 좀 다르다. 인간과 인간의 관계에서 발생하는 만남은 주제 대 주체의 관계이고, 서로 말을 하는 주체성끼리의 관계이다. 대화에는 주체와 객체가 존재하는 것이 아니라, 즉 말하는 사람과 대답하는 사람의 관계가 주 · 객의 관계가 아니라 주체와 주체의 관계, '나와 너'의 관계가 성립한다. 이런 나와 너 사이에서 발생하는 대화의 형태가 바로 '향한 말'이다. 부버 뿐 아니라 많은 대화론자들은 이 '향한 말'

---

244) 물론 이에 대해 부버의 견해는 약간 다르다. 즉 부버는 사물의 본질을 알 수 있다고 말하고 있으나, 그 방식은 물론 어떤 것을 경험하는 방식, 즉 어떤 것에 '관해' 언급하는 방식으로는 알 수 없다고 한다. 그 방식은 바로 '너에게 향한 말'의 방식으로 가능하다고 한다. 즉 직접적인 만남을 통해서 사물의 본질을 알 수 있다고 주장한다. 나-너의 대화 형식은 인간에게만 적용되는 것이 아니라 사물의 본질 관계까지도 말하는 것이다.

245) 부버의 대화 형식은 크게 세 가지로 나눌 수 있는데, 자연과의 대화는 노동이고 인간 사이의 대화는 입말이고, 신과의 대화는 침묵이다.

(anreden, ansprechen)에 대해 언급하고 있는데, 향한 말은 인격적 대화의 방법이라고 한다. 즉 에브너(Ebner)는 인격체를 향해진 말을 하고 있는 자로서 규정하고 있고, 훔볼트도 '너'를 타자와 구분하여 "누구를 향하여 말을 하는 자"(Angeredeten)로서 정의하고 있다.[246] 즉 보다 직접적으로 말해서 '너'는 바로 본질적으로 '향한 말을 하는 자'(Angesprochene, Angeredete)라는 것이다.

'너'는 내가 말하는 대상이나 내용이 아니라, 나의 말을 듣고 수용하고 대꾸하는 존재자이다. 즉 언어의 수용자가 바로 '너'이다. 나의 말을 받아 줄 '너'가 존재하지 않는다면 나의 대화는 무의미하고 따라서 내 현존재의 의미도 상실된다. 왜냐하면 부버에게 인간의 존재 양식은 언어의 내재적 틀과 맞물리기 때문이다. 나와 너 사이에는 언어의 오고 감이 발생하고, 오직 너 만이 나의 향한 말에 대꾸를 할 수 있다. 즉 나와 너 사이에서 '물음과 대답'이 발생한다. 일찍이 아담이 하느님의 부름에 대해 응답 내지는 대답을 했듯이 '대답'은 오직 나-너 관계에서만 나온다는 것이다. 부버에게 물음과 대답이 단순히 의사소통만을 나타내는 것은 아니다. 그것은 존재론적 의미를 지닌다. 나의 대답은 나의 실존을 나타내는 것이고, 더불어 '책임'까지도 내재해 있다.[247] 따라서 나-너 사이의 대화는 서로가 서로의 존재방식을 받아들임을 의미한다.

부버 대화의 본질은 나와 너가 서로 상대방의 다름을 받아들이는 것이다. 같은 것 사이에서 대화는 발생하지 않는다. 다르기 때문에 대화가 발생할 수 있는 것이다. 부버에 의하면 진실한 대화는 대화 상대의 다름을 받아들이는 것이고, 그곳에서 관계는 성립하는 것이다.[248] 동일성 속에서 관계맺음, 만남은 발생하지 않는다. 다름을 받아들이기 위해서 인간은 열려있는 존재이어야만 한다. 다시 말해서 다름을 받아들이고 긍정할 수 있게끔 자신을 열어 놓아야 한다. 이 열어 놓음의 관계는 다름을 나의 관점으로 변형시킨다거나 억지로 관계로 끌어오거나 하지 않는다. 열어놓음은 타자의 다름을 그대로 인정하면서 만남이 발생하도록 하는 것이다. 인위적으로 만남을 갖는 것이 아니라 나와 너 사이에서 자연스럽게 만남이 발생하도록 하는 것이다.

---

246) Theunissen, M., *Der Andere*, 283쪽.

247) 독일어에서 대답(Ant-wort)과 책임(Ver-ant-wort)은 같은 맥락에 있다.

248) Buber, M., *Urdistanz und Beziehung*, 30쪽.

이때 비로소 나는 나대로 그리고 너는 너대로 자신의 고유성을 잃지 않고 관계맺음이 성립할 수 있는 것이다. 즉 언 듯 보기에 모순같이 보이는 자유와 관계가 나와 너 사이에서 성립하는 것이다. 자유와 관계의 양립성, 이것이 바로 부버 대화 원리의 핵심이다.

대화는 나와 너의 고유성을 지켜주고 동시에 함께 묶어주는 역할을 한다. 즉 자유와 관계가 함께 하는 것이 가능하도록 한다. 대화는 결코 상대방을 예속하는 행위가 아니다. 상대방으로 하여금 자신의 방식대로 존재하도록 하면서 관계적 존재로 실존하게 한다. 엄마인 '너'는 대화를 통해 나의 존재방식의 가능성을 일깨워 주고 들음을 통해 나 나름대로 실존하도록 도와준다. 즉 너와의 대화는 단지 하나의 가능성 내지는 내 내면의 존재를 일깨워 주는 역할을 하는 것이다. '너'와의 대화는 나로 하여금 나 자신과 관계를 맺도록 한다. 내가 나를 자각할 수 있는 이유는 우선 '너'와의 대화, 너의 실존을 통해서이다. 너는 '온' 몸으로 나에게 말을 건넨다. 이렇게 온 몸으로 수용한 너의 말을 통해 나는 나의 내면으로 들어가 나 자신을 찾고 '나'를 발견한다. 이때에서야 비로소 나는 나의 방식으로 존재하기 시작하는 것이다. 결국 나의 존재를 일깨워 주는 것은 바로 너의 '말'이다.

초기에 나는 끊임없이 너와의 대화를 통해 성장하고 변모해간다. 때로 나의 '너'도 변한다. 하지만 나의 너는 항상 내 앞에 어떤 방식으로든지 존재하고 있다. 나의 존재 방식이 변화한다는 것은 결국 인간이 완성된 존재자가 아닌 '되어가는' 존재자임을 나타낸다. 인간의 존재방식은 어떤 고정된 한 가지 방식으로 나타낼 수 없다. 인간은 끊임없이 변해가며 성장해 가는 존재자다. 하지만 애초에 형성된 초기 존재방식은 일생동안 영향을 끼친다. 그래서 초기의 너, 즉 엄마와의 대화는 가장 중요하다고 할 수 있다. 여기서 존재방식이라 함은 현실에서 자기 자신으로 존재하는 것, 본질을 파악하기 위한 통로로서 이미 실존하고 있는 상태를 말한다. 각자의 존재방식은 다르고 달라야 한다. 똑 같은 존재방식은 없다. 비록 나의 존재방식이 너의 영향을 받을 지라도 나는 나만의 방식으로 존재할 뿐이다. 너는 단지 나의 존재 가능성을 일깨울 뿐이다. 그리고 길을 제시해줄 뿐이다. 존재방식이라 함은 나의 존재가 '무엇이냐'라는 것이 아니라, 내가 '지금 그리고 여기에' '어떻게 서 있는가'라는 물음이다.

여기서 문제는 너의 존재방식이다. 어떻게 너의 존재방식이 결정되는가이다. 부버는 분명 일방적으로 내가 너에 의해 규정된다고 주장하지 않았다. 나와 너가 동시에 서로 상대방에게 영향을 끼친다고 하였다. 그렇다면 나 역시 너의 존재 방식에 영향을 미치는 것인데, 이것을 어떻게 부버는 설명하고 있는가?

여기서 우리는 부버의 '사이' 개념을 이해할 수 있다. 부버는 언어의 본질이 나 또는 너에게 속하는 것이 아니라 나와 너가 대화에 속한다고 하였고, 대화는 나와 너 '사이'에서 발생하는 것이라고 하였다. 만일 나 또는 너 둘 중 한 사람에게 대화가 귀속되거나, 둘 중 한 사람에 의해서 다른 상대방의 존재방식이 결정된다면 이 역시 주 · 객의 관계에 지나지 않을 것이다. '자기 곁에 있는 존재'로서 나와 '타자에게로 향하는 존재'로서의 나를 모두 충족시키기 위해서 제 3의 길이 필요했다. 이것을 '사이'로서 표현한 것이다. 대화의 본질이 나와 너 '사이'에서 발생할 경우에 나와 너의 독립성, 자유가 보장되고 또한 자연스럽게 두 자유인의 관계가 설정될 수 있기 때문이다. 만일 일방적으로 내가 너에 의해 존재의미가 규정된다면 나의 자유와 고유성은 부정되면서 내가 나와 관계를 맺고 반성하는 존재로서의 나, '자기 곁에 머무르는 존재로서의 나'가 부정된다.

부버 이전의 철학이 오직 자기 곁에 머무르는 존재로서의 자아를 주장하고 자유인으로서의 인간만을 주장하거나, 또는 관계성과 공동체 속의 인간 존재방식만을 주장하였다면, 부버는 관계 속의 자유인으로서의 인간상을 그리고자 했던 것이다. 자유와 관계를 동시에 확보하기 위한 수단이 바로 '사이' 개념이다. 사이 개념은 대화존재로서의 인간을 나타내기 위한 필수 개념인 것이다. 부버가 자기 이전의 철학자들이 인간을 올바로 규명하는데 실패했다고 주장하는 이유가, 이전의 철학자들이 오직 자유와 실체 개념에 매달린 나머지 관계성을 소홀히 했거나, 이와는 반대로 관계를 중시하여 공동체만을 주장한 사람들은 자유를 확보하지 못했기 때문이라는 것이다. 이 둘의 단점을 지양한 개념이 바로 '사이'개념이다. 대화는 나와 너 사이에서 발생하고 나와 너의 본질이 '사이'에서 규정된다고 할 때 각자의 자유가 확보되고 관계가 성립할 수 있는 것이다.

내가 나 자신의 독자적 방식으로 그리고 자유인으로서 존재하면서도, 내 존재 의미는 너와 함께 이루어진다는 것이 부버 주장의 요지이다. 나와 네가 함께 실존하는 토대로서 부버는 대화를 주장했는데, 함께 존재하는 토대로서의 대화는 시각 중심의 글말이 아니라 청각 중심의 입말이다. 즉 대화의 본질은 입말이라는 것이다.

❷ 대화는 시각 중심이 아니라 청각 중심이다.

부버에 의하면 인간의 모든 감각기관을 누르고 시각이 우위에 선 것은 그리스인들부터였다. 플라톤 사상의 밑바탕에는 시각 중심 세계관이 깔려있다는 것이 그의 주장이다.[249] 시각 중심 세계관 내지는 인간관과 청각 중심의 세계관과 인간관의 차이 중 가장 중요한 점은 시각중심의 인간관은 오직 '나-주체' 중심이라면, 청각 중심은 '나-너'가 함께 중심으로 작용한다는 것이다. 다시 말해서 시각 중심 세계관에는 오직 '나'의 관점만이 중요한데 비해, 청각 중심 세계관에서는 나와 너뿐 아니라 '우리'의 주변 세계도 포함한다는 사실이다. 월터 J. 옹에 의하면, "청각적 공간은 어떤 의미에서 거대한 내부이다. 청취자는 그의 대화자들과 그 중심에 있는 것이다. 그러므로 구두 · 청각적 개인은 단지 중립적, 시각 촉각적, 코페르니쿠스적 공간에 있는 것이 아니다. 오히려 일종의 거대한 내부에 있는 것이다."[250] 여기서 말하는 청각적 공간, 거대한 내부를 부버 대화론에서 나타난 '사이' 개념과 비교해 볼 수 있다.

청각 중심의 세계관과 부버의 대화 원리는 잘 맞아 들어간다. 부버의 대화 역시 나 또는 너의 특정한 관점을 거부하고 나와 너 사이의 관점을 제시하고 있다. 언어는 나 또는 너에게 속하는 것이 아니라 나와 너 사이에 존재한다는 것은 위에서 언급한 거대한 내부와 같은 의미로 해석할 수 있다. 주목할 만 한 점은 청각적 세계관은 고정된 시점을 가지지 않는다는 것이고, 부버의 대화 원리도 고정된 관점을 거부한다는 사실이다. 부버는 고정된 시각적 관점 때문에 서구인들의 사상이 플라톤적 사유에서 벗어나지 못했다고 주장하고 있다.

대화의 특징, 즉 입말의 특징 중 한 가지는 음향의 성격을 지니고 있다는

---

249) Buber, M., *Das Problem des Menschen*, 23-24쪽 참조.
250) 월터 J. 옹, 『언어의 현존』, 152쪽.

것이다. 음향의 특징은 글자와는 달리 입에서 발음하고 나면 곧 사라진다는 점이다. 이것은 입말의 현존성을 나타낸다. 음향의 특징인 입말은 현실적이고 실존적이라는 것이다. 이런 의미에서 월터 J.옹의 다음과 같은 견해는 옳다고 할 수 있다. "음향과 관련을 맺는다는 것은 이곳 그리고 지금의 실존과 활동을 지닌 현재와의 관련을 맺는다는 의미이다."[251] 부버와 대화론자들이 줄기차게 강조했던 것도 바로 너의 현존성이었고 관념적 대상으로서 '너'는 부정하였던 것이다. 이는 대화 자체의 성격이 바로 현존성을 나타내고 있기 때문이기도 하다.[252]

나의 대화 상대인 너는 관념적 실체가 아니라 현존하는 존재자이다. 이 현존성은 부버에 의하면 인간의 신체(Leib)에 기인한다. 나와 너는 현재 신체를 지닌 채 마주 대하고 서 있다. 부버는 신체(Leib)라는 개념을 '살다(leben)'라는 개념과 연관해서 풀이한다. 대화론적 실존은 현실적이고 구체적인 인간이 신체를 지니고 살아가고 있는 것을 의미한다. 인간이 살아있는 신체를 지니고 있기에 인간은 더 이상 '경험'의 대상이 아니라 만남의 존재인 것이다. 부버는 '너'에게서 경험할 수 있는 것은 아무것도 없고, 나는 단지 너를 알 수만 있을 뿐이라고 주장한다.[253] 여기서 '안다'는 표현은 부버에게 의식적 차원의 인식을 의미하는 것이 아니라 존재론적 차원을 의미한다. 내가 경험을 할 때 그것은 '그것'의 형태를 지니는 것이고, 내가 신체적으로 만날 때 그는 '너'로서 내 앞에 실존하는 것이다. 그리고 너로 인해 나 역시 현실에 실존하게 되는 것이다. 이런 의미에서 아기와 엄마의 신체적 '접촉'을 부버는 사랑의 근본적 행위라고 보았고 보다 넓은 의미로서 언어의 한 형태로 보았던 것이다.

신체 접촉과 입말의 공통점은 바로 현존성에 있다. 또한 그것은 어느 누구 혼자에게만 독점되거나 소유되는 것이 아니라 모두에게 함께 속하는 것이다. 또한 주변 상황도 함께 아우른다. 즉 대화는 단지 둘 사이의 입말의 교환에

---

251) 같은 책, 106쪽.

252) 신은 인간에게 입말로 계시를 내리지 글말로 전하지는 않았다. 이와 관련하여 월터 J. 옹은 다음과 같이 말한다. "음향은 여기와 지금의 활동을 나타내는 만큼 음향으로서의 언어는 여기와 지금의 인격적 현존성을 확립시킨다. 아브라함은 신의〈음성〉을 들었을 때 신의 현존성을 알았다."

253) Buber, M., *Das Dialogische Prinzip*, 15쪽.

지나는 것이 아니라, '온 몸'의 로고스의 교환을 의미한다. 엄마가 아기를 안았을 때 엄마가 아기에게 말을 건넬 때, 엄마는 온 몸으로 말을 건넨다. 이때 바로 엄마와 아기 사이에 '인격적 만남'이 발생한다. 부버에 의하면 인격적 만남은 "경험할 수" 있는 것이 아니라, "단지 접촉할 수"있을 뿐이다.[254] 접촉은 대화의 한 방식이요, 직접적 만남의 현상인 것이다. 이러한 대화에 바로 사랑이 깃들어 있다. 진정한 대화의 본질은 사랑이다. 관념적 사랑이 아니라 현실적 사랑이다. 부버는 단정적으로 대화는 사랑이라고 언급하지만, 문제는 사랑이나 또는 너에게 속하는 것이 아니라 바로 나와 너가 사랑 속에 속한다고 주장한다는 점이다.[255] 부버에 의하면 사랑 속에서 나와 너의 되어감이 실현되는 것이다.

이처럼 청각 중심의 세계관은 나 또는 너의 일방적 관점을 부정한다. 마찬가지로 부버의 대화론도 중심은 나 또는 너에게 있는 것이 아니라 나와 너 사이에 존재한다. 이 두 가지 사유의 핵심은 기존의 주체 중심 사유를 부정하는데 있다. 시각적 세계관은 주체 중심 세계관이고, 대화론자들이 비판하는 관념론과 선험철학 역시 주체 중심의 사유이다. 다시 말해서 시각 중심의 세계관은 대상을 주체의 관점에서 의식으로 구성을 하나, 청각 중심의 세계관은 마주 대하고 있는 대상에게 '향하며' 대상의 삶에 직접 참여를 한다. 단정적으로 말해서 시각은 대상을 '경험'하고, 청각은 대상을 '만난다'. 시각과 청각의 차이를 경험과 만남의 차이로 말할 수 있으며, '무엇에 관한 말'과 '누구에게 향한 말'로 나누어 볼 수 있다.

❸ 대화의 두 가지 기본원리 ; 떨어져 있음과 만남

앞에서 잠시 언급했듯이 부버 대화의 기본원리가 '근원적 떨어져 있음'과 '관계'(Urdistanz und Beziehung)다.[256] 부버에 의하면 근본적으로 모든 존재자들은 다르고, 다르기에 원천적으로 떨어져 있을 수밖에 없고, 또한 서로 떨어져 있기에 관계를 맺으려고 한다는 것이다. 부버가 떨어져 있음을

254) 같은 책, 21쪽 참조.

255) 같은 책, 18-19쪽 참조.

256) Buber, M., *Urdistanz und Beziehung*, 참조.

인간의 고유한 특성으로 보는 이유는, 이것을 통해 개인의 고유성과 자유를 주장하고자 했기 때문이다. 부버는 개인주의와 전체주의 모두를 비판했다. 개인주의에서는 관계가 결핍되어 있고, 전체주의에서는 자유와 고유성이 결여되기 때문이다. 개인주의와 전체주의를 극복하기 위한 방법이 서로의 고유성을 인정하면서 관계를 맺는 인간관이다. 부버는 '군중'이나 '일반인' 속에 들어가 자신의 고유성을 잃어버린 채 의미 없이 그들과 함께하는 것을 비난하고, 너와 대화도 없이 자기 속으로 침잠하여 홀로 자아를 추구하는 방법도 지양한다.

따라서 부버는 분명히 강조하고 있다. "인간 실존의 기본적 사태는 인간과 함께 있는 인간이다."[257] 이 말은 전체성을 의미하지 않는다. 부버가 강조하는 것은 '함께'라는 단어이다. 나의 고유성을 잃어버리지 않고 너와 관계를 맺는 것을 의미한다. 너 역시 나를 위해 존재하는 것이 아니라 너 자신의 실존을 위해 내가 필요한 것이다. 이처럼 나와 너는 함께 존재할 때 의미가 있는 것이다. 따라서 부버의 관계성은 단순한 공존(Ko-existenz)을 의미하는 것이 아니라, 보다 적극적으로 상존(Pro-existenz)을 의미한다. '서로 떨어져 있음'과 '관계로 들어감'은 '서로 다르게 그러나 함께' 살아감을 의미한다.

관계맺음의 수단이 바로 대화이다. 대화는 서로 다른 두 존재자 사이에서 가능한데, 대화는 예속을 의미하지 않는다. 대화는 상대방의 고유성을 인정한 체 함께 함을 의미한다. 모든 존재자의 밑바탕에는 다름이 깔려있고, 다르기 때문에 서로 끌어당김이, 즉 서로가 서로에게 향하고 다가가려는 의지가 있다. 이때 의지는 욕망이 아니라 부버에 의하면 '은총'아래에서 발현된다.[258] 관계는 수동적 행위가 아니라, 적극적 태도를 나타내는 것이고, 예속성이 아니라 상대의 고유성을 인정함이다. 이 관계 맺음을 '만남'으로 표현한다. 부버에게 만남은 항상 직접적이다. 직접적이라는 것은 둘 사이에 어떤 매개체도 있을 수 없다는 뜻이고, 현실성을 강조하는 것이다. 서로 다른 두 사람이 직접적인 관계로 들어가는 것을 만남이라고 한다.[259] 만남은 나와 너 '사이'에서

257) Buber, M., *Das Problem des Menschen*, 159쪽.

258) Buber, M., *Das Dialogische Prinzip*, 15쪽 참조.

259) 같은 책. 15쪽.

발생하는 현상이다.

대화하는 두 사람, 즉 말하는 사람과 듣고 대꾸하는 사람 사이에서 주-객의 관계는 지양된다. 대화는 나 또는 너에게 속해 있는 것이 아니라, 나와 너 사이의 영역에 있다. 따라서 대화에는 나 중심이나 너 중심의 일방적 입장이나 태도는 있을 수 없다. 이런 의미에서 나와 너는 대화의 사이에 존재한다는 것이 부버의 주장이다. 그 이유는 나와 너 사이에 부정적 의미의 어떤 매개체도 성립해서는 안 된다는 것을 말하고자 했기 때문이다. 나와 너 사이에 어떤 매개체가 있을 경우 그 만남은 결코 순수하지 않고 그것은 결국 나-그것의 관계에 지나지 않는다. 부버는 "모든 수단은 방해일 뿐이"라고 주장한다. "모든 수단이 제거된 곳에서만 만남이 발생한다."[260] 부버가 이처럼 '직접' 만남을 강조하는 이유는 무엇인가?

먼저 부버의 견해를 청각적 세계관과 비교해서 해석해 보자. 나와 네가 직접 얼굴을 대면하고 만난다는 것은 글말이 아니라 입말을 서로 교환한다는 것을 의미한다. 입말 중심의 대화는 월터 J. 옹에 의하면 내면적 관계라는 것이다.[261] 내면적 관계는 부버가 누누이 강조하는 것인데, 만남은 결코 표피적 관계가 아니라 내면적 관계이고, 서로가 서로에게 작용하는 원리도 내면적 원리를 의미한다. 다시 말해서 표피적 만남이 아닌 내면적 만남은 입말 중심의 대화에서 발생하는 것이고, 시각은 표피적 만남에 그치는 것이라 하겠다.[262] 하지만 주의해야 할 점은 내면적 만남이 어떤 심리적 현상을 가리키는 것은 아니다. 부버는 심리적 현상을 부정하였다. 부버에 의하면 대화적 상황은 존재론적으로만 접근해야하고 그래야만 제대로 파악할 수 있다.

이와 같은 맥락에서 부버의 '향한 말' 역시 표피적인 언급이 아니라 내면적 관계를 의미한다. 내가 너에게 향한 후에 단순히 네 앞에 내가 서 있는 것이

---

260) 같은 책, 16쪽.

261) 월터 J. 옹 역시 내면적 관계에 대해서 언급하고 있는데, 그 역시 내면적 만남은 음성을 통해서 이루어진다고 한다. 월터, J., 옹, 『언어의 현존』, 118쪽 참조.

262) 월터 J. 옹은 감각 기관을 다음과 같이 구별하여 묘사한다. "음향은 내면성을 향한 특별한 감각 열쇠이다. 진정한 내면성은 전달적이다....시각은 표면을 제시한다. 후각은 현존이나 부재를 시사한다. 미각은 판별한다. 운동감각을 포함하는 촉각은 외부성과 내부성의 개념 형성을 돕는다." (같은 책, 111쪽.)

아니라, 나는 너의 내면에 까지 파고들어 간다. 이때 중요한 전제가 바로 열려 있는 태도라고 할 수 있다. 열려 있지 않으면 결코 나는 너의 내면으로 들어갈 수 없다. 이것은 반대의 경우도 마찬가지이다. 나와 너는 서로에게 열려있어야만 한다. 부버에게 대화는 단순히 의견 교환이 아니라 진심이 담긴 만남, 존재자끼리의 만남을 의미한다. 이와 같이 만남에서 중요한 점은 바로 만남이 두 동등한 주체자끼리의 직접적 대면이라는 것이다. 즉 만남은 결코 어떤 것이 어떤 것을 예속하거나 예속되는 방식이 아니라 서도 동등한 형식을 취한다는 것이다. 이러한 만남에는 일방적인 주체 중심의 사유가 끼어들 여지가 없다.

하지만 도대체 이 '사이'라는 것은 무엇을 의미하는가? 사이개념은 부버 철학을 가장 이해하기 힘들게 하는 부분이고, 심지어는 부버를 신비주의자로 몰아가게 하는 원인이기도 하다. 부버 역시 이 사이 개념을 명확하게 밝히지는 않고 단지 몇 가지 비유를 통해 사이를 설명하고 있을 뿐이다. 앞에서 언급한 것처럼 '사이' 개념을 주장한 이유는 개인주의와 전체주의를 지양하고 고유성을 지닌 존재자끼리의 대화적 만남을 표현하고자 했기 때문이다. 만일 관계가 어느 한 쪽에 의해 이루어진다면 그것은 부버의 이론과는 상치되는 것이고, 또한 단독자들 사이에서는 만남이 결여되기에 사이를 주장한다.

여기서 우리는 '나-너' 개념과 '나-그것' 개념을 다시 한 번 살펴보아야겠다. 위에서 언급한 것처럼 두 개념은 나의 이중적 입장 내지는 태도라고 하였다. 이는 내가 주체 중심적 관점에 머물러 있느냐 아니면 내 중심적 태도를 버리느냐에 있다. 주체 중심적 사유 방식을 포기하는 것이 나의 주체성을 포기하라는 것은 아니다. 여기서 부버의 관점에서 본 부정적 의미의 '주체'와 긍정적 의미의 '주체성'을 명확하게 구분할 필요가 있다. 우리는 자기가 주체적 존재자라는 것을 부정할 수 없다. 누구나 다 주체적 존재자이다. 각자는 주체적 존재자로서 서로 대등한 입장에서 만남을 갖는 것이다. 문제는 이러한 관계 속에서 나의 입장만 주장하고 나와 관계를 맺고 있는 너의 입장을 고려하지 않는다면 이 관계는 예속적 관계 내지는 잘못된 관계에 지나지 않는다. 부버는 바로 이러한 관계를 비난하였던 것이다. 이러한 관계에서 너와 타자는 단지 나의 지향적 대상물 내지는 나의 관념 속에서만 존재하게 되고, 따라서 나의 관점에 의해서만 포착되는 대상과 같은 존재라는 것이다.

나와 너는 대등한 관계에 서 있고 그래야만 한다. 그러기 위해서 부버는 주체 중심적 관계를 부정하고 사이의 관계를 주장했던 것이다. 이런 의미에서 '나-그것'이 아니라 '나-너'의 입장 내지는 태도를 인격적 관계라고 말했던 것이다. 부버에 의하면 주체적 자아는 항상 지향적 대상으로서 '어떤 것'을 가진다. 이는 바로 경험을 야기하고, 이것은 앞에서 언급한 것처럼 바로 '무엇에 관한 말'을 하는 자이다. 여기서는 주-객의 관계가 발생한다. 반면에 '너'에게 말하는 자, 너에게 향해 말하는 자는 결코 '어떤 것'을 가지지도 않고 아무것도 소유하지 않는다.[263] 왜냐하면 그는 지향적 대상을 가지고 있지 않기 때문이다. 부버에게 '경험'은 대상을 소유하지만 '너'는 지향적 대상이 아니라 '만남'의 존재인 것이다. 나와 너의 만남은 동등한 상태에서 발생하는 것이지 누가 누구를 일방적으로 예속하는 행위가 아닌 것이다. 사이는 심리적, 의식적 개념이 아니라, 부버에 의하면 "사이의 영역은 인간 현실의 원초적 범주이다."[264]

❹ 대화를 통해 나와 너는 함께 실존한다.

내가 나를 '나'라고 말할 때 비로소 나는 실존하기 시작한다고 할 수 있다. 내가 나를 나라고 말할 수 있는 것은 나를 자각하는 순간에 이루어지는 것이다. 자각은 나와 나의 내부에 있는 자아와의 관계가 성립했을 때 발생하고, 우리는 이것을 '반성'이라고 한다. 반성이란 내가 나 자신을 돌이켜 보는 것, 즉 나와 내가 관계하는 것을 말한다. 내가 나와 관계한다고 할 때, 이것이 이중의 나가 존재한다는 것을 의미하는 것이 아니라 자아를 자각하는 것을 의미한다. 자아를 자각하기 위해서는 먼저 너와의 만남이 선행되어야 한다. 자아 관계는 너와의 관계가 이루어진 후에 발생하는 것이다. 내가 나를 자각하기 이전에 내 앞에 너는 이미 마주 서 있다. 너는 내가 나를 자각하게끔 도움을 준다. 너는 내

263) 우리는 여기서 말하는 두 존재방식을 에리히 프롬(E. Fromm)의 『소유나 존재냐』에서 말하는 소유양식 · 존재양식과 비교해 볼 수 있다. 에리히 프롬이 주장하는 존재양식을 만남의 존재방식으로 그리고 소유양식을 '나-그것' 형태인 주-객의 존재방식으로 해석할 수 있다.

264) Buber, M., *Das Problem des Menschen*, 159쪽.

앞에 이미 주어져 있는 존재이다. '너' 없이 나는 실존할 수 없다는 것이 부버의 주장이다. 부버에 의하면 나는 너의 곁에서 비로소 나 자신이 된다고 한다.[265] 보다 정확히 말하자면 내가 '너'에게 향하고 너에게 말을 건넬 때 나는 '나'일 수 있는 것이다. 너는 결코 나를 예속하거나 너와 같은 존재방식으로 이끌려고 하지 않고, 나를 나 자신이게끔 도와준다. 너는 나를 나이게끔 작용한다.

나의 실존이 너와의 대화를 통해 실현된다면, 너의 실존은 어째서 나의 존재를 필요로 하는가? 부버는 분명히 두 독립적 존재의 만남을 말했고, 인간의 실존적 본질을 인간과 '함께'하는 인간의 모습이라고 주장했다. '함께'라는 개념은 공동체 속에서 나와 너가 자신의 고유성을 잃고서 자아를 상실한 채 뒤섞여 존재한다는 의미가 아니라, 개성 있는 존재로서 서로를 위하여 살아간다는 의미이다. '함께'라는 말에는 나뿐만 아니라 너 역시 서로를 필요로 한다는 의미이다. 인간은 결코 홀로 실존할 수가 없다. 너 역시 나 없이는 삶의 의미를 상실한다. 대화는 나와 너의 삶의 터전이다.[266] 삶은 어떤 한 인간이 홀로 실현하는 것이 아니라, '우리'가 함께 이루어 나가는 것이다. 인간의 존재 양식과 삶의 모습은 사회성을 띠고 있다. '너' 역시 완전한 존재자가 아니기 때문에, 너도 나에 의해 자기의 존재를 실현시킨다. 너의 입장에서 보면 나도 '너'이다. 나와 너는 끊임없이 서로를 위해 작용하면서 함께 실현 '되어가는' 존재자이다.

함께 되어가는 토대는 사랑이고, 나와 너 사이에 작용하는 것은 사랑이다. 내가 처음 세상에 태어났을 때 모든 엄마(너)들은 사랑으로 나를 껴안는다. 이때 나 뿐만 아니라 엄마(너)도 사랑을 느끼고 자신의 존재 의미를 깨닫는다. 사랑은 나의 사랑 또는 너의 사랑이 아니라 나와 너 함께 사랑에 속한다. 이 말은 대화 속에 나와 너가 속한다고 말하는 것과 같은 원리이다. 내가 너에 의해 나일 수 있는 것은 너의 사랑 때문이고, 이와 반대의 경우도 마찬가지이다. 따라서 부버에게 사랑과 대화는 같은 작용을 한다고 할 수 있다. 인간이 홀로 존재할 수 없고 나-너 또는 나-그것으로 존재한다고 할 때,

---

265) Buber, M., *Das Dialogische Prinzip*, 15쪽 참조.

266) Waldenfels, B., *Das Zwischenreich des Dialogs, Sozialphilosophische Untersuchungen in Anschluss an Edmund Husserl*, 132쪽 참조.

작용하는 원리는 바로 사랑인 것이다. 대화의 토대가 바로 사랑이다. 나-너 관계에는 사랑이 있고, 나-그것 관계에는 자아집착이나 노예정신만이 있을 뿐이다. 사랑은 자기를 위해 너를 소유하고자 하는 집착이나, 자아를 상실한 채 너에게 무조건 자신을 의탁하려는 노예정신이 아니다. 사랑은 자기를 너에게 향하되 결코 자기의 고유성을 잃거나 자아에 집착하지 않는 태도를 의미한다.

이에 대한 가장 좋은 예가 바로 엄마와 아기의 관계이다. 이들 사이에 대화는 사랑으로 충만하고, 이들 사이에 어떤 매개체도 불필요한 것이고, 이들의 만남이야 말로 가장 직접적인 것이다. 엄마는 결코 아기를 소유하려 하지 않고 아기의 고유성을 인정하고 동시에 자신의 고유성도 잃지 않는다. 또한 엄마는 자아를 상실하지 않고 아기의 고유성이 실현되도록 아기에게 대화를 건넨다. 엄마의 대화는 아기의 내면으로 파고들고[267], 아기의 미소 짓는 대화 역시 엄마의 가슴으로 스며든다. 아기가 자아를 자각하는 것, 즉 자기 내면에서 자아를 발견하는 행위가 바로 자신과의 관계를 맺는 것이다.

한 걸음 더 나가보면, 내가 나의 내면에서 발견하는 첫 번째 자아는 순수한 나 자신이 아니라, 바로 나의 너 인 것이다. 결국 내가 나를 본다고 할 때 그것은 다름 아닌 나의 너 인 것이다. 궁극적으로 부버는 이를 통해 신을 구하고자 하였다. 즉 현실 속에서 나의 너는 사랑의 인격체로서 인간이지만, "영원한 너"는 다름 아닌 '신'이다. 나의 내부에서 발견하고 발견해야만 하고, 진정한 대화의 상대는 바로 신이었던 것이다. 따라서 부버의 대화론 원리의 본질은 사실 신과의 대화인 것이고, 신과의 대화는 바로 사랑이고, 신과 대화하기 위해서는, 즉 계시를 받아들이기 위해서는 열려 있는 마음을 지녀야 하며, 신과의 대화는 어떤 매개체도 불필요한 것이다. 단지 키르케고르와는 달리 신에게 단독자로서 다가서는 것이 아니라 너와 함께 다가가는 것을 주장했다.

267) 엄마가 옛날이야기를 직접 들려주는 것과 녹음테이프나 비디오를 통해 옛날 이야기를 들려주는 것은 분명히 듣는 사람의 인격 형성에 차이를 가져온다. 전자에서는 단순히 너의 언어만 전달되는 것이 아니다. 그것에는 너의 삶과 인간관이 함께 스며들어 있다. 사랑과 같은 감정은 대화의 중요한 요소이다.

3. 훈민정음의 제자원리와 인간의 존재방식

❶ 훈민정음의 제자원리

훈민정음은 그리스 알파벳과는 달리 글자에 입말의 특징이 담겨 있는 세계에서 유일한 문자다. 훈민정'음'에서 왜 자(字)가 아니라 음(音)이라고 했는지 우리는 유의할 필요가 있다. 만물 자연에는 소리가 있을 뿐 글자는 없다. 훈민정음은 단지 새로운 글자를 만드는 것에 그 목적이 있는 것이 아니라, 보다 크게 만물의 소리를 담아내려는 의도에서 비롯되었다. 특히 '정음'(正音), 즉 천지자연의 올바른 소리를 담아내려 한 것이다. 결국 훈민정음은 어리석은 백성들에게 올바른 소리의 이치를 가르치려는데 그 원대한 목적이 있다. 일반적으로 훈민정음을 '자질문자'[268]라고 한다. 송기중 같은 사람은 훈민정음이 자질문자라는 사실에 대해 부정하기도 하나[269] 대부분의 학자들은 훈민정음이 자질문자라는데 대해 이의가 없는 상황이다. 그리스 글자는 각 알파벳 사이에 아무런 연관 관계가 없는데 반하여, 즉 d와 t의 발음 관계는 아무런 상관관계가 없는데 반해, 훈민정음의 각 글자의 소리에는 다른 글자 소리와 구별해 주는 성질이 있다. 예를 들어 ㅌ, ㄸ은 ㄷ의 소리에 '탁함'과 '거셈'의 성질이 더해져서 만들어졌음을 알 수 있다. 이처럼 훈민정음의 자음 글자 사이에는 자질이 더해져 있다는 사실을 알 수 있다. 또한 훈민정음은 그리스 알파벳과는 달리 모음뿐 아니라 자음도 입에서 내는 소리 내는 모양과 밀접한 관계가 있다. 그리스 알파벳의 자음은 아무 의미가 없는 단순한 기호에 지나지 않는데 반해, 훈민정음의 자음은 소리 낼 때 생기는 입 모양을 본 따서 만들었다. 권재선에 의하면, "정음(正音) 스물여덟 자는 각각 그 소리 내는 짓의 꼴을 본떠서 글자를 만들었다."[270] 이처럼 훈민정음이

---

268) '자질문자'라는 개념은 영국의 언어학자인 Geoffrey Sampson이 1985년 그의 저서 *"Writing System"*에서 한글을 "가장 독창적이고 훌륭한 음성문자"라고 소개하면서 한글을 '자질문자'(feature system)라는 새로운 글자 유형으로 분류한데서 비롯되었다. (최경봉 · 시정곤 · 박영준 지음, 『한글에 대해 알아야 할 모든 것』, 책과함께, 2008, 219~220쪽.)

269) 송기중은 훈민정음이 단지 "표음-음소 문자일 뿐, 글자의 창제 이론에 따라 '자질문자'라고 부를 필요는 없다"고 주장하고 있다. 송기중, 「세계의 문자와 한글」, 35쪽, (송기중, 이현희, 정재영, 장윤희, 한채영, 황문환 편, 『한국의 문자와 문자연구』, 집문당, 2003.)

270) 권재선, 『한글연구 II』, 우골탑, 1992, 89쪽.

자질문자라는 것은 글자에 소리의 성질이 내재해 있다는 것을 의미한다.

"글자 만듦(制字)의 원리는 일반 제자원리(一般制字原理)에 의하여 「소리 내는 짓」(調音)의 꼴을 본떴는데, 소리 내는 짓(調音)은 입술(脣)과 목구멍(喉)까지의 입안(口腔)의 소리 내는 짓에 한정하여 다음처럼 입꼴(口形)이나 입 안에서 소리 내는 짓의 혀 꼴(舌形)로써 본떴다."[271]

또한 훈민정음은 인간의 생체 구조에도 가장 적합하게 구성되어 있는 언어임을 알 수 있다. 그리스 알파벳 등 대부분의 모음 글자들은 소리와 연관이 있다. 즉 모음 글자들은 소리를 내기 위한 글자이므로 입말과 연관이 있을 수밖에 없다. 그러나 세계 여러 언어의 자음들과 마찬가지로 그리스 알파벳의 자음 체계가 소리와 관계없는 무의미한 기호 체계로 이루어진 반면, 훈민정음의 자음체계는 입모양, 즉 소리 내는 짓과 연관되어 있다. 다시 말해서 한글의 자음은 인간의 구강 구조를 가장 자연스럽게 반영하여 기호화한 문자다. 한태동에 의하면, "정음(正音)에서는 문화사상 자음의 발성부위를 그대로 기호화하여 자음부호로 사용하였다"고 한다.[272] 이는 어떤 언어에도 찾아 볼 수 없는 것으로, 훈민정음의 자음부호는 모든 언어의 기준이 되어야 할 것이다. 즉 자음의 기본적인 오음(ㅁ, ㅅ, ㆁ(ㄱ), ㄴ, ㅇ)은 각각 脣齒牙舌喉로서 입의 구강구조를 정확하게 본 따 만든 것이며, 또한 음악의 궁상각치우 오음계와 같다. 인간이 입에서 소리를 낼 때의 모습을 가장 정확하게 기호화한 것으로 자연지문이라 할 수 있다. 어떤 언어에서도 구강구조를 형상화하여 언어로 된 것은 없다. 나아가 "정음에서는 사상 처음 발성 부위를 어떻게 작동하는데서 그 자음 소리를 얻을 수 있으며 그 소리가 어떠한 청각적인 느낌을 받게 될 것이냐를 아울러 설명하였다."[273] 이것은 훈민정음의 자음 원리가 오행 등 형이상학적 이론에 맞추어 배열된 것이 아니라 구체적인 악기를 기준으로 청각과 악리에 맞추어 자음의 음폭을 제정하여 배열한 것임을 알 수 있다.[274]

271) 같은 책, 89쪽.

272) 한태동, 『세종대의 음성학』, 연세대학교출판부, 1998, 36쪽.

273) 같은 책, 37쪽.

274) 같은 책, 41쪽.

모음 역시 기본 모음으로 어느 언어에도 찾아 볼 수 없는 (ㆍ, ㅡ, ㅣ) 세 모음소를 사용함으로써 모든 모음을 도출하였다. 이 역시 혀의 발음 위치를 엄격하게 분석하여 인간이 가장 자연스럽게 발음하게끔 만든 것이다. 그래서 권재선은, "한글의 글자는 뜻 없는 기호가 아니고 소리 내는 짓(調音)의 상징 기호다."[275]라고 말한다. 훈민정음은 글자의 모습과 의미가 서로 연관되게 지었음은 물론이거니와 인체의 구조상 가장 자연스럽게 발음할 수 있도록 만들어 졌다. 즉 글자의 소리와 기호 그리고 의미가 구조적으로 완전히 연관되게 만들어진 언어인 것이다.[276] 따라서 만일 훈민정음의 제자 과정은 말 그대로 가장 자연스러운 틀을 나타낸다고 볼 수 있다.

여기서 박창원은 한 걸음 더 나가 훈민정음이 소리(聲)에 따라 만들어 졌고, 제자의 원리에 성음의 원리가 반영되어 있다고 주장한다.[277] 박창원에 의하면, 훈민정음의 글자는 단순히 소리의 기호에 머무르는 것이 아니라, "음양의 이치를 가지고 있는 존재하는 실체"이며, "'字'는 '聲'의 이치에 따라 '聲'을 표상하는 것"[278]이라고 주장한다. 또한 박창원은 훈민정음의 '聲'이란, 단순히 대상을 임의적으로 나타내는 기호의 위치를 뛰어 넘어 "존재하고 있는 실체 바로 그것"이라고까지 주장하며, "문자는 '聲'에 의해 존재하는 것이고, '聲'에 의해 만들어지는 것"이라고 주장하고 있다.[279] 이것은 글자에 의해 소리가 만들어진 것이 아니라 소리에 의해 글자가 만들어진 것이라는 사실을 말한다. 훈민정음이 소리를 근거로 만들어졌다는 이유는 이전에 글자가 없었다는 사실에 기인한다. 우리는 중국 글자인 한자에 음을 달아 사용했고, 따라서 글자가 있기 이전에 소리가 먼저 있었다는 것은 의심의 여지가 없는 사실이다. 박창원이 주장하는 것처럼 '聲'이 사물의 현상을 표현하는 것을 넘어 실체로까지 의미한다는 주장은 훈민정음의 제자원리가 자연의 소리를 가장 가깝게 표현하려고 했다는 것에 근거를 갖고 있는데, 그렇다고 하더라도 '聲'이

---

275) 권재선, 『한글연구 II』, 66~67쪽.

276) 한태동, 『세종대의 음성학』, 29쪽.

277) 박창원, 「훈민정음 제자의 '理'에 관한 고찰」, 639쪽, (송기중, 이현희, 정재영, 장윤희, 한채영, 황문환 편, 『한국의 문자와 문자연구』, 집문당, 2003.)

278) 같은 책, 641쪽.

279) 같은 책, 641쪽.

실체를 의미한다는 주장은 의심의 여지가 있다. 그럼에도 불구하고 박창원의 주장을 통해 우리는 훈민정음의 글자가 소리의 성질뿐 아니라 자연의 소리도 담지하고 있다는 사실을 알 수 있다.

훈민정음의 제자원리에 대한 한태동의 해석을 보면 좀 더 이런 주장에 가깝게 다가갈 수 있다.

"천지자연의 소리가 있으면 마땅히 거기에 어울리는 글자도 있어야 한다. ... 정음을 지은 목표는 ... 글자의 모습과 소리가 이탈되어 있는 상태에서 다시 본연의 관계를 되찾아주어 만물의 속정을 소통하는 소임을 하는 데 있다."[280)]

한태동에 의하면, 훈민정음은 자연의 소리와 성질을 가장 잘 표현하고 있을 뿐만 아니라 가장 자연에 가까운 소리라는 것이다. '자연'이라는 의미는 어떤 꾸밈이나 치장이 없는 있는 그대로를 나타내는 것을 말한다. 이런 맥락에서 훈민정음의 소리는 어떤 인위성도 가미되지 않은 자연 그대로의 소리라는 것이다. 한태동에 의하면 집현전 학자들의 목표는 정음을 통해 "'자연지성(自然之聲)'과 '자연지문(自然之文)'을 되찾아 주려고 한 것"이라 한다.[281)]

자연지성을 어떤 인위성도 가미되지 않은 채 생명체가 저절로 내는 소리라고 정의했을 때, 우리는 자연지성을 갓 태어난 아기의 모습에서 찾아볼 수 있다. 어린아이가 세상에 태어났을 때 처음 발화하는 단어는 아마 '엄마'일 것이다. 특이한 것은 세계의 거의 모든 언어가 '엄마'를 발음하는 것은 비슷하다는 것이다. 이렇게 볼 때 '엄마'의 발화에는 가장 자연스러운 소리가 내재해 있다고 할 수 있다. 한태동에 의하면 '엄마'의 가장 자연스러운 발화는 바로 아래아에 있다고 한다. 즉 아래아야 말로 가장 자연스러운 발화라는 것이다.

"〈ㆍ〉 소리는 신생아 때부터 제일 흔히 쓰는 기음으로 구강의 모든 근육과 목젖까지 이완시킨 상태에서 나오는 소리이다. 이는 말을 구사하기 이전에 분화되지 않은 제일 자연스러운 소리로 'ㅏ'도 'ㅗ'도 아닌 소리이기 때문에 가장 흐뭇하고 안정된 느낌을 준다. 사실 유아들이 '엄마'라 발음할 때 그것은

280) 한태동, 『세종대의 음성학』, 3쪽.

281) 같은 책, 145쪽.

'엄마'가 아니고 'ㅇㅁ'소리로 시작한다."[282]

아래아는 어떤 의식적인 것이나 강제적 힘이 들어가 있지 않고 내부에서 저절로 나오는 소리라는 것이다. 훈민정음이 아래아를 기본 모음으로 하였다는 사실은 훈민정음이 가장 자연스러운 소리라는 것을 나타낸다. 따라서 이런 모음에 익숙한 사람들의 구강구조는 왜곡되지 않은 자연스러운 성대구조를 가지고 있다고 할 수 있다. 훈민정음의 기본 모음인 'ㅡ'와 'ㅣ' 역시 한태동에 의하면 신생아가 가장 자연스럽게 내는 소리라고 한다.

"〈ㅡ〉소리는 힘을 줄 때 나오는 음이다. 즉 신생아가 용변시 내는 소리이며 성인들이 힘을 쓰려고 할 때 자연스럽게 내는 그런 소리이다. '〈ㅣ〉'를 소리내기 위해서는 혀의 등을 올리고 혀의 끝을 앞으로 향하게 한다. 이것은 바로 어린아이가 구강을 진공시켜 젖을 빠는 동작이다. 그러므로 '〈ㅣ〉'도 또한 신생아가 내는 기본 소리로서 생존의 필수 조건과 결부되어 나오는 자연지성(自然之聲)인 것이다."[283]

여기서 훈민정음의 언어학적 측면을 살펴보려는 것은 아니다. 단지 훈민정음의 자연지성과 관련하여 인간의 존재 방식을 살펴보려는 것이다. 훈민정음의 원리를 간략히 살펴본 것처럼 우리는 훈민정음에서 의식적이지 않은 가장 자연스러운 인간의 모습을 발견할 수 있다. 의식 이전의 수준에서 발화하는 소리가 바로 훈민정음이다. 즉 문자 이전의 인간상을 여기서 엿볼 수 있다.

사실 입말을 사용하는 인간들이 자연을 바라보는 관점은 근본적으로 큰 차이가 나지 않는다. 하지만 인위적인 음성에 따라 자연에 대해 언급하는 것과 자연스러운 발화에 따라 자연을 표현할 때에 그것은 차이를 나타낸다. 즉 자연에 '대해' 말하는 것과 자연을 '향해' 말하는 것의 차이이다. 예를 들어 어린아이가 '엄마'라고 말할 때 거기에는 주체인 어린아이가 대상인 '엄마'에게 자신을 향하는 현상이 있는 반면에 성인이 대상인 '나무'를 언급할 때에 둘 사이에는 주체와 객체의 관계인, 즉 주체가 객체에 '관해' 말하는 현상이 있는 것이다. '향함'과 '대함'의 차이를 좀 더 살펴보면, 하이데거가 주장했듯이 '대함'은 결코 화자와 청자가 함께 같이 할 수 없고, 둘 사이에는 열려 있음이

282) 같은 책, 65쪽.

283) 같은 책, 67쪽

결여되어 있다. 반면에 '향함'은 화자와 청자 둘 다 모두 함께 존재함을 의미한다.[284)]

아이의 '엄마'라는 언어에는 단순히 '너'를 향한 지향성만이 있는 것이 아니라, 나의 현존재 방식이 깃들어 있는 것이다. 즉 너의 삶에 대한 나의 참여와 나의 삶에 대한 너의 참여가 스며있다. 따라서 나와 너는 나와 너 사이의 대화 속에서 실존하는 것이다. 진실한 대화는 나와 너의 실존 방식을 규정한다. 너를 향한 지향성은 다른 말로 관계성이다. 부버에 의하면 "인간은 너에게서 내가 된다"라고 하였다.[285)] 여기서 '너에게서'라고 표현 했을 때 '에게서'는 너를 '향함'과 같은 의미이다.[286)] 이러한 향함을 토이니센은 '관계성'이라 주장하였는데,[287)] 그렇다면 너를 향한 말 속에는 단순히 너를 향한 나의 지향성만 들어 있는 것이 아니라 너의 존재 의미도 깃들어 있는 것이다. 왜냐하면 관계성은 양자를 모두 필요로 하기 때문이다. 즉 관계성 속에는 관계를 이루는 것들, 즉 나와 너의 존재 의미가 함께 스며들어 있다.

결국 대화는 '무엇에 관한' 것 보다는 '그것을 향한' 형태를 띠어야 한다. 이렇게 될 때 비로소 진실한 관계가 성립할 수 있는 것이다. '향함'의 의미를 지닌 언어 형태가 바로 '자연지성'이라 할 수 있다. '엄마'라는 말은 가장 근본적인 자연지성의 언어 형태이자, '향함'의 대표적 대화 형식이다. '엄마'와 같은 형식의 언어가 많을수록, 많이 사용할수록, 보다 근본적으로 언어가 위와 같은 형식을 갖추고 있을 때, 이를 사용하는 인간들은 부버적 의미의 '나-그것'인 '나'가 아니라 '나-너'형태의 '나'로 존재할 것이다.

자연에 대한 이해 역시 '자연에 관한' 언어를 통하기 보다는 '자연을 향한' 언어사용이 보다 더 올바른 이해를 가져다 줄 것이다. 자연에 관한 언어에는 인간위주의 해석이 지배를 할 것이고, 자연을 있는 그대로 해석하는 방식은 점차 사라질 것이다. 글자 없이 입말만을 사용하는 사람들은 자연 친화적 생활을 한데 비하여 문자문화의 사람들이 자연지배적 생활을 한데에는 이러한

---

284) Heidegger, M., *Sein und Zeit*, 161쪽 이하 참조.

285) Buber, M., *Das Dialogische Prinzip*, 32쪽.

286) 독일어로 둘 다 'an'을 사용한다. 'an dem Du' 와 'anreden'.

287) Theunissen, M., *Der Andere*, 274쪽.

이유가 숨어있다. 즉 자연 현상을 인위적이고 무의미한 기호로 담지하는 문자위주의 언어 사용은 자연을 왜곡하거나 잘못 이해하는 경향이 있다. 문자가 발명되고 나서 언어가 문자 위주로 흐르면서 언어는 기호가 중심이 되는 형태로 발전해 왔던 것이다. 이는 위에서도 언급한 서구 사회의 알파벳 문자로 인한 문제점에서도 엿볼 수 있다.

그렇다면 훈민정음의 또 다른 특성인 '자연지문' 무엇을 의미하는가? 그것은 한 마디로 말해서 위에서 언급한 '자질문자'를 의미한다. 즉 소리의 성질을 글자에 담아 낸 것을 의미한다. 훈민정음은 소리를 담아낸 유일한 글자라고 이미 수차례 말하였다. 단지 자연의 소리를 담아낸 글자이기에 훈민정음 속에서 추상적 · 형이상학적 사유를 이끌어 내기에는 그리스 알파벳 보다 어려움이 따른다고 할 수 있다.

어쨌든 훈민정음의 기본 세 모음소인 '·,ㅡ,ㅣ'는 모든 모음의 근간을 이룬다고 말할 수 있다.[288] 또한 '·,ㅡ,ㅣ'는 단지 자연의 소리를 담지하고 있을 뿐만 아니라 철학적으로 '天 · 地 · 人'을 의미하기도 한다. 기본적으로 '天地人'은 한글의 초성 · 중성 · 종성을 나타내는 구조다. 이것을 박창원, 한태동, 권재선 등은 한글의 독특한 구조인 '삼분법' 구조라고 해석하고 있다.

우선 한태동에 의하면 "고대에서는 삼분화한 시간과 공간 내에서 기호와 발음과 의미를 연관시켜 제자(制字)를 하였다"고 말하면서 "한글이 제작될 무렵 집현전 학자들은 이 전통을 다시 살려 한글을 만든 것"[289]이라고 하는데, 사실 이 주장은 논리적인 근거가 미약하여 설득력이 적다. 즉 고대에서 글자를 만들 때 모두 삼분화한 시 · 공속에서 만들었다고 하는 주장은 설득력이 떨어진다. 하지만 한태동이 훈민정음의 자음체계가 "삼분손익법"의 원리에 따라 만들어 졌다고 주장하는 것에는 어느 정도 타당성이 있다. 즉 그는 사변에 따라 자음체계의 삼분손익법을 주장한 것이 아니라 음성학적 원리에 따라, 그리고 실험 결과에 따라 자음체계의 삼분손익법을 설명하고 있다. 예를 들어 세 자음, ㅁ · ㅅ · ㅇ는 우리 음악의 오음계인 '궁상각치우' 중 '궁상각'을 나타내고 있으며, '궁상각'의 음의 비율이 바로 1:8/9:(8/9)2 이

288) 같은 책, 121쪽 참조.

289) 한태동, 『세종대의 음성학』, 11쪽.

되어 일정한 비율로 이루어져 있으며, 또한 해부학적으로도 세 자음을 발음할 때 목구멍과 입안의 구강구조가 삼분법에 들어맞는다고 한다. 한태동은 자음체계의 배열이 형식적인 것이 아니라 "건실한 악리와 구체적인 악기를 기준으로 하여 자음의 음폭을 제정"[290]하였다고 주장하고 있다. 이 구체적인 악기란 '당피리, 향피리, 세피리'로서 이들은 사람 목의 구조와 비슷하며 이들의 단면 면적은 삼분손익법으로 이루어져 있고, 이것으로 한글의 자음체계계의 비율을 측정해 낼 수 있다는 것이다.[291] 그뿐만 아니라 훈민정음의 기본 세 모음소인 'ㆍ,ㅡ,ㅣ' 역시 '당피리, 향피리, 세피리'의 단면적 비율과 비례하며, 구강구조의 삼분손익법과도 정확하게 들어맞는다고 한다. 또한 모음을 발음할 때 '공명집결대'의 비율도 삼분손익법 구조에 들어맞는다고 한다.[292] 그리고 "세 모음소의 음관단면면적의 비율은 〈4/3, 1, 2/3〉으로 되어 있다"[293]고 주장한다. 초성, 중성, 종성으로 이루어지는 글자 역시 발음할 때 초성과 중성 그리고 종성간의 배열이 삼분손익법으로 이루어져 있다고 말하면서, 한태동은 훈민정음의 제자원리를 철저히 삼분손익법의 원리로 설명하고 있다. 그러나 그는 사변적 논리가 아닌 음성학적 실험을 통해 자신의 주장을 입증하고 있기에, 이러한 주장이 맞는지 사실 나는 정확하게 판단할 길이 없다. 이 부분은 나중에라도 음성학 전문가들이 정확하게 판단을 해주었으면 하는 바람이 있다. 어쨌든 여기서는 훈민정음의 자음체계가 음성학적으로 삼분손익법의 원리에 따라 만들어 졌다는 한태동의 주장을 일단 괄호 친 채 삼분법의 철학적 측면을 고찰해보고자 한다.

위에서 세 모음소 'ㆍ,ㅡ,ㅣ'가 '천 · 지 · 인'을 의미한다고 하였다. 이것은 역학적으로 삼재(三才)의 의미를 나타낸다고 한다. 즉 '정음'에 보면 다음과 같은 구절이 있다.

"ㆍ : 天(五)生土之位也,

ㅡ : 地(十)生土之數也,

290) 같은 책, 41쪽.

291) 같은 책, 37~44쪽 참조.

292) 같은 책, 66~105쪽 참조.

293) 같은 책, 254쪽.

ㅣ: 獨無位數者, 蓋以人則無極之眞"

"<、>는 하늘의 '위(位)'로써 앞서 주역을 설명할 때 언급한 '방위(方位)'를 일컫는 말이고 <ㅡ>는 땅의 '수(數)'로써 즉 자리의 서열(序列)을 말한다. <ㅣ>는 위(位)도 없고 수(數)도 없는 '무극지진'이라고 하였다."[294]

이정호의 해석에 따르면, "모든 중성의 시초인 ㆍ는 이치로는 태극이요, 실체로는 하늘을 의미하는 것"[295]이라고 한다. 따라서 아래아(ㆍ)는 모든 글자의 근원이라고 볼 수 있다. 두 번째로 (ㅡ)는 "공평과 균형을 의미한다".[296] 땅은 인간이 그 위에 바로 서기 위해 미리 준비된 것이고, 땅은 인간으로 하여금 겸손함을 가르친다는 것이 이정호의 해석이다. 다음으로 (ㅣ)는 인간을 가리키는데, 단순히 인간을 표시하는 것으로 그치는 것이 아니라 인간의 특성, 즉 인간이 "나면서부터 곧은 존재"[297]임을 나타낸다고 한다. 또한 (ㅣ)만이 위도 없고 수도 없는 무극지진이라 하였는데, 이것은 이정호에 의하면 "인간(이) 만물 중에 가장 신령하여 무극의 진리와 음양오행의 정기가 신묘하게 합하여 엉겨 이루어진 존재이기 때문에 하늘보다도 땅보다도 고정된 定位와 成數로 이름 지어 논할 수 없기 때문"[298]이라고 한다. 또한 인간은 하늘과 땅 사이에 존재하는 존재로서 하늘의 뜻과 땅의 정기를 이어주는 유일한 존재라고 할 수 있다. 이런 맥락 속에서 인간을 사이존재로 자리 매김할 수 있다. 사이존재에 관해서는 나중에 따로 상세히 논의할 것이기에 여기서는 간략하게 말하겠다.

❷ 훈민정음의 제자원리와 사이존재

인간은 역사에 던져진 존재이기도하지만 하이데거나 키르케고르가 주장한, '벗어나야만 했던 대중'에 던져진 존재이기도 하다. 대중의 언어인 잡담 속으로 내던져진 채 그 속에서 우리는 태어나고 자란다. 물론 자의식이 형성된 후 대중을 벗어나든, 극복하든 그것은 전적으로 개인에 달려있다. 하지만

---

294) 같은 책, 64쪽.

295) 이정호, 『訓民正音의 構造原理 - 그 易學的 硏究』, 아세아문화사, 1984, 67쪽.

296) 같은 책, 68쪽.

297) 같은 책, 1984, 71쪽.

298) 같은 책, 1984, 72~73쪽.

자의식이 형성되기 이전에 우리는 싫든 좋든 우리의 의지와는 상관없이 생활세계의 언어에 절대적으로 영향을 받는다는 사실은 틀림없다. 따라서 현대 구조주의자들은 인간의 주체성마저도 자신이 몸담고 있는 환경의 영향을 받아 무의식적으로 형성된 것에 지나지 않는다고 주장한다. 즉 자신의 고유한 주체성이 아니라 자신의 환경과 타자의 영향을 받아 만들어진 허상에 지나지 않는다는 것이다. 하지만 그럼에도 불구하고 우리는 동일한 환경 속에서도 서로 다른 주체성들이 존재하지 똑 같은 주체성은 존재하지 않는다는 사실을 알고 있다. 이것은 무엇을 뜻하는가? 환경과 타자의 언어가 나에게 주는 영향력이 클지라도 그것이 절대적이 아니라는 사실을 나타낸다. 또한 이 사실은 인간이 외부 환경에 대응하여 자신의 내부에서 자생력을 갖고 있음을 나타낸다. 그렇다고 외부의 영향 없이 내부의 자생력만으로 주체성이 생성되는 것은 아니다. 결국 우리가 말할 수 있는 사실은 인간의 주체성은 외부의 영향과 내부의 자생력의 결합이라는 것이다.

앞에서 본 것처럼 언어는 인식 수단일 뿐 아니라 타자와 함께 살아가기 위한 매개체이기도 하다. 나는 타자의 언어 속에 내던져지고 타자의 언어에 영향을 받으며 그들의 언어 속에서 나고 자란다. 분명 나의 주체성은 타자의 언어와 밀접한 관계가 있음에 틀림없다. 앞에서 말한 것처럼 하이데거가 인간은 대화로서 비로소 인간일 수 있다고 말한 것이나, 부버가 '나와 너는 언어에 속한다'고 말한 것은 이런 맥락 속에서 이해될 수 있다. 언어를 통해 나는 나로서 너는 너로서 비로소 실존한다는 것이 부버가 주장하는 대화론적 사이존재다. 이때 대화의 본질이 중요한데, 대화의 언어를 무의미한 기호의 오고 감인 그리스어로 보았을 때와 자연지성과 자연지문의 특성을 가지고 있는 훈민정음을 매개로 했을 때 이론적으로 우리는 훈민정음 속에서 대화론적 인간을 더 잘 끄집어 낼 수 있다. 왜냐하면 훈민정음의 제자원리는 입말의 특성을 가지고 있기 때문이다.

훈민정음의 제자원리는 앞에서 본 것처럼 입말의 성격을 지니고 있다. 소리의 성질을 글자로 표현한 것이 훈민정음이다. 이 뿐만 아니라 자연의 소리를 담지하고 있는 것도 훈민정음이다. 훈민정음의 해례에서 본 것처럼 소리는 천지 사이에 있다, 이 말은 입말 언어의 사이성을 의미한다.

소리는 살아있음의 신호다. 소리가 사라진 곳에 남아있는 것은 죽음의 상징일 뿐이다. 인간은 천지간의 소리 속에서 살아 숨 쉬고 그 중 인간의 소리인 언어를 사용하며 살아가고 있다. 소리는 모든 살아있는 것들의 현존성 · 현재성 · 현전성을 나타낸다. 자연의 소리와 유리된 언어가 아닌 자연의 소리를 담지하고 있는 언어를 사용함으로써 우리는 자연의 세계를 좀 더 잘 이해할 수 있다. 즉 무의미한 기호인 그리스 알파벳보다 자연지성인 훈민정음을 사용함으로써 우리는 자연의 본성에 좀 더 가까이 다가갈 수 있다. 비록 그리스 음성 알파벳을 사용함으로써 자연을 좀 더 잘 지배하고 자연과학이 발달할 수 있었을지라도 이것이 인간이 자연을 자연 그대로 이해했다는 것을 의미하지는 않는다. 거기에는 인간화된 자연, 즉 인위적인 자연만이 있을 뿐 자연 자체는 존재하지 않는다.

우리는 언어가 나 또는 너에게 속하는 것이 아니라는 부버의 주장을 상기할 필요가 있다. 부버가 사이존재를 주장할 때 거기에서 글말은 존재하지 않는다. 오직 입말에 의한 사이존재만이 있을 뿐이다. 우리가 입말 속에서 사이존재가 되는 것이다. 서양의 신과의 관계도 입말을 매개로 했고, 하이데거가 말하는 존재와의 관계도 역시 - 비록 그것이 엄밀한 의미에서 대화가 아닌 독백일지라도 - 입말을 기반으로 하고 있다. 즉 입말에 의해 나와 너는 실존적 인간이 되는 것이다. 우리는 입말 사이에서 실존한다. 보다 정확하게 말하자면 자연의 소리 속에서 살고 인간들 사이의 입말 사이에서 실존한다. 대화의 매개체가 무의미한 기호인 글말이었을 때 보다 현존성과 직접성을 띠고 있는 입말을 통했을 때 나와 너는 '우리'로서 실존한다. 내가 태어났을 때 처음 듣는 것도 너의 음성이고, 서구의 신이 인간에 전한 수단도 음성이다. 훈민정음의 기본 삼모음인 'ㆍ, ㅡ, ㅣ'는 철학적으로 천지인을 나타내고, 음성학적으로 모든 소리의 근간을 이룬다. 따라서 훈민정음이야말로 인간의 사이존재를 밝히는 근원적 언어라고 할 수 있다.

이와 관련하여 훈민정음 제자해에 있는 다음과 같은 구절은 주목할 만 하다.

"天地之道 一陰陽五行而已 坤復之間爲太極 而動靜之後爲陰陽 凡有生類在天地之間者 捨陰陽而何之 故人之聲音 皆有陰陽之理 顧人不察耳 今正音之作 初非智營而力索 但因其聲音而極其理而已 理旣不二

則何得不與天地鬼神同其用也"[299]

"천지 자연의 원리는 오직 음양 오행일 뿐이다. 곤과 복의 사이가 태극이 되고, 태극이 멈춘 후에 음양이 생겨나는 것이다. 모든 생명이 있는 것들이 천지간에 존재해 있고 사람의 목소리도 천지간에 존재해 있는데 그 이치를 애써 찾지 않는 까닭으로 음성의 존재에도 음양의 이치가 있는데 사람들이 찾지 않아 잘 모를 따름이다."

여기서 우리가 수용해야 할 것은 음성이 천지간에 있고, 음성의 존재에 음양의 이치가 있다고 쓴 점이다. 칸트에 의해 사물 자체에 대한 인간의 탐구가 정지되고 또한 훔볼트에 의해 중간세계로서 언어의 세계가 상정된 후 인간은 사실 세계가 아닌 언어로 반영된 세계와 관계를 맺어왔다. 언어가 사실 세계를 올바르게 반영하는가 아닌가는 중요한 문제가 아니었다. 중요한 점은 인간이 언어를 통해 사실 세계를 이해하고 해석했을 때 그 해석이 인간의 삶을 위해 크나 큰 도움이 되었고, 인간은 언어의 세계와 더불어 사는데 문제가 없었다는 점이다. 결국 사실 세계 자체에 대한 물음은 괄호 치고 인간 위주의 해석에 의지한 채 우리는 세계를 인식하고 해석해 왔던 것이다. 따라서 언어야말로 인간이 세계와 관계를 맺는데 있어서 가장 중요한 수단임에는 틀림없는 사실이다. 훈민정음의 제자원리가 그리스 음성 알파벳과 다른 점은 바로 글말에 입말의 성격이 내재해 있다는 점이고, 또한 입말의 이치를 글말에 적용시켰다는 점이다.

훈민정음의 제자원리에 대한 심오한 사유를 나타내는 것 중의 한 가지가, 바로 훈민정음이 다른 나라 사람들이 아닌 바로 우리나라 사람들에게 가장 적합한 언어구조라는 점이다. 즉 중국인이 발음하여 표현하기 보다는 우리나라 사람들이 우리나라의 자연적인 소리에 맞춰서 글자를 만들어 냈다는 것이다. 훈민정음이 중국 글자를 일반 백성이 쉽게 읽을 수 있도록 하기 위해 만들어 진 것이라고 했을 때, 세종대왕은 우리나라 사람들의 구강 구조와 발음구조에 가장 적합한 언어를 만들었던 것이다. 즉 세종대왕 및 집현전 학자들은 우리가 아무리 외국어를 잘하더라도 그것은 결코 자연스러운 현상이

299) 訓民正音 制字解.

아니라는 점을 일찌감치 파악하고 있었던 것이다. 정인지 서를 보면 다음과 같은 구절이 있다.

"有天地自然之聲 則必有天地自然之文 所以古人因聲制子 以通萬物之情 以載三才之道 而後世不能易也 然四方風土區別 聲氣亦隨而異焉 蓋外國之語 有其聲而無其字 假中國之字 以通其用 是猶鑿枘之鉏鋙 豈能達而無礙乎 要皆各隨其所處而安 不可强之使同也...."(鄭麟趾 解例序)

"천지자연의 (이치에 맞는)소리가 있다면 반드시 천지자연의(이치에 맞는) 글자가 있어야 하는 것이다. 그러므로 옛 사람이 소리에 따라서 글자를 만들어 만물의 실상과 통하게 하였고 삼재의 도를 실으니 후세에도 능히 바꾸지 못하였다. 사방의 기후와 토질이 구별되니 말소리의 기운도 역시 따라서 서로 다르다. 대개 외국의 언어는 그 소리만 있고 그 글자가 없어서 중국문자를 빌어서 쓰임을 통하게 했으니, 이것은 오히려 틈을 벌어지게 하였다. 어찌 능히 통달하여도 (틈이) 없겠는가. 그러니 요는 다 처한 바에 따라서 편안할 것이요 억지로 같게 하는 것은 잘못이다."

이런 것은 다른 나라의 언어학자들은 결코 생각할 수 없었던 사유방식이다. 즉 자연은 어떤 한두 가지 요소에 의해 결정되는 것이 아니라, 지형, 기후 그리고 자연의 소리 등 총체성에 의해 이루어진다고 볼 수 있다. 훈민정음의 제자원리인 '자연지성'은 단순히 자연의 소리만을 글자에 담아냈다는 것을 의미하지는 않는다. '자연지성'과 '자연지문'의 의미는 보다 폭 넓게 해석되어야만 한다. 즉 그것은 현재 자연의 소리뿐 아니라 시 · 공간까지도 포함하고 있다. 위의 인용문에서 "사방의 기후와 토질이 구별되니 말소리의 기운도 역시 따라 다르다"고 말한 정인지의 주장에는 언어의 습득이 단지 말만 배우고 익히는 것을 뛰어 넘어 그 이상의 것을 함축하고 있음을 보여준다.

글자를 보고 이해하는 것과 대화로서 말하는 것은 판이하게 다르다. 비록 우리가 중국어나 영어를 배웠을 때 그 언어를 읽고 이해하는 데에는 무리가 없으나 그것으로 대화를 하기에는 읽고 이해하는 것보다 더 어려움이 따른다. 비록 개인의 차가 있고 방법의 문제가 있다고 할지라도 한국에서 영어를 배우는 것과 영어를 쓰는 나라에서 영어를 배우는 것의 차이는 분명히 존재한다. 차이를 만드는 중요한 이유 중의 하나가 바로 발음일 것이다. 한국에서 발음을 이론적으로 배우고 말을 하는 것보다 그 나라에서 자연스럽게 터득하는 것이 더 빠르고 완벽한 것은 이런 이유들 때문이라고 할 수 있다. 올바르게 들을 줄 아는 사람만이 올바르게 말할 수 있다고 했을 때, 여기서 듣는 것이 단지 타자의 입말만을 가리키는 것은 아니다. 들음이란 그 사회가 전해주는 모든 소리를 의미한다. 우리는 외국인이 놀람을 표시할 때 우리와는 확연히 다르게 표현하는 것을 경험으로 알고 있다. 외국에서 살다 온 사람들은 한국인 일지라도 그들처럼 놀람을 표시하는 것을 알고 있다. 놀람의 소리들은 일부러 배워서 되는 것도 일정부분 있지만, 아무래도 그것은 오랜 시간동안 몸에 습득된 자연스러운 현상이라고 보아야 할 것이다. 이처럼 글말이 사회 환경에 영향을 받는다고 한다면, 입말은 자연환경의 영향을 받는다고 할 것이다.

8.

사이존재로서의 인간

1. 사이란 무엇을 의미하는가?

마르틴 부버에 의하면 "인간 실존의 근본적 사태는 인간이 인간과 함께 존재한다"[300]라는 사실이다. "인간과 함께 있는 인간"이라는 말은 개인주의를 말하는 것도 아니고 집단주의를 의미하는 것도 아니다. 부버는 이 말을 '사이존재'로서의 인간 존재방식을 주장하기 위해 사용하였다. 즉 개인주의와 집단주의에 대한 대안으로 사이존재를 주장한 것이다. 개인주의로서의 나에게는 타자와의 관계성이 결여되어 있고, 집단 속에서 개별자는 주체성을 상실한 채 존재하게 된다. 주체적 자아로서 타자와의 관계 속에서도 자유와 개성을 상실하지 않는 존재로서 실존할 수 있는 방법이 '사이존재'로서의 인간관뿐이라고 부버는 주장한다. 문제는 그가 주장하는 사이존재에 대한 해석인데, 여기서는 사이존재 개념을 언어와 관련해서 살펴보고자 한다. 왜냐하면 부버에게 인간만이 사이존재일 수 있는데, 그 이유가 사이존재의 본질이 오직 언어의 토대 위에서만 형성되기 때문이다. 즉 언어적 존재만이 사이존재일 수 있고, 좀 더 좁혀서 말하면 대화적 존재만이 사이존재일 수 있다는 것이 부버의 주장이다.

문제는 "사이"의 개념이다. 부버에게 '사이'란 무엇을 의미하는가? 일반적으로 우리는 '사이'란 공간의 한 지점이라고 생각한다. 이 책상과 저 책상 사이에 의자가 있고, 이 나무와 저 나무 사이에 다람쥐가 있을 때, 의자와 다람쥐는 사이에 존재한다고 할 수 있다. 하지만 부버에게 '사이'는

300) Buber, M., *Das Problem des Menschen*, 164쪽.

이처럼 단순한 공간 개념이 아니다. 우선 부버에게 사이존재는 인간만이 가능하다. 인간만이 사이존재로서 실존한다. 그렇다면 인간은 어디 사이에 존재하는가라는 물음이 제기될 수 있다.

이런 물음과 비슷한 문제를 제기한 사람들로 김용옥이 있으며 그리고 류영모의 사상을 해석하면서 사이존재를 주장한 이기상을 들 수 있다. 이기상에 의하면 인간은 사이에 내던져진 존재로서 "공간존재, 시간존재, 인간존재, 천지간존재"이며, 공간과 공간, 시간과 시간, 사람과 사람 그리고 하늘과 땅 사이를 잇는 존재로 해석하고 있다.[301)]

"인간은 이렇듯 사이에 있는 '사이존재'다. 공간존재, 시간존재, 인간존재, 천지간존재다. 인간은 바로 사이를 살고, 사이를 나누고, 사이를 살리고, 사이를 이어야 하는 사이존재다. 바로 이러한 사이로서 사이구실을 하면서 사는 사이존재인 것이다."[302)]

이기상에 의하면 인간은 "사이에 내 던져진 존재"이고, 인간은 무와 무를 잇는 존재이다.[303)] 즉 인간이 사이존재라는 의미는 하늘과 땅 사이를 잇는 존재, 공간과 공간을 잇는 존재, 시간과 시간을 잇는 (과거와 미래를 잇는) 존재, 사람과 사람을 잇는 존재이며 궁극적으로 없음과 없음을 잇는 존재라는 것이다. 이러한 나의 이음의 존재로써 나의 있음은 찰나에 지나지 않는다는 것이다. 또한 인간만이 사이 존재가 아니라 현상계에 존재하는 것들은 모두 '때-사이'와 '빔-사이'에 존재한다고 한다. 그렇다면 인간뿐 아니라 다른 사물들도 사이존재일 수 있는가? 사이존재로서의 인간과 사물과의 차이점은 무엇인가? 사물들은 시간과 공간, 천지간에 단순히 있는 것에 그친다면, 인간은 사이에 내던져 졌음에도 불구하고 사이를 관장하고 있는 주체적 존재라고 볼 수 있다. 인간은 사이를 살리는 등 사이구실을 하는 존재다. 사이는 인간에 의해 드러나고 다른 사물들로 인간의 사이 역할에 의해 사이존재로 드러나는 것이라 할 수 있다. 사물들과 인간은 사이에 존재함에도 불구하고 인간은 사이를 관장하는 존재이며, 사물은 인간에 의해

301) 이기상, 『다석과 함께 여는 우리말 철학』, 지식산업사, 2004, 210쪽 참조.

302) 이기상, 같은 책, 210쪽.

303) 이기상의 "무"에 대한 논의는 하이데거적 의미가 그 배경에 깔려 있는 것 같다.

사이존재로서 존재하게 된다는 것이다.

반면 김용옥은 사이에는 "천 · 지 · 인"인 "시간, 공간, 인간"이라는 세 가지 사이가 있다고 주장하면서, 사이를 관계로서 설명하고 있다.[304)]

"모든 간은 크게 보아 세 가지로 구분된다. 그것을 三間이라 하기도 하고, 三才라고 하기도 한다. 三才는 天 · 地 · 人을 일컬음인데, 天才는 時間이요, 地才는 空間이요, 人才는 人間이다. 그래서 時間 · 空間 · 人間을 합쳐서 三間이라고 하는데..."[305)]

또한 김용옥에게 공간과 시간은 인간과 관계없이 자체 논리 속에서 사이이다. 즉, 사이는 인간에게만 속하는 본질이 아니고, 시간은 시간과 시간 사이에 '사이'가 존재하므로 무한성이 아닌 시점으로서 시간이 있을 수 있는 것이고, 공간도 공간과 공간의 사이가 있기에 다른 장소와 구분되는 이곳 장소의 공간이 있을 수 있다.

"공간은 공(空)의 간(間)이다. 시간은 시(時)의 간(間)이다. 다시 말해서 공간을 간을 제외한 공의 무한성으로만 규정할 수 없다는 것이다. 시간도 간을 도외시한 시의 무한성으로만 규정할 수 없다. 이 말은 곧 공간이야말로 공의 간 즉 공의 관계의 연계로서 발현될 수밖에 없다는 것이다. 시간도 시의 간 즉 모든 시점의 관계의 연계로서 발현되는 총체적인 그 무엇이다."[306)]

여기서 우리가 알 수 있는 사실은 이기상의 사이가 '없음'에 의해 설명되고 있는데 반해, 김용옥의 사이는 유한함을 상정하고 있다는 점이다. 물론 김용옥도 이것이 한 방편이라고 말하고는 있다. 하지만 공간이 공과 공의 관계라고 한다면, 인간 역시 사람과 사람 사이의 관계를 말하는 것이라고 볼 수 있다. 즉 '인간'은 이기상처럼 '없음'과 '없음'을 잇는 '이음'의 존재가 아니라 사람과 사람의 관계라고 할 수 있다. 김용옥의 사이존재는 사람과 사람 사이에서 가능한 것이다. 이기상은 사이를 '없음'으로 해명하는데 비해, 김용옥은 사이가 유한성을 규정해주는 역할을 한다고 보고 있다는 것을 알 수 있다.

부버의 사이존재는 위의 두 사람의 관점과는 전혀 다른 각도로 살펴보아야

304) 김용옥, 『氣哲學散調』, 통나무, 1997, 39~40쪽 참조.

305) 같은 책, 40쪽.

306) 같은 책, 39-40쪽.

한다. 우선 부버에게 사이존재는 오직 인간만이 유일하며, 인간은 사이존재로서 세계에 실존한다. 따라서 부버에게 사이의 영역은 단순히 한 공간을 의미하거나 공간과 다른 공간을 이어주는 역할을 하는 범주가 아니라, "인간 현실의 원범주"[307]다. 그렇다고 부버가 현실세계를 뛰어 넘는 초월적 인간이나 형이상학적 인간관을 주장했다고 이해해서는 안 된다. 그는 현실 세계에 있는 그대로의 인간관을 피력하고자 한 것이었고, 그런 의미에서 "인간 현실의 원범주"라고 한 것이다.

문제는 '원범주'의 뜻인데, 이것을 이해하기 위해서는 부버의 인간관을 먼저 살펴보아야 한다. 부버의 인간관에서 인간은 홀로 존재할 경우에는 존재 의미가 상실되고 오직 '나-너' 또는 '나-그것'인 '짝'으로 실존할 경우에만 존재 의미가 성립한다는 것을 명심해야한다. 나와 타자는 근본적으로 '다르다'는 사실과 다른 것은 본래 떨어져 있기에 나와 너는 '떨어져 있다'는 사실이 부버의 '원범주'라 할 수 있다. 이것을 부버는 '근원적 떨어져 있음'이라고 하였다. 근본적으로 떨어져 있는 나와 너는 짝을 이루기 위해, 보다 정확히 말하면 나와 너는 본래부터 짝이었기 때문에, 그리고 실존하기 위해 나와 너는 필연적으로 짝으로 만날 수밖에 없다. 여기서 만남은 인간 실존의 현존성을 의미한다. 서로 다른 두 사람이 직접적인 관계로 들어가는 것을 만남이라 하고[308], 이러한 만남은 나와 너 '사이'에서 발생하는 현상이라고 한다.

이처럼 '근원적으로 떨어져 있음'과 '만남'은 부버 대화론의 핵심 원리다. 앞에서 언급했듯이 부버는 개인주의와 집단주의 모두를 비판했다. 개인주의에서는 타자와의 만남이 결여되고, 집단주의에서 개인의 자유와 고유성은 사라진다. 개별자의 자유와 고유성을 잃어버리지 않고도 타자와 관계를 유지시키는 인간의 존재방식을 나타내기 위해 부버는 사이존재를 주장한 것이다. 부버의 사이존재는 '대-화'(Dia-log)에 의해 이루어진다. 'Dia'는 떨어져 있는 것을 말하고 'log'는 logos를 의미하는데, 결국 대화란 서로 다르기 때문에 떨어져 있고, 그리고 떨어져 있는 두 존재자가 만나 서로 입말을 통해

307) Buber, M., *Das Dialogische Prinzip*, 165쪽.
308) 같은 책, 15쪽.

자신의 로고스를 교환하는 것을 의미한다.[309] 여기서 로고스는 개별자의 본성을 의미한다. 따라서 대화를 통해 그 사람의 본성이 드러나며 따라서 그 사람의 존재방식도 드러나는 것이다. 이런 의미에서 부버는 대화를 존재론적 관점에서 고찰하고 있다.

"대화론적인 상황은 오직 존재론적으로만 접근하여 파악할 수 있다. 그러나 개인적 실존의 존재성(Ontik)이나 두 명의 개인적 실존에서가 아니고, 두 명의 초월한, 두 명 사이에서 본질적으로 존재하는 것에서만 파악할 수 있다."[310]

여기서 알 수 있듯이 부버는 대화가 나와 너에 속하는 것이 아니라 나와 너를 초월한 나와 너 사이에 존재한다고 주장하고 있다. 일반적으로 볼 때 나는 너와 대화하기 위해 나의 내면의 로고스를 너에게로 보내고, 그에 따라 너에게 보낸 나의 입말은 나에게 속하고, 나에게 온 너의 입말은 너에게 속한다고 할 수 있다. 하지만 부버는 이런 일반적 관점을 부정하고 있다. 부버가 주장하는 것은 나와 너가 대화에 참여함으로써 비로소 나 자신과 너 자신으로 실존할 수 있다는 것이다. 본질적으로 부버는 언어가 나와 너에게 속하는 것이 아니라 나와 너 '사이'에 놓여 있다고 주장하고 있는 것이다.[311] 이 말은 나와 너의 실존이 언어에 의존한다는 의미인데, 다시 말해서 언어가 나와 너를 사이존재로 만들어 나는 나대로 그리고 너는 너대로 실존하게 만든다는 것이다. 이런 의미에서 토이니센은, "언어는 우리를 주체가 지배하는 세계의 표면으로부터 사이의 심연으로 이끄는 길이다"라고 하였다.[312] 토이니센이 말하는 '주체가 지배하는 세계'란 부버에게 있어 내가 '나-그것'인 존재 형태로 실존한다는 것이고, 이것은 왜곡된 의미의 주체를 말하는 것으로 너와 타자를

309) 플라톤에 의하면, "타자와의 대화는 대화 상대자의 영혼으로 하여금 자신과의 대화를 통해 이미 그 자신이 보유하고 있는 진리를 자각하도록 촉발하는 매체이다." (Platon, theaitetos, 189e~190a, 백종현, 「이성, 인간 안에 있는가 위에 있는가? - '이성'의 역사와 독일 이상주의의 보편적 이성-」, 6쪽에서 재인용, 명지대 동서철학 비교연구소 - 연세대학교 철학연구소 공동주최 97 학술대회 논문집, 『이성과 감성』, 1997, 4~15쪽) 이와 같은 의미에서 백종현은 "참된 대화를 이끄는 것은 언제나 로고스"라고 주장하였다. 하지만 앞으로 언급하겠지만 대화가 반드시 이성만을 매개로 하는 것은 아니라는 점이다. 대화의 주요 촉발제는 이성이라기보다 감성이다. 따라서 대화에는 이성과 감성 모두 내포되어 있다고 할 수 있다.

310) Buber, M., *Das Problem des Menschen*, 167쪽.

311) Buber, M., *Das Dialogische Prinzip*, 41쪽.

312) Theunissen, M., *Der Andere*, 282쪽.

내 존재를 위한 도구 내지는 사물로 취급한다는 의미다. 여기서 주-객의 관계가 발생한다. 이런 주-객의 세계인 서로가 서로를 지배하고자 하는 존재방식으로부터 벗어나 서로가 서로를 위해 실존하는 사이존재 속으로 들어와 나와 너는 주체성을 잃지 않으면서도 함께 실존해야 한다는 것이 토이니센이 말하는 바이다.

부버의 사이 개념을 좀 더 살펴보면, 부버에게 사이는 "공간과 시간으로 이루어진 세계의 그물망에 끼워진 한 점이 아니라"[313], 마르셀이 말한 것처럼 "창조적 중앙"[314]이다. 나와 너는 사이에서 만나고 만남을 통해 나와 너는 자기 자신이 되며 동시에 함께 실존할 수 있게 된다. 다시 말해서 창조적 중앙이라는 것은, 나와 너 사이에 존재하는 공간을 '사이'라 말하는 것이 아니라, '사이'가 있음으로 해서 나와 너는 실존할 수 있다는 의미다. '창조'라는 의미는 사이에서 나와 너의 존재 의미가 실현화 된다는 것이다. 처음 태어났을 때 나에게 자아는 생기지 않았고, 나의 자아는 너와의 만남, 엄마의 만남으로 인해 비로소 나의 내부에서 자각된다고 할 수 있다. 갓 태어난 아기에게 끊임없이 대화를 건네는 엄마로 인해 나는 서서히 타자와 세계를 인식하며 그리고 그 후에야 비로소 자기 자신도 자각하게 된다. '창조'라는 말은 현실세계에서 내가 자기 자신을 자각하고 자의식을 갖고 주체적으로 실존하기 시작한다는 뜻이다. 너와의 대화는 나를 예속하는 것이 아니라 내가 스스로 실존할 수 있게 도움을 준다. 너와의 대화 없이 나의 실존은 불가능하다고 할 수 있다. 사이에서 주체와 객체의 구분은 사라지고 오직 나와 너와의 만남만이 발생할 뿐이다.

"주관성의 저편이나 객관성의 이편에, 좁은 산마루 위에, 그 위에서 나와 너는 만나고, 그 곳에 사이의 영역이 있다."[315]

결국 사이의 영역이란 공간상의 한 점을 말하는 곳이 아니라 나와 너가 만나는 곳이며 이곳과 저곳을 모두 포괄하는 전체로서의 공간을 말하는 것이라 하겠다. 어느 특정한 한 지점이 사이가 아니라 나와 너가 만나는 모든

313) Buber, M., *Das Dialogische Prinzip*, 12쪽.

314) Marcel, G., *"Ich und Du bei Martin Buber"*, In : *Martin Buber*, Hrsg. v. P.A. Schilpp u. M. Friedmann, Evanston/Stuttgart, 1963, 39쪽.

315) Buber, M., *Das Problem des Menschen*, 167쪽.

곳이 사이이며, 만남이 외부적인 접촉뿐 아니라 내면성도 의미하기 때문에 사이는 또한 나의 내면 또는 너의 내면일 수도 있다. 내적 만남으로 인해 나의 자의식이 싹튼다고 했기에 나의 내면에서 너와의 만남이 발생하고, 그러므로 사이는 나의 내면에 있다고 할 수 있다. 부버가 말하는 짝으로서의 나-너 개념에서 나의 너가 반드시 외부에 현존해야만 한다는 것을 의미하지는 않는다. 나의 내면에 자리하고 있는 너의 상이 있음으로 해서 나의 너는 현존한다고 할 수 있다. 나의 내면에 있는 너가 나에게 인격체로 다가왔을 때 나는 나-너의 나로 실존하는 것이고, 물화된 형태로 다가왔을 때 나는 나-그것의 방식으로 현존한다고 할 수 있다. 주의해야 할 점은 그렇다고 해서 사이 개념을 형이상학적이고 관념적 개념으로 해석해서는 안 된다는 것이다.

2. 이음과 관계로서의 사이

사이를 '이음'으로 해석한다고 할지라도 사이는 관계로 나타낼 수 있고, 그리고 현실세계를 시간과 공간의 사이로 표현할 수 있다면, 현실에 있는 존재자들은 관계 속에서 그 존재 의미를 지닌다고 할 수 있다. 인간의 현존 상태를 역시 관계로 나타낼 수 있는데, 실존주의자들이 말하는 타자나 또는 외부 현상을 모두 배제한 채 자기 자신과의 관계만 지닌 인간은 부버가 비판한 것처럼 인간의 현실성을 도외시하였기 때문에 사유 속에서만 성립하는 인간상일 뿐이다. 하이데거 역시 현존재를 설명할 때 "공현존재(Mitdasein)"와 "심려"(Fürsorge)의 개념을 이끌어 들여 타자와의 관계를 말하지만, 부버는 하이데거의 사유에는 본질적으로 "너"가 배제되어 있다고 주장하면서, 하이데거의 현존재는 "닫혀 진 존재"에 불과할 뿐이라고 말한다.[316] 따라서 자기 존재와의 관계만 지닌 인간은 사이존재라고 해석할 수 없다. 부버에 의하면 사이존재로서의 인간이란 자기 관계를 지닌 인간이 타자와 함께 특히 '너'와 관계를 맺고 있는 존재 방식을 말하는 것이다.

---

316) 같은 책, 100-126쪽 참조.

현상계에서 공간과 시간 그리고 인간의 '간'은 관계를 말한다. 현실에 관해 우리가 알 수 있는 사실은 있는 것의 실체도 아니고, 없음도 아니다. 우리는 단지 현실에 있는 모든 존재자가 관계 속에서 존재하고 있음을 알 수 있을 뿐이다. 이는 현대 물리학에서도 이미 밝혀지고 있는 바이다. 즉 현대 물리학에서 환원주의로는 더 이상 어떤 물체의 본질이 밝혀질 수 없음이 확인되었다. 단지 모든 물체는 계속 분해될 수 있다는 것만을 밝혀냈을 뿐이다. 또한 모든 물체는 무엇과 무엇의 관계로 이루어져 있다는 사실만을 밝혀냈을 뿐이고 궁극적으로 최후의 것이 무엇인가는 알지 못한다고 하였다. 여기서 물리학으로 물체의 본질을 설명하고자 하는 것도 아니고, 또한 물리학의 환원주의를 설명하고자 하는 것도 아니다. 단지 모든 물체가 관계로 이루어져 있다는 것을 말하고자 할 뿐이다.

그렇다면 사물과 인간의 차이점은 무엇인가? 사물의 관계는 단순히 외적 관계, 즉 의자와 책상과 같은 관계만을 지니고 있을 뿐이지만, 인간의 관계는 내적 관계를 그 본질로 삼는다. 뿐만 아니라 인간은 자기의 관계성을 이해하고 있다. 인간은 자기 스스로 내부로부터 타자와 관계를 맺고 그리고 이 관계를 이해하고 있다. 또한 인간의 관계는 단순한 공존이 아니라 상존, 즉 서로를 위해 존재함이라 할 수 있다. 부버에 의하면 인간의 관계는 "만남"으로서 이해될 수 있다. 부버가 주장하는 인간과 "더불어(mit)" 있는 인간에서 사이존재의 단초는 "더불어"에 있다. 이 "더불어"를 단순한 공간적 또는 시간적 의미로 이해해서는 안된다. "더불어"는 실존적 의미이다.[317] 하이데거에 있어서 "더불어"의 의미는 "심려"(Fürsorge)로 해석할 수 있는데[318], 심려는 단순한 인간의 '옆에 함께 있음'(Koexistenz), 즉 공존이 아니라 보다 적극적인 의미의 '서로를 위하여 함께 있음'(Proexistenz), 즉 상존이다. 즉 "더불어"는 '단순히 함께 있음'이 아니라 '서로를 위하여 있음'으로 해석해야 할 것이다.

예를 들어 엄마와 "더불어" 있는 아기의 경우, 이들은 단순히 함께 있는 것이

---

317) 하이데거는 "더불어"는 실존적으로 이해해야지 범주적으로 이해할 수 없다고 말한다. ("Mit" und "Auch" sind *existenzial* und nicht kategorial zu verstehen.) Heidegger, M., *Sein und Zeit*, 118쪽.

318) 같은 책, 121쪽.

아니다. 엄마는 아기의 실존을 위하여 있고, 아기 역시 엄마의 실존을 돕는다고 할 수 있다. 엄마와 아기는 "더불어" 있을 때에만 그들이 함께 실존한다고 할 수 있는 것이다. 부버에 의하면 인간의 관계 맺음, 즉 만남의 매개체는 몸이다. 몸에 대해서는 후에 논의를 하겠지만 엄마와 아기는 몸을 통해 서로 실존한다. 몸의 접촉은 단순한 만남이 아니라 내적 관계의 흐름을 나타내고 있다. 왜냐하면 부버에게 진정한 만남의 본질은 바로 사랑에 있기 때문이다. 엄마와 아기는 단순히 외적 관계만을 갖고 있는 것이 아니라 내적으로 사랑이 흐르고 있다. 이러한 사랑에 의한 관계성에 의해 인간은 사이존재로서 실존하는 것이다.

인간의 관계성과 사물들의 관계성과의 또 다른 차이는 인간의 만남은 자기관계를 전제하고 있다는 점이다. 즉 키르케고르가 말한바와 같이 인간만이 자기 자신과 관계를 가지며[319] 이러한 자기관계를 가진 인간만이 "너"와의 만남을 가질 수 있는 것이다. 하지만 너와의 관계가 배제된 자기관계는 추상화된 인간상에 지나지 않는 것이다. 나의 존재 의미는 다른 사람과의 관계 속에서 비로소 드러난다. 보다 근본적 관계는 너와의 만남이다. 만일 한 인간의 존재 의미를 그의 전체 삶을 떼어 내서 추상적으로 살펴본다면 그 의미는 박제된 현상에 지나지 않을 것이다.

또한 나의 현존재는 나의 과거와 현재를 포함하고 있고, 또한 공간적으로 내 주변의 생활세계를 함축하고 있다. 이런 의미에서 아마 이기상은 인간을 시간과 공간을 잇는 '이음'이라고 표현했는지도 모른다. 나의 현존재는 시간상으로 과거와 미래를 잇고 있으며, 공간상으로 현실의 내 주변의 모든 것들을 잇고 있는 것은 사실이기도 하다. 따라서 이기상이 다음과 같이 말한 것은 타당하다 할 수 있다. "사람은 ... 모든 살아 있는 것의 '살아 있음'에 관여하고 있는 것이다."[320] 사람의 관여는 다름 아닌 만남의 형식으로 이루어진다. 이 모든 것을 잇고 있는 것, 다시 말해 만남의 형식으로 관계를 이루고 있는 것은 다름 아닌 바로 나의 '몸'이다.

때로 사람들은 부버의 사이존재를 "상호주관성"과 비교하여 부버의

319) 참고, Kierkegaard, S., *Die Krankheit zum Tode*, Taschenbücher Syndikat/EVA, Frankfurt 2. Aufl. 1986.

320) 이기상, 『다석과 함께 여는 우리말 철학』, 103쪽.

이론은 전혀 새로울 것이 없다고 비판하기도 한다. 그렇다면 사이존재와 상호주관성이 어떻게 다른가? 상호주관성의 "상호(inter)"라는 의미를 텔렌바흐는, "언어성 이전의 실존적 정의"[321]라고 주장한다. 이에 따라 상호주관성은 한 주체로부터 다른 주체와의 근본적인 관계를 의미한다. 다시 말해 "상호"는 "사랑의 - 이 사랑 속에서 우리는 살고 있다 - 한 형식으로서 정신을 일으키게 하는 것"이다.[322] 사이존재는 자기 집에 있는 존재로서, 두 주체가 사랑으로 서로에 관여하고 서로 만나는 것을 말한다. 사이 역시 언어 이전에 성립하는 것으로, 언어적 구성에 의해 성립하는 것이 아닌 신체적 만남의 빈 공간이다. 텔렌바흐의 해석대로라면 상호주관성과 사이 존재는 크게 다르지 않고, 사이는 그 자체로 상호주관적인 성격을 지니고 있다고 할 수 있다. 그러나 문제는 후설의 상호주관성(Intersubjektivität)이 텔렌바흐가 해석한 것에 적합한 것인지는 논란의 여지가 있다. 또한 후설의 상호주관성은 심리적 의미와 인식론적 측면을 강조한데 비해, 부버의 사이 존재는 실존적 의미가 강하다. 부버의 사이존재에서 나는 너를 향한 지향성뿐 아니라 너의 존재 의미도 함께 깃들어 있다. 이처럼 후설의 상호주관성에는 실존적 "너"가 부재해 있을 뿐 아니라, 너와의 만남도 대화도 결여되어 있다. 엄밀하게 말해서 후설의 상호주관성과 부버의 사이존재는 같은 의미가 아니다. 상호주관성은 오직 나만의 정신적인 측면인 지향성만을 강조한데 비해, 사이존재가 주장하는 중요한 요소는 나는 너와 '더불어' 실존한다는 사실이다. 이 '더불어'의 매개체는 인간의 몸이고 대화이다. 앞에서 언급했듯이 만남의 제일 요소는 신체이고, 신체는 공동체 인간성의 필수 조건이다.

중요한 사실은 사이 개념이 한 주체와 다른 주체사이의 심리학적인 동의나 일치가 아니고, 또한 나와 너 사이에 한 사물이 놓여있는 것과 같은 경우도 아니다. 사이는 인간의 신체를 전제로 한다는 사실이 중요하다. 때문에 사이존재는 "사이-현-존재(Zwiachen-da-sein)"라고 칭할 수 있다. 이 사이-

---

321) Tellenbach, H., *"Das 'Zwischen' und die Rolle" (Zur Konditionsanalyse endogener Psychosen)*, 142쪽, In: Zeitschrift für klinische Psychologie und Psychotherapie 26(1978), 142-148쪽.

322) 같은 책, 144쪽.

현-존재를 함께 있는 존재로부터 구별해야 하는데, “서로 다른 사람들이 모여 함께” 라는 말속에는, 한 인간이 자신과 다른 사람과 함께 공동의 세계를 구축하고, 그 공동의 세계에 함께 참여한다는 의미가 깃들어 있다. 문제는, 여기서 만남의 의미는 ‘나의 내부로부터 바깥으로 나가는’ 의미인데 비해, 사이존재에서의 만남은 “나 자신에게로 오는” 의미를 지닌다는 것이다. 즉 애초에 인간은 사이존재이기에 너와 만나기 위해서는 이 사이존재의 영역으로부터 자기 자신에게로 되돌아 와야 한다는 것이다.

‘내가 존재한다’는 명제는 나와 너의 ‘사이’에서 성립하는 것이다. 나에 대한 규정은 나나 너에게 놓여 있는 것이 아니라 바로 이 사이에 있다. 즉 내가 누구라는 것은 내 안에 그 근거가 있지 않고 나의 외부, 나의 현존이 ‘그 사이’에 있다는 것이다. 나와 너 사이에는 처음부터 근본적이고 현실적인 공동 영역이 있었고, 또한 나와 너는 애초부터 이 공동 영역에 있었고, 내가 나로서 ‘너’가 너로서 있을 수 있는 것은 이 사이 영역으로부터 자기 자신에게로 되돌아 온 다음부터이다. 그러나 이 말은 시간적 의미를 나타내는 것이 아니다. 사이의 영역은 인간 현실의 초 범주 현상이다.

3. 만남의 토대로서의 몸

부버는 대화론적인 인간관을 설명하면서 가장 중요한 전제로 설정한 것이 바로 현실이었다. 즉 현실을 무시한 인간관은 공허하다는 것이었다. 부버는 인간을 이성적 존재로서만 밝히려는 시도를 비난하였다. 왜냐하면 부버에 의하면 이성적 존재로서의 인간관은 전체 인간의 본질을 결코 해명할 수 없기 때문이고, 부버 자신은 모든 시대에 통용되고 또한 모든 세대를 포괄하며, 나아가 아시아인이나 아프리카인, 유럽인 모두를 포괄하는 인간관을 밝히고자 했기 때문이다. 오직 유럽인이나 또는 특정 계급의 인간에게만 적용되는 인간관 또는 오직 어느 특정 종교에만 적용되는 인간관이란 진실한 인간관이 아니기 때문이다. 이런 관점에서 부버는 특정한 범주를 통해 인간을 설명하려는 모든 시도를 거부하고, 전인적 인간관을 주장한다.

부버가 전체로서의 인간관, 즉 사이존재로서의 인간을 해명하는데 가장 먼저 강조하는 것은 인간이 '신체'로 이루어져 있다는 사실이다. 모든 인간이 몸으로 이루어져 되어가고 있는 것을 부인할 수 없는 사실이다. 부버가 말하는 '신체' 개념은 영혼과 육체(Körper)의 이분법적 개념이 아니라 인간의 정신과 나누어지지 않는 신체(Leib) 개념에 가깝다.

우리말에는 신체를 나타내는 표현으로 '몸'이라는 개념이 있다. 우리 조상들은 이미 몸과 마음은 하나라고 보았다. 그래서 일제 강점기에 단발령을 내렸을 때 그렇게 반발을 하였던 것이 아닌가. 즉 인간의 몸은 단순히 생물학적 분석 대상에 그치는 것이 아니라 전인적 인간됨을 표현하는 매개체라 할 수 있다. 내가 주체성으로서 현존한다는 것은 내가 몸으로 현존한다는 말이다. 이런 의미에서 반 퍼슨(C.A. Van Peursen)도 몸이라는 것은 단순히 물질적 의미에 한정되는 것이 아니라 전체로서의 인간, 즉 "전인으로서의 존재방식"을 나타낸다고 하였던 것이다.[323] 인간만이 사이존재임을 입증할 수 있는 기본 전제가 바로 나와 너가 몸을 매개로 만난다는 사실이다. 우리말에서 몸의 의미는 서구에서 말하는 신체의 개념을 뛰어 넘어 좀 더 포괄적인 것까지 포함하고 있다. 즉 우리말에서 몸은 공간을 차지하는 단순한 연장 개념을 나타내는 것이 아니다. 몸은 살아 있음과 되어 감을 나타내는 존재론적 의미이다.

또한 몸은 관계성의 토대라 할 수 있다. 앞에서 언급했듯이 인간의 관계는 단순히 책상과 의자가 관계한 것과 같은 형식이 아니다. 왜냐하면 인간의 몸은 이미 그 안에 인간의 정신적 활동을 내포하고 있기 때문이다. 즉 몸의 관계는 외적관계뿐 아니라 내적관계를 전제로 하고 있다. 즉 자기 반성 속에서 외적 관계를 맺고 있기에 물체들의 관계와는 다른 것이다. 하이데거에 의하면 인간의 관계는 단순히 곁에 있는 것이 아니라, 보다 근원적인 '만남'을 의미하기 때문이다.[324] 즉 인간의 관계는 만남을 의미한다. 이런 만남을 가능케 해주는 것이 바로 인간의 몸이다.

다시 말해서 몸의 가장 첫 번째 특징은 나와 너가 만나는 매개체라는 것이다. 인간의 만남은 몸이 있기에 가능하다. 우리는 아기가 태어났을 때 엄마가 품에

323) C.A. 반 퍼슨 지음, 손봉호 · 강영안 옮김, 『몸 · 영혼 · 정신, 철학적 인간학 입문』, 서광사, 2005, 참조.
324) Heidegger, M., *Sein und Zeit*, 54-56쪽 참조.

안아서 아기에게 온 몸으로 최초의 사랑을 가르치는 것을 볼 수 있다. 피부접촉은 몸을 통해 이루어지는데, 이러한 몸의 접촉이야말로 인간이 최초로 현실에서 실존하기 위한 첫 걸음인 것이다. 엄마의 접촉을 통해 아기는 맨 처음 너의 사랑을 배운다. 따라서 만남의 본질은 바로 사랑이라 할 수 있다. 다시 말해서 몸을 통한 만남이 사랑인데, 부버에 의하면 나와 너 사이에서 사랑이 발생하는 것이 아니라, 나와 너는 사랑을 통해 비로소 진정한 나와 너가 된다고 한다. 즉 불완전한 나와 너가 온 몸을 통한 사랑의 만남에 의해 '더불어' 인간으로 실존한다는 것이다. 이처럼 몸의 만남이 '온' 몸으로 만난다는 사실은 나의 모든 것, 즉 정신도 포함하여 만난다는 것을 나타낸다. 따라서 사이존재의 첫째 조건은 바로 몸인 것이다.

또한 몸은 자연과 인간을 이어주는 매개체이다. 노동의 본질은 단순히 공장노동자가 소외된 채 의미 없이 기계와 관계를 맺는 방식에서 나타나는 것이 아니라, 농부가 농사를 지을 때 온 정성을 다해 일하는 관계에서 나타나는 것이다. 농부의 실존은 바로 작물의 자라남에서 엿볼 수 있는 것이다. 즉 농부는 자신의 작물을 맨 처음 땅에 심을 때 씨앗 속에서 수확의 성과를 엿보고, 수확을 올바로 얻기 위해 단순히 종자하고만 관계를 맺는 것이 아니라 그들을 둘러싸고 있는 모든 환경, 즉 토양, 햇빛, 강수량 등을 감안해야만 한다. 즉 이것을 온 몸으로 느껴, 온 몸을 다해서 농사를 지어야 하는 것이다. 이럴 경우 농부와 종자 사이에는 진정한 관계 맺음이 성립하는 것이다. 노동의 본질은 단순한 육체노동에 있는 것이 아니라 몸의 관계 맺음에 있는 것이다. 따라서 이기상도 인간의 자연과의 삶의 공간을 이어주는 것이 바로 "몸나"라고 보고 이를 통해 "빔-사이"가 성립한다고 보았다. "빔-사이를 존재하는 인간의 중심축은 몸나라고 할 수 있다."

문제는 이기상의 언급에는 몸과 육체의 구분이 명확하게 구분되어 있지 않다는 것이다. 즉 그는 육체와 몸의 개념을 혼동하여 사용하고 있는 것 같이 보인다. 또한 몸을 신체의 의미보다는 때로 마치 육체와 같은 의미로 사용하고 있음을 본다. 예를 들면 다음과 같은 구절이 있다.

"몸으로서의 나를 깨서 몸나 와는 끝장을 보라(끝내라)는 뜻이다. 몸으로서의 나는 언젠가 끝이 난다. 나의 몸은 내가 모르는 사이에 시작되었고 그 끝을 향하여 간다. 육체의 삶이란 것은 이렇게 시작되고 그렇게 끝이 난다."[325)]

다석의 사상은 이보다 더 과격하게 몸을 부정하고 있다. 즉 이기상에 의하면 다석은 우리의 몸을 짐승으로 비유했고, 언젠가 없어져야 할 것으로 보았다는 것이다. 즉 다석은 말하기를, "이 몸 생명은 가짜 생명이다. 우리는 참 생명을 찾아야 한다."[326)] 하지만 이와는 반대로 다른 한편에서는 몸을 하늘과 땅을 모은 것이라 해석하고 있다.

"우리말에 '몸'이라는 말이 있다. 몸에는 ㅁ이 두 개 있다. 우리말의 ㅁ은 어떤 것이 모여 있는 것을 형상화 한 것이다. ㅁ이 두 개인 것은, 하나는 하늘을 모은 것을 형상화 했고, 다른 하나는 땅을 모은 것을 형상화했다. 바로 그것이 몸인 것이다. 우리의 몸은 하늘과 땅을 모은 것이다. 우리말에서 사람은 하늘과 땅을 잇고 있는 존재이다."[327)]

또 다른 곳에서는 말하기를, "하늘을 모으고 땅을 모은 것이 'ㅁ'인데 이 모인 상태가 밖으로 나타나는데 그것은 '맘'이 되고 '몸'이 되고 '믐'이 된다".[328)] 여기서 처음에 언급한 몸은 육체의 개념에 가깝고, 나중에 언급한 몸은 신체의 개념에 가깝다할 수 있다. 이렇게 볼 때 이기상의 관점은 현실세계에서 인간의 몸은 사이존재를 특징짓는 매개체이기는 하지만, 그것은 어디까지나 현실에 국한되어 있고, 인간의 몸은 후에 "맘"으로 변하여 몸과는 다른 차원으로 나아가는 것으로 볼 수 있다. 즉 비록 몸이 하늘과 땅을 잇는 매개체이기는 하지만, 하늘과 땅의 뜻을 꿰뚫어 보는 것은 몸이 아니라 맘의 역할인 것이다. 이러나 "맘나"는 다시 최종적으로 "얼나"로 나아간다. 하지만 내가 생각하기에 만일 몸이 하늘과 땅을 잇는 매개체라면, 당연히 몸이 그들의 뜻도 체득해야 할 것이라 생각한다. 즉 몸으로 느낀다는 의미이다. 몸은 단순한 매개체 역할에 그치는 것이 아니라 온 몸으로 하늘과 땅의 의미를 느낀다고 생각한다. 즉 '몸나'와 '맘나'는 별개로 구분되는 현상이 아니라

325) 이기상, 『다석과 함께 여는 우리말 철학』, 225쪽.

326) 같은 책, 246쪽.

327) 같은 책, 36쪽.

328) 같은 책, 202쪽.

하나의 동일한 주체성으로 볼 수 있다.

이런 측면에서 내가 김용옥의 관점을 빌려 언급하고자 하는 것이 바로, 인간의 몸은 시간, 공간, 인간이라는 천 · 지 · 인의 세 가지 사이가 함축되어 있다는 것이다. 즉 김용옥에 의하면 "나의 몸은 天地가 나라는 어떤 추상적 존재에서 잠시 위탁하여 놓은 것..."이며 "이 때의 위탁자는 ... 인격적 존재자가 아니다. 그것은 곧바로 天地며 氣다."[329] 즉 인간의 몸은 단순한 물질에 지나는 것이 아니라 천지의 기를 함축하고 있다는 것이다. 여기서 말하고자 하는 바는 천지의 기가 무엇인가를 밝히고자 하는 것이 아니라 인간의 몸이 시간과 공간 그리고 인간의 사이를 나타내는 사이존재의 토대라는 것이다. 내가 몸을 지니고 있기에 나는 사이존재로서 현상계에 존재하는 것이다. 김용옥의 문제점은 인간의 인격적 측면을 도외시한 채 오직 기의 흐름으로 인간의 몸을 설명하는데 있다. 하지만 나는 기에 대해 문외한이기에 이에 대한 언급은 하지 않겠다.

결론적으로 말하자면 인간의 본질은 부버나 이기상의 관점에서 보자면 다 같이 '사이존재'임을 부정할 수는 없다. 단지 차이는 부버에게는 사이존재로서의 인간에게 '몸'이 필연적 토대이며, 몸은 정신까지도 표현하고 있다.[330] 즉 '몸짓'은 나의 주체적 행위의 표현이다. 이에 반하여 이기상은 몸과 맘을 두 가지로 구분한다는데 있다. 또한 다석의 사상에는 현실적 인간관이 아닌 하늘의 이치를 알아서 그에 따르는 인간의 모습을 그리고 있다. 물론 궁극적으로 부버 역시 "영원한 너"는 신으로 귀결된다. 따라서 부버 역시 신은 부정할 수 없는 요소이다. 하지만 "영원한 너"로서의 신은 현상계를 벗어난 저 곳에서만 머무르는 존재가 아니라 현실 세계의 인간에게 "은총"으로서 자신을 드러낸다. 이런 면에서 인간의 몸은 중요하다.

또 한 가지 중요한 사실은 인간의 사이존재가 '만남'에 의해 해명된다면, 만남은 단순히 육체적 공존을 뜻하는 것이 아니라, '몸'과 '맘'이 함께 하는 것이라고 볼 수 있다. 이런 면에서 사이존재로서의 인간을 단순히 몸이나 맘

---

329) 김용옥 · 최영애, 『도올논문집』, 통나무, 2001, 56쪽.

330) 몸과 정신이 따로 나뉘어 질 수 있는 것이 아니라는 해석은 반 퍼슨이 그의 저서에서 훌륭하게 해명하고 있다. 몸의 행위는 이미 정신적 행위라는 것이다. C.A. 반 퍼슨, 『몸 · 영혼 · 정신, 철학적 인간학 입문』, 참조.

한 가지 만으로 해명할 수는 없다는 것이다. 몸과 맘은 나누어 질 수 있는 두 가지 서로 다른 현상이 아니라 몸과 맘은 분리할 수 없는 인간의 본질적 토대이다. 만일 이기상이 말하는 것처럼 맘과 몸이 포함되어 있는 'ᄆᆞᆷ'의 정확한 어원이 밝혀진다면 이 개념이야말로 사이존재로서의 인간을 나타내는데 가장 적합한 단어일 것이고 이는 서구철학에서는 결코 볼 수 없는 개념일 것이다. 하지만 아쉽게도 내가 알아본 바로는 'ᄆᆞᆷ'에 대한 이기상의 해석이 국어학자들 모두에게 수용되는 것 같지는 않았다. 이 문제는 좀 더 연구할 필요가 있을 것이다. 어쨌든 몸과 맘에 의한 만남을 통해 나와 너의 실현화가 이루어지는데, 이때 성립하는 주체성이 바로 '우리'라는 개념이다.

4. 사이 언어

부버에 의하면 '우리'를 형성하고 있는 내재적 틀은 바로 대화이다. 대화는 내가 아집에 빠지는 것을 막아주고 나의 되어감을 도와주는 근본적 토대이다. 따라서 부버는 나와 너의 만남을 가능하게 해주고 인간을 사이존재로 만들어 주는 중요한 요소가 대화라고 하였다. 또한 이기상에 의하면 "사람-사이에 생명의 숨을 불어 넣어주는 숨은 말의 숨으로서 말숨"이라고 한다.[331] 이기상이 말하는 말숨에 의해 인간을 해석하면 사이존재로서의 인간에게 말은 필수적 조건이라 하겠다. 언어학적으로 보자면 말의 형성과정은 인간의 날숨과 들숨의 과정에서 형성되는 것이기에 말숨은 정확한 표현이라 할 수 있다. 하지만 이기상의 표현은 단순한 언어학적 표현의 것을 뛰어넘는다고 볼 수 있다. 즉 "사람 사이에 생명의 숨을 불어 넣어 준다"함은 인간은 말에 의해 비로소 관계가 성립하고 말의 관계를 통해 사람다움이 생성되는 것이라 해석할 수 있다. 숨을 쉬지 못하면 살 수 없는 것처럼 인간에게 말은 본질적 요소라 할 수 있다. 또한 그리스에서 영혼을 뜻하는 말 프쉬케(phychê)는 원래 '숨을 쉰다'의 뜻을 가진 것이었고[332], 영혼을 뜻하는 히브리어의

331) 이기상, 『다석과 함께 여는 우리말 철학』, 208쪽.

332) C.A. 반 퍼슨, 『몸 · 영혼 · 정신, 철학적 인간학 입문』, 96-97쪽, 참조.

네페쉬(nephesh) 역시 '호흡'과 관계된 말이었다[333]. 이처럼 호흡이라는 것은 단순히 숨을 쉬는 것에 그치는 것이 아니라 인간 영혼을 나타내는 인간에게 생명의 기운이었다. 말이 '생명의 기운을 불어 넣어주는 말숨'이라는 이기상의 표현은 말이 인간의 실존 방식을 나타내는 중요한 방식이라 할 수 있다.

이렇게 볼 때 부버나 이기상은 둘 다 인간과 인간의 관계 맺음의 방식을 '말'로 보았다는 사실이다. 보다 정확하게 말하자면 글말이 아닌 입말로 보았다. 앞에서 본바와 같이 분명히 입말과 글말의 성격은 다르다. 입말은 나와 너 사이에서 직접적으로 발생하는 것이지만 글말은 간접적일뿐 아니라 반성적이다. 물론 나와 너는 반성적인 관계이다. 하지만 글말의 반성적 의미는 자기 관계에 있어서 반성적이고, 또한 2차적 의미에서 반성적이다. 또한 간접적이고 반복적인 특성을 지니고 있다. 반면에 입말의 반성적 의미는 내가 나 혼자서는 이루지 못하는 반성을 너와의 직접적 만남과 대화에 의해 반성을 한다는 점이다. 또한 글말에는 나와 너의 직접적 만남이 결여되어 있다는 점에서 '우리'의 구조를 형성시키지 못한다.

부버는 직접적인 대화를 중시한다. 즉 글말보다는 입말을 자신의 사유의 핵심으로 삼고 있다. 서구의 신 역시 입말로 인간에게 자신의 말씀을 전하지 결코 글말로 전하지는 않았던 것에서도 입말의 중요성을 알 수 있다. 또한 아기가 처음 태어나서 세상에 내 뱉는 것도 입말이요. 엄마가 아기에게 처음 던지는 말 역시 입말이다. 입말의 중요성은 입말에 말하는 사람과 듣는 사람의 인격성이 개입되고 있지만, 글말에는 모든 현실적인 상황이 배제되어 있을 뿐만 아니라, 말하는 사람과 듣는 사람의 전체 인격성도 배제되어 있다. 이렇게 볼 때 대화의 본질은 입말에 있다고 할 수 있다. 현실 인간의 모습은 입말과 더불어 그려져야 한다.

하지만 이기상은 인간관계를 이어주는 것으로 언어로 보았을 뿐 아니라 여기에 실천적 요소도 가미를 하였다. "인간은 사람-사이에 존재한다. 사람-사이를 잇는 가장 전형적인 행위는 '말'이며, 사람 사이의 전형적인 관계맺음의 방식은 '실천'이다"[334]

333) 같은 책, 103쪽, 참조.

334) 이기상, 『다석과 함께 여는 우리말 철학』, 208쪽.

이 점은 부버에게 있어서도 마찬가지이다. 단지 부버는 말에 이미 인간의 실천적 요소가 가미되어 있다고 보았다. 말은 단지 나와 너를 엮어주는 수단이 아니라 나와 너의 실존을 가능하게 해주는 토대인 것이다. 즉 언어를 통해 나는 현실에서 실존하기에 언어는 곧 삶을 의미한다. 부버는 삶에 따른 언어를 3가지로 분류하는데, 즉 자연의 삶은 "언어 아래"에 있고, 인간의 삶은 "언어 형성적"이고, 정신적 본질의 삶은 "無 언어" 또는 "언어를 생산"한다고 한다.[335] 이 말을 풀이하자면 다음과 같다.

언어를 통해 나는 현실에 참여하고 현실을 발견한다. 언어의 다른 방식은 보도록 하는 것인데, 나는 현실을 관망하며 보는 것이 아니라, 현실에 직접 다가가서 본다. 관망하며 보는 것은 주체가 지향적으로 대상을 보는 것이고, 이것은 "나-그것" 관계에 속한다. 이와 반대로 다가가서 직접 보는 것은, 내가 현실을 직접적으로 만나며 대응하는 "참여"를 의미한다. 참여하기 위해서는 우선 들을 줄 알아야 하는데, 우리가 현실을 올바로 인식하기 위해서는 현실이 우리에게 무엇을 말하는지 먼저 들어야만 한다. 즉 말하려는 사람은 먼저 듣는 사람이 되어야 한다. 뢰비스(K. Löwith)에 의하면, 듣는 사람은 다른 사람으로 하여금 어떤 것을 말하도록 하는 사람이라는 것이다.[336] 더구나 현실은 말을 할 줄 모르기에, 우리는 현실의 있음을 통해 단지 볼뿐이다. 즉 현실은 우리로 하여금 그것의 현상을 보도록 한다. 자연과 나 사이에는 언어로 표현하는 질문과 대답이 성립하지 않는다고 할 수 있다. 그러나 자연과 인간 사이에는 노동을 통해 "존재론적인 엮음"이 성립한다.[337] 노동은 내 본질의 행위이고, 너에 대한 "나의 본질 행위"[338]는 언어이므로 노동은 일종의 언어로 볼 수 있다. 나는 자연을 언어 형성적인 말로 만나지는 않지만, 신체적인 만남, 즉 언어가 숨겨져 있는 형태로 만나는 것이다.

---

335) Buber, M., *Das Dialogische Prinzip*, 10쪽.

336) Löwith, K., *Das Individuum in der Rolle des Mitmenschen*, Darmstadt 1962, 116쪽.

337) Werner, H. J., *Martin Buber*, Frankfurt/New York 1994, 70쪽. 여기서 노동을 우리는 산업사회의 노동으로 보는 것이 아니라, 부버나 베르너가 예를 든 노동의 대표적인 것에는 농부에 있다. 즉 농부와 자연사이에는 마주대함(Gegenseitigkeit)이 성립하고, 주는 것과 받는 것이 발생하므로 이 둘은 삶의 동일성을 지닌다.

338) Buber, M., *Das Dialogische Prinzip*, 15쪽.

언어 창조적이라 함은 언어가 신의 영역에 속한다는 것이다. "태초에 말씀이 있었다"는 말은 신이 세계를 그의 언어로 만들었다는 의미이다. 신에게 말씀과 창조는 다르지 않다. 그러나 신은 언어 형성적으로 말을 하지 않고 침묵으로 전달한다. 침묵은 無 언어이다.[339] 따라서 정신적 본질과의 의사소통은 "예술가"[340]나 "예수"[341]같은 행위로서만 가능하다. 왜냐하면 이들은 과거와 현재를 뛰어넘어서 우리에게 어떤 것을 창조적으로 가리키기 때문이다.[342] 신의 말씀은 내재적이라, 나는 나의 내부에서 신의 말씀을 듣는다.

언어 형성은 항시 현재의 성질과 현-존재적 특징을 지닌다. 이 말은 언어의 형성이 우리 삶 속에서 그 위치를 차지하며, 우리의 실재적인 삶의 반영이라는 것이다. 때문에 언어와 삶은 떨어질 수 없다. 그러나 언어가 우리에게 속한다기보다는 우리가 언어 속에서 사는 것이라 할 수 있다. 단지 우리는 언어를 사용할 뿐이다.

대화론적인 삶 속에서 나와 너의 관계가 실현되고, 언어는 인간을 실제적인 사람으로 만든다. 실제적인 사람이란 "나"를 말할 수 있고 너를 향해 대응하는 사람이다. 부버는, "만일 내가 나를 나라고 말한다면 나는 그곳에 있다"[343]고 한다. 나는 말하는 존재자로서 그곳에 있다. 즉 "내-존재"와 "말하는 나"는 하나인 것이다. 현-존재는 말하는 존재를 뜻하며, 현존재 방식과 말하는 방식은 동일하다. 나는 언어를 통해 나를 드러내며, 나는 내가 말하는 그 만큼만 실존한다는 것이다. 나의 언어는 결코 독백을 의미하지 않고 대화를 의미하기에, 언어는 나와 너 사이에서 발생한다. 언어는 나한테도 너한테도 속하지 않고 나와 너 "사이"에 놓여있다.[344] 이 말은 언어가 단순히 의사 전달

---

339) 쇄더는 無 언어를 "표시, 징후(Zeichen)"라고 보았다. 신의 표시와 우리의 자유 행위는 신과 인간 사이의 대화인 것이다. Schäder, G., *Martin Buber*, *Hebräischer Humanismus*, Göttingen 1966, 142쪽.

340) Buber, M., *Das Dialogische Prinzip*, 13쪽.

341) 같은 책, 69쪽.

342) 창조적 말(schöpferisches Wort)과 신의 창조적 말씀(Schöpfungswort Gottes)과는 다른 것이다. 후자는 말 그대로 無에서 有를 창조하지만, 전자는 우리에게 아직 있지 않은 것을 가리키는 것이 아니라, 우리가 발견하지 못한 현실 자체를 보여 주는 것이다.

343) Buber, M., *Das Dialogische Prinzip*, 8쪽.

344) 같은 책, 41쪽.

방식이 아니라, 존재 방식이라는 것을 나타낸다. 나의 존재 방식은 나 홀로가 아닌 항시 나-너, 또는 나-그것으로 존재할 뿐이다. 언어는 나를 타자와 만나게끔 하는 심부름꾼일 뿐 아니라, 나와 "너"가 일생동안 서로를 위하며 실존하게끔 하는 길인 것이다.

앞에서 언급했듯이 대화는 상대를 지배하듯 하는 말이 아니라, 너를 향한 언어이다. 이 '향한' 언어는 바로 헌신을 의미하고, 내가 너에게 말한다는 것은 내가 너에게 봉사한다는 것을 의미한다. '너에게 향한 말'과 '무엇에 관한 말'을 구분해야 하는데, '향한 말'과 '무엇에 관한 말'에 따라, 인격체인 '너'이거나 사물의 성질을 지닌 '그것'으로 나누어진다. 무엇에 관한 말과 말해진 대상의 관계는 지향적 행위로서 주체 · 객체 관계를 나타낸다. 이 말이 발생하는 곳에서는 쌍방관계가 아닌 일방적인 한쪽만의 관계가 성립한다. 또한 무엇에 관한 말의 대상에는 응답이 없기에 그 대상의 현존성은 중요하지 않게 된다.

이와는 반대로 '향한' 말의 대상은 인격적인 너로서, 너는 언어의 주소지이고 언어를 받아들이는 사람이다.[345] '너'가 그 곳에 있기에 나는 너에게 말하고 너에게로 향한다. 이러한 너를 향한 말에서 '말-대꾸', '질문-대답'이 발생한다.[346] 대꾸의 말(Gegen-wort)과 대-답(Ant-wort)은 부정이 아닌 긍정적인 것으로, 인간 존재의 실존을 의미한다. 즉 질문은 '너는 어디에 있는가'이고, 대답은 '나는 여기에 내 방식으로 현존한다'이다. 대답은 궁극적으로 인간의 존재 방식을 의미한다. 발덴휄스는 나아가 '나의 실존은 너에게 향한 말인 것이다'라고 하였다.[347]

마지막으로 질문과 대답에 의한 관계는 책임을 요구한다. 진실한 책임은 오직 실재적인 대답이 있는 곳에만 있다.[348] 나의 대답은 그 자체로 책임의 의미를 지니고 있다. 대답과 마찬가지로 책임 역시 나 자신이 아닌 너에게 기인한다. 그러나 너에게 기인한 책임은 나의 현존재를 위한 책임인 것이다. 내

---

345) 같은 책, 285쪽을 참조하시오.

346) 발덴휄스에 의하면 모든 "향한" 말에는 누구에게 대한 문의의 요소가 있고, 모든 대응에는 대답의 요소가 깃 들어 있다고 한다. Waldenfels, B., *Das Zwischen des Dialogs, Sozialphilosophische Untersuchungen in Anschluß Edmund Husserl*, Den Haag 1971, 140쪽.

347) 같은 책, 263쪽.

348) Buber, M., *Das Dialogische Prinzip*, 161쪽.

현존재의 실존을 위해 나는 너에게 책임을 진다. 여기서 책임은 윤리적 의미가 아닌 존재론적 의미로 파악해야만 한다. 따라서 책임은 나의 본질과 더불어 너에게 대답하려는 준비를 말한다. 대화론적인 만남은 너에 대해 책임지고 대답하려는 나의 참여를 말한다. 너에 대한 나의 책임은 내가 나의 방식으로 여기에 있다는 것을 가리키는 것이다. 즉 나의 실존은 너에 대한 나의 대답인 동시에 나의 책임인 것이다. 이러한 책임에 기인하는 나와 너의 엮음을 부버는 '우리'라고 칭하였다.

부버는 '우리'를 형성하는 근본적인 틀을 언어로 보고 있다. 부버에게 언어는 단순히 의사전달 수단만을 의미하는 것이 아니라 인간의 실존적 방식을 의미한다. 특히 홀로 말하는 독백을 나와 너가 서로 주고받는 대화를 중시했다. 대화 속에서 나와 너의 실존이 성립한다는 것이다. 이런 의미에서 부버는 언어를, '우리'를 형성하고 있는 내재적 틀이라고 본다.

5. '나'의 초월적 존재인 '우리'

우리말에서는 '우리'라는 말이 '나'보다 중요시 되고 있다. 나는 항상 '우리' 속에서 형성되어 왔고, 나 보다는 우리가 먼저였다. 하지만 일상생활에서 '우리' 개념은 불특정 다수를 의미한다. 사이존재로서의 인간에게서 또한 '나'보다 '우리'가 주체로 떠오르는데, 여기서 '우리'의 개념은 단순한 '나'들의 집합이 아니고, 집단주의나 단순한 공동체를 말하는 것도 아니다. '우리'는 키르케고르의 "군중(die Menge)" 개념이나 하이데거의 "일반인 (das Man)"과 같은 의미의 개념이 아니다. 즉 내가 그 속으로 들어가서 나를 잃어버리고 책임을 회피하는 그런 곳이 아니다. '우리'는 '나'의 다른 모습, 즉 우리는 나의 초월적인 형식이라고 할 수 있다. '우리'는 주체성이다. 사실 삶이라는 것에서 '나만'의 삶이라는 형식은 성립되지 않는다. 엄밀하게 말해서 '삶'은 항상 '우리'의 삶이었다. 역사, 사회 정치, 경제 모든 것은 '우리'에 속한다. '우리' 속에서 나의 실존이 실현된다.

이기상이 말하는 "얼나"는 사실 '우리 얼'을 의미하고 있다고 할 수 있다.

얼은 바로 '우리' 전체의 사회성과 역사성을 담지하고 있기 때문이다. 엄밀하게 말해서 나만의 얼은 존재하지 않을 뿐만 아니라 실재한다고 하더라도 무의미한 것이라 할 수 있다. 즉 얼은 애초부터 역사성을 담지하고 있는 것이기에 나의 얼은 곧 우리의 얼인 것이다. 여기서 박완규의 말을 이용해 보자.

"일인칭 복수인 '우리'는 '울'과 같은 말밭에서 나온 것이요, 얼은 일인칭 단수 '나'가 아니라 '우리'와 짝을 맞출 수 있으나, '우리'보다 '더 큰 우리'로서 삶의 결을 같이한 겨레나 민족에 어울리는 말인 듯싶다."[349)]

여기서 박완규가 말하는 '우리'가 '울'과 같은 말밭에서 나왔다는 확실치 않으나, 얼을 '나'가 아닌 '우리'와 짝을 맞추었다는 사실은 의미심장하다. 그렇다면 이기상의 '얼나'도 '우리 얼'을 담지한다고 볼 수 있고 그것이 더 확실한 것 같다. '얼'은 역사성을 지니고 있다. '얼나'로서 나는 역사적 존재인 것이다. 나의 얼은 곧 '우리'의 얼이고, '우리'는 역사성을 지니고 있는 것이라면, '우리'는 시의 간이다. 또한 '우리'가 나와 너의 만남으로 발생한 초월적 '나'라면, 이 또한 공의 간이라 할 수 있다.

이렇게 볼 때 문제는 나만의 것이 도대체 무엇인가라는 의문이다. 나의 정신과 삶이 모두 '우리'에게 속해 있다고 한다면 나는 도대체 어디에서 정체성과 존재 의미를 찾아야 하는가가 문제이다. 즉 내가 어떻게 '우리' 속에서 나의 고유성과 독자성을 확보하는가이다. '우리'는 나를 옭아매고 나의 고유성을 말살하는 폐쇄된 집단이 아니다. '우리'는 내가 너와 함께 내가 되어가게 만드는 일종의 바탕이자 장이라 할 수 있다. 이런 의미에서 이기상은 아마 '얼나'를 강조했는지도 모른다. '얼나인 나'와 '얼나인 너'가 만나 주체적 '우리 얼' 구조가 성립하는 것이다. 공동체 인간성의 본질은 사실 '우리'에서 발견할 수 있는 것이지, '나'에게서 찾아낼 수 있는 것은 아니다. 따라서 로쯔(J.B. Lotz)가 다음과 같이 말한 것은 의미가 있다. "공동체 인간성은 우리 속에서 그 완성에 도달하거나 또는 인간은 우리 속에서 그 충만한 상태에 이르게 된다."[350)] '우리'는 결코 일반인을 의미하지도 않고, 여럿 나의 단순한

---

349) 박완규, 「마음과 몸에 관련된 몇 가지 생각」, 『동서철학연구』, 제36호, 한국동서철학회, 2005년, 184쪽.

350) Lotz, J. B., *Ich-Du-Wir, Fragen um den Menschen*, Frankfurt 1968, 98쪽.

합계를 의미하지도 않는다. 부버에 의하면 "내가 뒤얽혀있는 이름 없고 얼굴 없는 군중은 우리가 아니라 일반인이다." 나는 일반인 속에서 나의 본래성을 잃지만 '우리' 속에서는 자아를 획득한다. '우리'는 나-주체의 극복이고 나의 초월함을 의미한다. '우리'는 자주적이고 책임 있는 '나'들의 엮음이다.

만일 '우리'가 자주적이고 책임지는 '나'들의 엮음이라면 '우리'는 닫혀 진 체계가 아니라 열린 구조이어야 한다. 즉 '우리' 속에서 나는 자유인으로 존재한다. '우리'는 나의 또 다른 형태이므로 나의 자아와 '우리'의 '우리성'(Wirheit)은 동일한 지평에 놓여있다. 너를 대화로 만나는 나는, 너와의 만남을 통해서 우리를 발견하고 우리와 자신을 동일시 할 수 있는 것이다.

다시 말해서 '우리' 속에는 그 자체로 고유성을 잃지 않은 나와 너의 만남이 성립하고 있는데, '우리'는 나의 주체-객체 관계를 뛰어 넘는 주체성의 구조이고 동시에 '너'를 내재적으로 함축하고 있다. 예를 들어 '나의 사랑'이라는 표현을 보면, 이것은 '우리의 사랑'이고, '우리' 속에는 이미 '너'의 실존이 내재되어 있는 것이다. 즉 '나는 너를 사랑해'에서 '사랑'은 나 또는 너에게 속해 있는 것이 아니라 '우리'에게 속해 있는 것이다.

사랑 속에서 발생하는 '우리'와 폐쇄적 성질을 지닌 '우리'가 있는데, 전자 속에서는 나의 본래성이 성장하고, 후자에게서는 집착하는 나가 발생한다. 집착하는 나로부터는 집착하는 우리가 생기고, 이런 집착하는 우리는 사물의 성질을 지니고 있다. 때문에 퀸켈(F. Künkel)은 "집착하는 우리는 공동체 인간에 거슬리는 사태적 입장"이라고 한다.[351] 집착하는 나와 우리는 부버에 의하면 개인 이기주의와 집단 이기주의 형태로 나타난다. 진실한 '우리'는 개인 이기주의와 집단 이기주의의 대안으로서 "인간 실존의 기본적인 사실은 인간이 인간과 더불어 있다"는 것이다. "인간이 인간과 더불어"라는 말은 '우리'를 의미하는 것이고, 사이존재를 의미하는 것이다.

351) Künkel, F., *Einführung in die Charakterkunde*, Stuttgart/Hirzel 1975, 9쪽.

나가는 말

지금까지 입말과 글말 그리고 그와 관련하여 인간의 사유방식 및 존재방식에 대해 논의를 했다. 이를 통해 알 수 있는 사실은, 인간은 사물의 세계 자체를 알 수 없고 오직 언어의 세계로 이루어진 중간세계를 통해서만 사물의 세계와 관계를 맺을 수 있다는 사실이다. 즉 인간은 언어를 통해서만 사물 세계에 다가가고 이해할 수 있다. 또한 인간끼리의 만남도 언어를 매개로 해서 발생한다. 인간이 세상에 처음 태어나자마자 울기 시작하는 것도 입말이요, 처음 듣는 것도 세상의 소리다. 소리가 있는 곳에 생명이 있고 소리가 없는 곳에 생명체는 사라진다. 소리는 언어의 근원이고 인간은 언어를 사용함으로써 비로소 인간으로 살아갈 수 있는 것이다. 언어는 인간이 인간일 수 있게끔 하는 가장 근원적 토대라 할 수 있다.

언어를 입말과 글말로 나누어 보았을 때, 서구 세계의 철학 사상은 주로 글말의 특성인 시각적 감각을 중심으로 하는 사유방식이 전개되었음을 알 수 있다. 물론 데리다 같은 사람은 서구 형이상학의 역사가 음성중심주의에 의해 지배되었고 그것을 논리적으로 비판하고 있지만, 월터 J. 옹이나, 마샬 맥루한, 마르틴 부버, 그리고 해석하기에 달렸지만 나는 하이데거의 사상에서도 엿볼 수 있다고 생각하는데, 입말 위주의 사상은 비판받아야 할 대상이 아니라 글말 위주의 합리적 · 논리적 · 이성적인 사유방식이 비판받아야 한다고 생각한다. 비록 글말 위주의 사상이 자연과학을 발달시키고 경제적으로 풍요롭게 했을지는 모르겠지만, 오늘날 인간의 삶은 어떤 면에서는 더 메마르고 각박해지고 모든 것이 물질 위주로 평가되는 세상이 되어 버린 것도 입말 중심 사유방식, 즉 입말과 연관된 감성을 억누르고 글말과 밀접한 관련이 있는 이성적 삶만을 추구한 결과가 아니었나 생각한다. 입말은 오직 내용만을 전달하는 것을 목적으로 삼는 글말과는 달리 우선 너와의 직접적인 만남을 전제로 하고 있고 또한 너의 입말은 내용이 언어가 담고 있는 것 이상을 나에게 준다. 입말은 말하는 사람의 모든 것을 고스란히 담고 있다.

데리다는 로고스가 입말로서 형이상학의 원인이라고 주장하면서, 그 근거 중의 하나로 자기 동일성을 들고 있다. 사람은 자기 내면의 목소리를 들었을 때 자아를 자각하게 되고 자기 정체성을 가진다고 한다. 그리고 아우구스티누스는 양심이라는 개념을 만들어 내면서 내면의 소리를 창안하였고, 하이데거에게 있어서 인간은 내면의 소리를 통해 존재로 다가갈 수 있고, 서구 헤브라이즘의 유일신도 목소리로 인간에게 자신의 뜻을 전하였다. 이런 맥락 속에서 데리다는 목소리를 서구 형이상학의 근간이라고 본 것이다. 하지만 다른 한편으로 모세의 십계명은 글자로서 인간에게 전달되었고, 하이데거가 말하는 존재와의 대화는 올바른 대화라고 볼 수 없을 뿐만 아니라, 자기 내면의 소리를 듣는다는 것이 과연 소리를 듣는 것인지 아니면, 사유가 깊숙이 내면으로 파고들어가 그 의미를 깨달은 것인지 불분명 하다. 내면의 소리를 과연 진정한 의미에서 소리라고 해야 할지 그리고 그것을 '들었다'고 해야 할 것인지 의문이다. 소리는 외부에서 오는 것이지 나의 내면에서 나에게 전해올 수 있는 것이 아니다. 단지 내가 그렇게 생각할 뿐이다. 그 뿐만 아니라 자기 정체성, 자기 인식 역시 데리다가 주장한 것처럼 나 홀로 내면의 소리를 통해 이루어지는 것이 아니라, 마르틴 부버가 주장하듯이 내 앞에 마주 서 있는 '나의 너'에 의해 가능한 것이다. '나의 너'가 전해주는 입말 없이 나 자신에 대한 자기 인식은 불가능하다. 이런 의미에 따라 입말은 형이상학의 근원이라고 보기 힘들다. 물론 입말은 상상력의 원천일 수는 있다. 너와의 대화를 통해 나는 상상력을 키워나간다. 너의 입말은 이성보다는 감성에 가깝고 이런 의미에서 입말은 감성의 원천으로 보는 것이 더 옳을 것이고, 글말은 우리의 이성을 발달시켜 이성이 논리로 무장하는데 도움을 준다고 할 수 있다.

소리는 생명을 불러일으키고, 글자는 살아 움직이는 것을 죽음으로 몰아간다. 살아있는 만물의 움직임에는 소리가 있다. 삶과 소리의 첫 번째 성질은 '같지 않음'이다. 우리가 듣는 모든 소리는 결코 같은 소리를 내지 않는다. 소리는 우리에게 다름을 가르쳐 준다. 하지만 그런 다름을 글자는 같은 것으로 만들어 우리에게 강요한다. 글자의 속성은 같음이다. 글자는 소리의 다름을 제거하고 같음으로 만듦으로서 그와 더불어 소리에 깃들어 있는 생명의 소리까지도 죽여 버린다. 글자 속에는 생동력이 없다. 글자 속에는 다름이 제거되어 있다. 시냇물 소리를 "졸졸졸"이라고 글자로 옮겼을 때 이미 시냇물 소리는 죽어버린 것이고, 시냇물 소리는 중간세계인 인간의 세계로 편입되어 인간의 관점에 의해 개념화 되어 버린 것이다. 시냇물 소리 그 자체는 더 이상 우리에게 문제가 되지 않는다. 우리에게 중요한 것은 우리가 규정한 글자로서의 죽어 버린 소리일 뿐이다. 비록 나라마다 글자로 표현하는 방식이 다를지라도 글자로 획일화시켜 표현하는 것은 동일하다. 우리는 진리의 소리를 듣지 못하고 왜곡된 소리를 강요받은 것이다. 물론 우리는 시냇물 소리 자체를 완벽하게 이해하지 못할런지도 모른다. 하지만 그렇다고 하나의 소리로 통일되어 모두가 같게 들어야 할 것은 더더욱 아닌 것이다.

소리가 감성의 원천이고 그와 동시에 삶의 원동력이라면 감성 역시 생동력과 변화의 원천이라고 할 수 있다. 플라톤이나 소크라테스가 주장한 것처럼 감성은 비판되고 살아가는데 배제되거나 억눌러야 할 대상이 아니라 막스 셸러가 주장하듯이 삶의 원동력이므로 올바르게 발전시켜야 할 대상이다. 감성의 일종인 충동과 욕망은 모든 움직임의 원동력일 뿐만 아니라 인간이 삶을 살아나가는데 필수 요인이다. 욕망 없이는 발전이 있을 수 없다. 니체가 주장했듯이 디오니소스 정신이 삶의 원동력이고 생의 활력소인 것이다. 그리고 이성은 감성이 멋대로 이리저리 튀어나가지 못하도록 잘 조절하는 역할을 하는 요소라 할 수 있다. 하지만 둘 중 어느 하나가 빠지면 인간의 삶은 성장할 수 없다. 인간의 삶에는 감성과 이성의 두 역할이 필수적이다. 사람은 태어나서 입말을 먼저 접하고 감성을 먼저 몸으로 체득한다. 입말과 감성은 함께 온다. 그리고 차츰 이성이 발달하고 그 뒤에 글말을 배움으로써 이성은 감성을 밀어내고 자아의 주인으로서 등극하게 되는 것이다. 하지만 문제는 글말이 감성을 조절하는데서 머무르지 않고 나아가 입말을 억누르기 시작한다는데 있다. 사회는 철저히 이성적 인간을 요구하고 학교는 이성적 인간을 양육하는 기관으로 변한지 이미 오래다. 학생들은 소위 경쟁이라는 이름아래 감성적 인간이 아닌 이성적 인간으로 자라 날 것을 요구받는다. 대부분의 학생들은 자신이 진정으로 하고 싶은 것이 무엇인지 알지도 못한 채 살아가고 있는 것이다. 자신의 진정한 욕망은 무의식 속으로 깊숙이 감춰둔 채 점차 사회의 꼭두각시가 되어가고 있는 것이다. 그 때문에 올바른 욕망이 아닌 왜곡된 욕망과 뒤틀린 욕망이 자리 잡게 되고 그것이 자신의 진정한 욕망인 양 착각하고 살아가게 되는 것이다. 소위 사회에서 성공했다는 사람들의 공통점은 자신들의 욕망을 철저히 이성의 지배 아래 두었다는 점이다. 그들은 남들보다 위로 올라서겠다는 욕망을 가지고, 하지만 그 욕망을 철저히 이성의 관리 하에 두어 목표 지향적 삶을 살아간다. 이들에게서 왜곡된 욕망을 발견하는 것은 어렵지 않은 일이다. 이들은 '함께 사는 삶'보다 자기 위주의 이기적 삶을 살아가는데 익숙해 있고, 다른 사람과 더불어 살아가는 것에는 낯설어 있다. 이들은 모든 것을 경쟁 위주로 바라보고 경쟁에서 졌다는 것은 소위 자기관리, 즉 이성이 감성을 조절하지 못했기 때문이라고 생각한다. 하지만 이들이 진정으로 착각하는 사실은 이들은 진정한 인간의 삶이 무엇인지 정확하게 알지 못한다는 사실이다. 인간 삶의 의미는 다른 사람과 함께 사는 것을 말한다. 이들에게 타인이란 단지 경쟁상대일 뿐 함께 살아가는데 필요한 사람이 아니다. 비록 사르트르가 타인을 경쟁상대로 보기도 하였지만 또 다른 한편으로는 나 자신의 존재 의미를 위한 대타 존재로 보기도 하였다는 점은 시사하는 바가 크다.

언어의 또 다른 특성으로 우리는 언어가 본래 비논리적이라는 점을 들 수 있다. 물론 입말이 글말보다 더 비논리적이긴 하지만 글말 역시 완전히 논리성을 띠고 있다고 할 수는 없다. 언어는 본래 세계를 완벽하게 지시하거나 재현내지는 표현해 낼 수 없다. 언어는 세계를 모호하게 지시하거나 표현할 수 있을 뿐이다. 하지만 인간은 불완전한 언어를 매개로 자기 나름대로 세계를 이해하고 해석한다. 즉 언어가 주는 것 이상으로 세계를 해석할 능력이 인간에게 주어져 있다. 혹자는 이것을 이성의 능력이라고 할지도 모르겠으나, 앞에서 기술한 바와 같이 이성은 언어와 밀접하게 연관되어 있으므로 언어 이상의 해석 능력을 단순히 이성의 역량이라고만 치부하기에는 어딘가 미흡하다. 물론 세계를 이해하고 해석하는 능력이 언어를 매개하지 않았을 때보다 언어를 매개했을 때 더 잘 발휘된다는 사실로부터 우리는 이런 능력이 언어와 밀접하게 연관되었다는 것을 추론해 볼 수 있다. 혹자는 이것을 언어 본유능력이라고 하기도 하지만 단지 우리는 인간이 언어와 관련해서 모호하고 불완전한 언어를 통해 세계를 이해하고 해석할 수 있는 능력이 발휘된다는 사실만 확인할 수 있을 뿐이다.

언어가 세계를 이해하기 위한 수단이기도 하지만 또 다른 한편으로 언어는 세계의 참모습을 파악하는데 방해하는 요인이기도 하다. 특히 글말은 세계를 인간 위주로 해석하게 만들어 자칫 왜곡된 세계관을 가져올 수 있게 하였다. 더군다나 글말은 세계의 살아있는 소리를 왜곡시킬 뿐만 아니라 인간 삶의 의미까지도 왜곡하기 시작하였다. 이렇게 된 원인은 글말의 특성 때문이라고 할 수 있는데, 특히 그리스어와 같은 음성언어의 특성에 기인한다. 같은 음성언어이면서 훈민정음은 그리스어와는 다른 특성을 가지고 있는데, 그것은 훈민정음이 바로 자질문자로서 훈민정음의 제자원리가 "자연지성"과 "자연지문"을 근본으로 삼았다는 점이다. 무의미한 기호에 불과한 그리스 알파벳과는 달리 훈민정음은 자연의 소리를 글자에 담았을 뿐 아니라 인간의 구강구조에 따라 글자를 만들어 인간이 낼 수 있는 가장 자연스러운 소리를 글자에 담아냈다. 세계 어떤 글자도 훈민정음처럼 인간 본연의 소리와 자연의 소리를 글자에 담아내지 못했다. 오직 훈민정음만이 자연의 소리와 인간 본연의 소리를 담아낼 수 있을 뿐이다. 훈민정음은 단지 글자를 깨우치게 하는데 그 목적이 있는 것이 아니라 진정한 올바른 소리의 이치를 가르치는데 그 목적이 있다고 할 정도로 자연의 소리를 글자에 담아낸 유일한 글자다. 인간은 자연의 소리를 듣고 말소리를 낼 수 있게 되었다. 그리고 입말언어를 사용할 수 있게 되었고, 최종적으로 글자를 만들어 내었다. 그러나 서구에서 만든 글자는 말소리와 전혀 부합되지 않은 그저 무의미한 기호에 불과하였다. 어떤 문자도 소리와 말소리를 글자에 담아내지는 못하였다. 오직 훈민정음만이 소리의 이치를 담아낸 글자라 할 수 있다.

또한 철학적으로 천 · 지 · 인 등 삼분법의 원리를 글자에 담아내 글자가 단지 외부 세계를 지시하는데서 머무르지 않고 인간으로 하여금 '사이존재'로 실존한다는 사실을 밝혀냈다. 언어를 통해 세계관이 형성되고 어떤 세계관을 가지느냐에 따라 인간의 삶의 방식도 달라진다. 무의미한 그리스 알파벳에 의한 세계 이해와 해석은 소리의 이치를 담은 훈민정음을 통한 세계 이해와 해석과는 본질적으로 다를 수밖에 없다. 또한 글말의 성격을 띠고 있는 그리스 알파벳과는 달리 입말과 글말 모두의 성격을 글자에 담고 있는 훈민정음은 인간의 존재방식에 큰 영향을 끼칠 수밖에 없다. 인간은 대화적 존재다. 인간 '사이'에 대화는 존재하고 인간은 대화에 의해 자라고 성장한다. 대화는 본질상 입말을 매개로 하고 감성을 그 바탕에 깔고 있다. 훈민정음은 감성적 요소와 대화적 요소를 그 자체로 지닌 글자다. 즉 이성과 감성 모두 왜곡됨이 없이 표현해 낼 수 있는 글자다.

인간은 하늘과 땅 사이에 존재하며, 시간과 공간 사이에 존재하며 사람들 사이에서 실존한다. 사이존재로서의 인간은 그가 하늘과 땅 사이 그리고 시간관 공간 상이에 존재한다고 해서 사이존재인 것은 아니다. 인간은 다른 사람과 함께 공존하기에 사이존재일 수 있다. 공존과 상존의 원리는 대화에 있다. 대화는 인간을 사이존재로 실존하도록 한다. 인간은 다른 인간과 함께 할 때에만 비로소 인간일 수 있다. 다른 사람과 '함께' 산다는 것은 다른 사람과 대화를 한다는 것을 의미한다. 대화가 나와 너 사이에 있기 때문에 사이존재가 아니라 대화에 의해 나와 너는 비로소 실존 가능하다는 의미다. 이 때 대화는 단지 입말에만 한정된 것을 말하지 않는다. 대화는 보다 폭 넓은 의미로서 신체적 접촉 등 직접적 만남을 포함하고 있다. 입말이 아닌 나와 너의 폭넓은 여러 만남이 이미 대화에 속한다. 아기가 태어났을 때를 생각해보라. 엄마와 아기는 끊임없이 대화를 하지만 그것이 입말에 국한되어 있지는 않다. 엄마가 아기를 안는 것 자체가 이미 대화에 속한다. 그곳에서부터 대화는 시작되는 것이다. 대화의 본질이 사랑이라는 것은 바로 이런 의미다. 사랑이 싹트는 곳에서 대화는 시작되고 그곳에서 인간은 사이존재로서 실존하는 것이다. 사이존재로서 인간의 삶은 애초부터 사랑을 기반으로 하고 있다. 아기가 태어났을 때 소리를 들음과 함께 맨 처음 몸으로 체득하는 것이 사랑의 느낌이다. 이성 이전에 감성의 체득인 것이다. 사이존재로서 인간의 실존은 사랑을 기반으로 하고 있다. 인간은 이성적 존재이기 이전에 감성적 존재이며 사랑을 체득한 존재이다. 인간의 사이존재는 이성을 기반으로 설명될 수 있는 것이 아니라, 감성과 사랑을 바탕으로 이루어지는 것이다. 타자는 투쟁의 대상이나 객체의 대상은 아니다. 타자는 주체이지만 또 다른 주체가 없이는 주체가 될 수 없는 그런 주체적 존재인 것이다. 나 역시 너 없이는 주체적 존재일 수 없다. 그러나 내 앞의 너는 나의 객체가 아닌 독립된 주체이다. 주체와 주체의 만남이 사이존재를 가능하게 하는 것이고, 이때 대화가 필수적 요인으로 작용하는 것이다. 근원적 대화의 본질은 이성을 토대로 성립하는 하지 않고 감성과 사랑을 뿌리로 삼고 있다.

인간과 언어, 입말과 글말, 그리고 그리스 언어와 훈민정음, 지금까지 대략적으로 살펴 본 것처럼 인간은 언어적 동물이지만 언어가 반드시 이성만을 의미하는 것이 아니라 감성도 포함하고 있다는 사실을 잊지 말아야 한다.

참고문헌

강범모, 『언어: 풀어 쓴 언어학 개론』, 한국문화사, 2007.

고길섶 · 서민정 · 이연숙 · 이효석 · 최일 · 허재영, 『민족의 언어와 이데올로기』, 도서출판박이정, 2010.

고영근, 『우리 언어문화의 뿌리를 찾아서』, 한신문화사 1996.

권재선, 『한글연구 I, II』, 우골탑, 1992.

김기혁, 「존재의 언어범주」, 『경희어문학』 18, 경희대학교국어국문학, 1998.

김동소, 「고대한국어의 종합적 연구」, 한글 통권 227호, 한글학회, 1995.

김방한, 『언어학의 이해』, 민음사, 2001.

김영욱, 『한글』, 루덴스, 2007.

김용옥, 『氣哲學散調』, 통나무, 1997.

김용옥 · 최영애, 『도올논문집』, 통나무, 2001.

김완진, 「원시국어의 자음체계에 대한 연구」, 『국어연구』3, 국어연구회, 1957.

——, 「국어모음체계의 신고찰」, 『진단학보』24, 진단학회, 1963.

김욱동, 『대화적 상상력: 바흐친의 문학이론』, 문학과 지성사, 1988.

김정수, 『한글의 역사와 미래』, 열화당, 1990.

김운찬, 「기호와 거짓말」, (신현숙 · 박인철 편, 『기호, 텍스트 그리고 삶』, 도서출판월인, 2006, 9~12쪽).

김형효, 『구조주의 사유체계와 사상』, 인간사랑, 2008.

김흥호, 『제소리(다석 류영모 강의록)』, 솔, 2001.

노엄 촘스키 지음, C.P. 오테로 엮음, 이종인 옮김, 『촘스키, 사상의 향연』, 시대의창, 2011.

노엄 촘스키, 미셸 푸코 지음, 이종인 옮김, 『촘스키와 푸코, 인간의 본성을 말하다』, 시대의창, 2011.

다이안 맥도넬 지음, 임상훈 옮김, 『담론이란 무엇인가』, 한울, 2010.

데이비드 맥렐런 지음, 구승회 옮김, 『이데올로기』, 이후, 2002.

로마 야콥슨 · 모리스 할레, 박여성 옮김, 『언어의 토대-구조기능주의 입문』, 문학과지성사, 2009.

로이 헤리스 지음, 고석주 옮김, 『소쉬르와 비트겐쉬타인의 언어』, 보고사, 1999.

루돌프 아른하임 지음 · 김정오 옮김,
『시각적 사고』, 이화여자대학교출판부, 2006.

류영모, 박영호 해설, 『씨알의 말씀. 다석 사상 정해』,
홍익재, 1988.

막스 호르크하이머 자음, 박구용 옮김,
『도구적 이성 비판』, 문예출판사, 2006.

박기순, 『인간과 감정』, 충북대학교, 2012.

박재순, 『다석 유영모』, 현암사, 2008.

박완규, 「마음과 몸에 관련된 몇 가지 생각」,
『동서철학연구』, 제36호, 한국동서철학회, 2005년.

박용수, 『겨레말 용례사전』, 서울대출판부, 1966.

박영호,『씨알. 다석 류영모의 생애와 사상』,
홍익재, 1985.

C.A. 반 퍼슨 지음, 손봉호 · 강영안 옮김,
『몸 · 영혼 · 정신, 철학적 인간학 입문』,
서광사, 2005,

백종현, 「이성, 인간 안에 있는가 위에 있는가?
-'이성'의 역사와 독일 이상주의의 보편적 이성-」,
4~15쪽, 명지대 동서철학 비교연구소-연세대학교
철학연구소 공동주최 97 학술대회 논문집,
『이성과 감성』, 1997.

볼로쉬노프, V.N., 송기한 옮김,
『언어와 이데올로기』, 푸른사상, 2005.

분석철학연구회편,『비트겐슈타인의 이해』,
서광사, 1984.

브루노 스넬, 김재홍 옮김, 『정신의 발견 -
서구적 사유의 그리스적 기원』, 까치, 2002.

송기중 · 이현희 · 정재영 · 장윤희 · 한채영 · 황문환
편, 『한국의 문자와 문자연구』, 집문당, 2003.

서울대학교인문학연구소 편, 『휴머니즘연구』,
서울대학교출판부, 2003.

서정범,『우리말의 뿌리』, 고려원, 1989.

세계문자연구회 엮음 · 김승일 옮김,
『세계의 문자』, 범우사, 1997.

신상순 편 지음,『훈민정음의 이해』,
한신문화사, 1988.

신현숙 · 박인철 편, 『기호, 텍스트 그리고 삶』,
도서출판월인, 2006.

스티븐 핀커 지음, 김한영, 문미선, 신효식 옮김,
『언어 본능』, 도서출판그린비, 2003.

스티븐 로저 피셔 지음, 박수철 옮김,
『문자의 역사』, 21세기북스, 2010.

앤드루 로빈슨 지음, 최효은 옮김,
『로스트 랭귀지』, 이지북, 2007.

요한 고트프리트 폰 헤르더 지음, 조경식 옮김,
『언어의 기원에 대하여』, 한길사, 2003.

우리사상연구소 편, 『우리말 철학사전 1 :
과학 · 인간 · 존재』, 지식산업사, 2001.

윤효녕 · 윤평중 · 윤혜준 · 정문영,
『주체 개념의 비판 -데리다, 라캉, 알튀세, 푸코-』,
서울대학교출판부, 2007.

윤석빈, 「희랍문자의 변천과정과 더불어 본
구술언어와 문자언어가 인간실존에 미치는
영향 에 대하여」, 『동서철학연구』, 제28집,
한국동서철학회, 2003년, 127-149쪽.

_____, 「마르틴 부버의 대화원리 -인간실존
토대로서의 대화-」, 『동서철학연구』, 제42호,
한국동서철학회, 2006, 271~294쪽.

______, 「다석 류영모와 마르틴 부버의 관점에서 본 사이존재로서의 인간」, 『동서철학연구』, 제38호, 한국동서철학회, 2005, 349~371쪽.

______, 「그리스 알파벳 문자가 인간의 사유방식에 끼친 영향」, 『동서철학연구』, 제32집, 한국동서철학회, 2004, 5~20쪽.

월터 J. 옹 (이영걸 역),『언어의 현존』, 탐구당, 1991.

______ (이기우 · 임명진 옮김), 『구술문화와 문자문화』, 문예출판사, 2000.

월터 칼스네스 지음, 박진환 · 황두환 옮김, 『인식과 이데올로기』, 문우사, 1991.

위르겐 트라반트 지음, 안정오/김남기 옮김, 『훔볼트의 상상력과 언어』, 인간사랑, 1998.

이규호, 『언어철학』, 연세대학교출판부, 2005.

이기상,『다석과 함께 여는 우리말 철학』, 지식산업사, 2004.

이남인, 『현상학과 해석학』, 서울대학교출판부, 2007.

______, 『후설의 현상학과 현대철학』, 풀빛미디어, 2007.

이명현,『이성과 언어』, 문학과 지성사, 1983.

이성준, 『훔볼트의 언어철학』, 고려대학교출판부, 1999.

이수정 · 박찬국, 『하이데거 - 그의 생애와 사상』, 서울대학교출판부, 2004.

이어령, 『디지로그』, 생각의 나무, 2006.

이정호,『훈민정음의 구조원리 - 그 역학적 연구』, 아세아문화사, 1984.

정호완,『우리말의 상상력. 우리말 어휘의 기원을 통해서 본 겨레의 정서와 의식구조』, 정신세계사, 1991.

조지 밀러, 강성범 · 김성도 옮김, 『언어의 과학』, 민음사, 2002.

조르주 장, 이종인 옮김, 『문자의 역사』, 시공사, 1995.

존 맨 지음 · 남경태 옮김, 『세상을 바꾼 문자, 알파벳』, 예지, 2003.

줄리아 크리스테바, 김인환 옮김,『시적 언어의 혁명』, 동문선, 2000.

최경봉 · 시정곤 · 박영준 지음, 『한글에 대해 알아야 할 모든 것』, 책과함께, 2008.

크리스티 뒤르사이트 지음, 김종수 옮김, 『문자언어학』, 유로, 2007.

크리스티 케닐리 지음, 전소영 옮김, 『언어의 진화』, 알마, 2007.

페르디낭 드 소쉬르, 최승언 옮김, 『일반언어학 강의』, 민음사, 2009.

한국철학회 편, 『현대철학과 언어』, 철학과현실사, 2002.

한정선, 「후설의 언어현상에서 동일성과 현전의 문제」, 한국철학회편, 『현대철학과 언어』, 철학과현 실사, 2002, 157~191쪽.

한태동,『세종대의 음성학』, 연세대학교출판부, 1998.

함석헌 기념 사업회 엮음, 『함석헌 사상을 찾아서』, 삼인, 2001.

허웅, 『한글과 민족문화』, 세종대왕기념사업회, 1974.

휴 J. 실버만 편, 윤호병 옮김, 『데리다와 해체주의: 철학과 사상』, 현대미학사,1988.

Ayer, A. J., *Language*, Truth and Logic, London: Gollancz, 1936.

Buber, Martin, *Das Dialogische Prinzip*, Wissenschaftliche Buchgesellschaft Darmstadt,5. durchgesehene Aufl. 1984.

__________, *Das Problem des Menschen*, Heidelberg, 1982.

__________, *Urdistanz und Beziehung. Beiträge zu einer philosophischen Anthropolo-gie 1.*, Verlag Lambert Schneider · Heidelberg, 1978.

Derrida, Jacques, (Translated, with an Introduction, by David B. Allison, Preface by Newton Garver), *Speech and Phenomena*, Northwestern Univ. Press Evanston, 1973.

Ehrenberg, H., *Disputation*. I, München, 1923.

Gadamer, Hans-Georg (hrsg.), *Das Problem der Sprache*, München, 1967.

Gehlen, A., *Der Mensch. Seine Natur und seine Stellung in der Welt*, Athenäum Verlag · Frankfurt am Main · Bonn, 1966.

________, *Anthropologische Forschung, Hamburg*, 1961.

Gerner, B.(hrsg.), *Begegnung. Ein Anthropologisch-Pädagogisches Grundereignis*, Darm-stadt, 1969.

Goody, J., *The logic of Writing and the organization of society*, Cambridge Univ. Press., 1989.

Heidegger, Martin, *Sein und Zeit*, Max Niemeyer Verlag Tübingen, 17. Aufl., 1993.

von Herrmann, F. W., *Der Begriff der Phänomenologie bei Heidegger und Husserl*, Vitto-rio Klostermann, Frankfurt a. M., 1988.

Huxely, A., *Schöne Neue Welt*, Fischer Taschenbuch Verlag, 1991.

Husserl, E., *Cartesianische Meditationen und Pariser Vorträge*, Den Haag: Martinus Nijhoff, 1950.

______, *Ideen zu einer reinen Phänomenologie und phänomenologische Philosophie*. Erstes Buch: Allgemeine Einführung in die reine Phänomenologie. Hrsg. v. W. Biemel. Husserliana Ⅲ. Den Haag, 1952.

______, *Ideen zu einer reinen Phänomenologie und phänomenologische Philosophie*. Zweites Buch: Phänomenologische Untersuchungen zur Konstitution. Hrsg. v. W. Biemel. Husserliana Ⅳ. Den Haag, 1952.

______, Logische Untersuchungen, Bd. II, Tübingen, 1913.

Ihde, Don, *Listening And Voice : A Phenomenology of Sound*, State University of New York Press, 2007.

Kierkegaard, Sören, *Die Krankheit zum Tode*, Taschenbücher, Syndikat / EVA, Frankfurt, 1986.

Kimura, B., *"Phänomenologie des Zwischen - zum Problem der Grundstörung der Schizoph-renie"*, In: Zeitschrift für klinische Psychologie und Psychotherapie 28(1980), S.34-42.

______, *"Schizophrenie als Geschehen des Zwischenseins"*, In: Nervenarzt 46(1975), S.434-439.

Kuhn, T., *The Structure of Scientific Revolution*, Chicago: University of Chicago Press, 1962.

Künkel, F., *Einführung in die Charakterkunde*, Stuttgart / Hirzel, 1975.

Levinas, E., *"Martin Buber und die Erkenntnistheorie"*, In : Martin Buber, hrsg. von P.A. Schilpp u. M.Friedman, Evanston / Stuttgart 1963, S. 119-134.

Löwith, K., *Das Individuum in der Rolle des Mitmenschen*, Darmstadt, 1962.

Lotz, J.B., *Ich-Du-Wir. Fragen um den Menschen*, Frankfurt, 1968.

Marcel, G., *"Ich und Du bei Martin Buber"*, In : Martin Buber, hrsg. v. P.A.Schlipp u. M. Friedmann, Evanston / Stuttgart 1963, S. 35-41.

McLuhan, Marshall, *The Gutenberg galaxy*, University of Toronto Press, 1997.

Müller, M., *Existenzphilosophie im geistigen Leben der Gegenwart*, 3., wesentlich erweiterte und verbesserte Aufl., F.H. Kerle Verlag · Heidelberg, 1964.

Orwell, G., *1984*, ein Ullstein Buch, 1990.

Pieper, J., *Über die Liebe*, München, 1972.

Putnam, H., *"The Meaning of 'Meaning'"*, In : Gunderson, K., ed., *Language, Mind, and Knowledge*, Minneapolis: University of Minnesota Press, 1975.

Quine, W. V., *"Epistemology Naturalized"*, In:*Ontological Relativity and Other Essays*, New York: Columbia University Press, 1969.

______, *Word and Object*, Cambridge, Mass.: MIT Press, 1960.

Rombach, H. *Phänomenologie des gegenwärtigen Bewuβtsein*, Freiburg/ Müchen, 1980.

Rotenstreich, N. *"Gründe und Grenzen von Martin Bubers dialogischem Denken"*, In: Martin Buber, Hrsg. v. P.A.Schilpp u. M.Friedman, Evanston/Stuttgart, 1963, S. 87-118.

Sapir, E., *Language*, New York : Harcourt, Brace & Co., 1921.

Schäder, G., *Martin Buber*, Hebräischer Humanismus, Göttingen, 1966, Schilpp, P.A. u. Friedman, M. (Hrsg.), *Martin Buber*, Evanston/Stuttgart, 1963.

Scheler, M., *Die Stellung des Menschen* im Kosmos, 12.Aufl., Bouvier Verlag · Bonn, 1991.

Tellenbach, H., *"Das 'Zwischen' und die Rolle (Zur Konditionsanalyse endogener Psychosen)"*, In : Zeitschrift für klinische Psychologie und Psychotherapie 26(1978), S. 142-148.

Theunissen, M., *Der Andere. Studien zur Sozialontologie der Gegenwart*, Walter de Gruyter · Berlin · New York, 1977.

Treziak, H., *"Intellektuelle Anschaung und Selbst"*, In:Natur◦Selbst◦Bildung, Festsch-rift Joachim Christian Horn, Hrsg. v. A.Vukovich, Regensburg, 1990, S. 120-128.

Waldenfels, B., Das Zwischen des Dialogs, Sozialphilosophische Untersuchungen in Anschluß Edmund Husserl, Den Haag, 1971.

Werner, H. J., *Martin Buber*, Frankfurt / New York, 1994.

Whorf, B., *Language, Thought & Reality*, Cambridge, MA: MIT Press, 1956.

Wittgenstein, L., *Tractatus Logico-Philosophicus*, New York, 1951.

__________, *Philosophical Investigation*, trans. by G.E.M. Anscombe, N.Y.: The Macmillan Co., 1961.

입말과 글말
그리고
인간의 실존

저자 윤석빈
발행처 충북대학교 출판부
발행인 김승택
주소 (361-763)충북 청주시 흥덕구 내수동로 52(개신동)
전화 (043)261-2952, 3014
팩스 (043)274-1256
이메일 presscbu@chungbuk.ac.kr
등록 제1983-2001-7호
초판1쇄 2012.11.23
디자인 design of(www.ofof.kr)
인쇄처 수덕인쇄사

ISBN 978-89-7295-198-8 03700

값 13,000원